Manfred Fenzl

Zeeland

mit dem Delta von Rhein, Maas und Schelde

Edition Maritim

Die Autoren und der Verlag übernehmen für Irrtümer, Fehler oder Weglassungen keinerlei Gewährleistung oder Haftung. Die Pläne dienen zur Orientierung und nicht zur Navigation; sie ersetzen also keineswegs Seekarten oder Seehandbücher.

Impressum

CIP-Titelaufnahme der Deutschen Bibliothek
Fenzl, Manfred:
Zeeland: mit dem Delta von Rhein, Maas und Schelde/ Manfred Fenzl. – Hamburg: Ed. Maritim, 1991
(Nautischer Reiseführer)
ISBN 3-89225-212-2

© DK Edition Maritim GmbH,
Stubbenhuk 10, 2000 Hamburg 11

Umschlag: Jan Buchholz und Reni Hinsch, Hamburg
Satz: Peter Appelt Grafik-Design & Fotosatz, Hamburg
Druck: W. Kohlhammer, Stuttgart
Bindearbeiten: Böge, Celle
Lithografie: Baader, Hamburg
Fotos und Pläne: Manfred Fenzl, Hamburg
Titelfoto: Alblasserdam

Printed in Germany 1991

Inhalt

Vorwort

In der niederländischen Provinz Zeeland ist im Delta von Rhein, Maas und Schelde durch die Verwirklichung des Deltaplanes aus einem ursprünglich ruppigen und navigatorisch schwierigen Gezeitenrevier ein vielseitiges, sportlich, historisch und kulturell interessantes Wassersportrevier entstanden, das wirklich alles bietet, was sich ein Wassersportler nur wünschen kann.

Kleinere, überschaubare und abgeschlossene Süßwasserbinnengewässer wechseln sich ab mit großen Salzwasser-Gezeitenrevieren. Familien mit Kleinkindern, Fahrtensegler, Trailerboote und Motoryachten finden hier ihr Revier.

Da gibt es den wildromantischen Biesbosch mit seiner üppigen Vegetation, weitverzweigten Wasserläufen und verträumten Ankerplätzen.

Da sind die vielen wunderschönen, alten Städte, die dem Besucher unversehrt oder orginalgetreu restauriert das Stadtbild des 16. Jahrhunderts präsentieren.

Viele Wasserwege liegen höher als das umliegende Polderland und bieten immer wieder faszinierende Ausblicke. Man fährt durch das grüne Land, mitten durch Städte und Dörfer, die sich zum Wasser von ihrer schönsten Seite zeigen. Industrie gibt es nur am Rande des Deltas, und die Berufsschiffahrt geht ihre eigenen Wege.

Kleine beschauliche Fischerhäfen, alte Stadthäfen im Zentrum der historischen Städte und moderne Marinas bieten zusammen mehr als 2200 freie Liegeplätze. Städte, Häfen und Servicebetriebe, die nur vom Wassersport und vom Tourismus leben, stehen untereinander in einem hierzulande kaum bekannten Wettbewerb – zum Vorteil des Wassersportlers.

Durch den günstigen Wechselkurs lebt und segelt man in den Niederlanden recht preiswert. Auch die Hafengebühren sind akzeptabel. Wir bezahlten im Sommer 1990 in tidefreien Vereinshäfen 0,6 – 1 Gulden pro Meter Schiffslänge, 1- 1,5 Gulden in den Stadthäfen im Gezeitenrevier und 2 – 2,5 Gulden in modernen Marinas.

Das Delta wird auch vom Klima begünstigt. Die Sonne scheint häufiger, die Luft und das Wasser sind immer ein paar Grad wärmer als in den nördlichen Niederlanden.

Vom Ijsselmeer und von der Nordsee kann das Delta mit stehendem Mast erreicht werden. Motoryachten und flachgehende Segelyachten sind im Vorteil. Aber auch die tiefgehenden, modernen Kielyachten kommen gut zurecht, denn fast alle Gewässer und Häfen sind tief genug.

In den Kapiteln „Vom Rhein zum Delta" und „Vom Ijsselmeer zum Delta" wurde aus Platzgründen auf Fotos und Zeichnungen verzichtet, soweit diese nicht zur Planung einer Reise notwendig sind. Im übrigen wird das Delta so beschrieben, wie wir es im Sommer 1990 vorgefunden haben.

Dennoch ist Vorsicht geboten: Es wird fast immer, meist mit atemberaubendem Tempo, ausgebaut, verbessert und modernisiert, so daß Überraschungen nicht auszuschließen sind. Wir wünschen Ihnen mit diesem Buch viele schöne Reisen im Delta von Zeeland!

Manfred und Inge Fenzl
Hamburg, im März 1991

Einleitung

Der Südwesten der Niederlande, das große, gemeinsame Delta von Rhein, Maas und Schelde, war immer schon „das niedere Land" und das ist es auch heute noch. Das flache, sandige und weitverzweigte Mündungsgebiet bestand aus vielen kleinen und niedrigen Inseln, die durch unzählige Wasserläufe und Priele voneinander getrennt waren. Es gab nur wenig zusammenhängendes Land, das obendrein auch nicht allzuviel hergab, weil es immer wieder vom Salzwasser überflutet wurde.

Es ist deshalb nicht verwunderlich, daß der römische Feldherr Plinius, der 50 v. Chr. mit seinen Legionen in das „niedere Land" eindrang, nach Hause schrieb: „Da wohnt auf Erdhügeln ein armseliges Volk, das sich wärmt an Feuern von getrocknetem Mist". Trotzdem blieben die Römer über 300 Jahre im Lande.

Die Menschen bauten ihre Häuser, später ganze Ringdörfer auf flachen Erdhügeln, auf „Terpen" (Warften) — zum Schutz gegen die Sturmfluten, die regelmäßig aufliefen, wenn zur Zeit der Springtide ein steifer Wind aus West bis Nordwest wehte.

Im 9. Jahrhundert begann man damit, die Terpen mit Dämmen so zu verbinden, daß ringförmig eingedeichte Polder entstanden, die jedoch bis in das 14. Jahrhundert nur durch einfache Sieltore oder Klappen entwässert wurden. Deshalb war es auch nicht möglich, Polder zu bauen, die tiefer lagen als der Wasserspiegel bei Ebbe.

Erst im 15. Jahrhundert konnte man mit leistungsstarken Windmühlen auch tiefere, unter dem Niedrigwasserspiegel gelegene Polder trockenlegen.

Alte Landkarten zeigen Zeeland als ein Gewirr von vielen Inseln, Flüssen und kleinen Prielen. Doch durch den Polderbau und Verlandungen wurden die Inseln langsam größer und wuchsen zusammen, so daß größere zusammenhängende Gebiete entstanden.

Das Leben im Delta war ein endloser Kampf gegen Sturmfluten, beutegierige Eindringlinge, Feuersbrünste und Besatzungstruppen.

Die von Natur aus so schwierige Lage im Delta erwies sich aber gerade in Notzeiten oft auch als vorteilhaft. Die weitverzweigten Wasserwege waren Hindernis und Vorteil zugleich. Sie boten, im Vergleich zum Pferdefuhrwerk, die leistungsfähigsten und wirtschaftlichsten Transportverbindungen.

Sie ermöglichten den listenreichen und letztlich immer erfolgreichen Kampf gegen fremde Unterdrücker und sie begünstigten den schnellen Wiederaufbau nach den häufigen Zerstörungen. Sie waren die Grundlage des immer wieder schnell aufblühenden Handels, der Fischerei und der Seefahrt.

Im Prinzip hat sich daran bis in die jüngste Vergangenheit kaum etwas geändert. Gewiß, die Inseln waren größer, die Deiche höher und stärker geworden und die Polder wurden nicht mehr durch Windmühlen, sondern durch moderne Pumpwerke entwässert. Aber die Polder, und damit der größte Teil der Provinz Zeeland, lagen immer noch bis zu 6 Meter unter dem Meeresspiegel. Doch daran war man gewöhnt und fühlte sich recht sicher hinter den hohen Deichen mit ihren wuchtigen Flutschutztoren — bis am 1. Februar 1953 eine Sturmflut über das Land hereinbrach, mit deren Gewalt und Zerstörungskraft in der modernen, technischen Welt niemand mehr gerechnet hatte.

Die Deiche brachen an 68 Stellen, 1853 Menschen verloren ihr Leben in den Fluten, und das Land war in einem bisher nicht für möglich gehaltenen Ausmaß verwüstet.

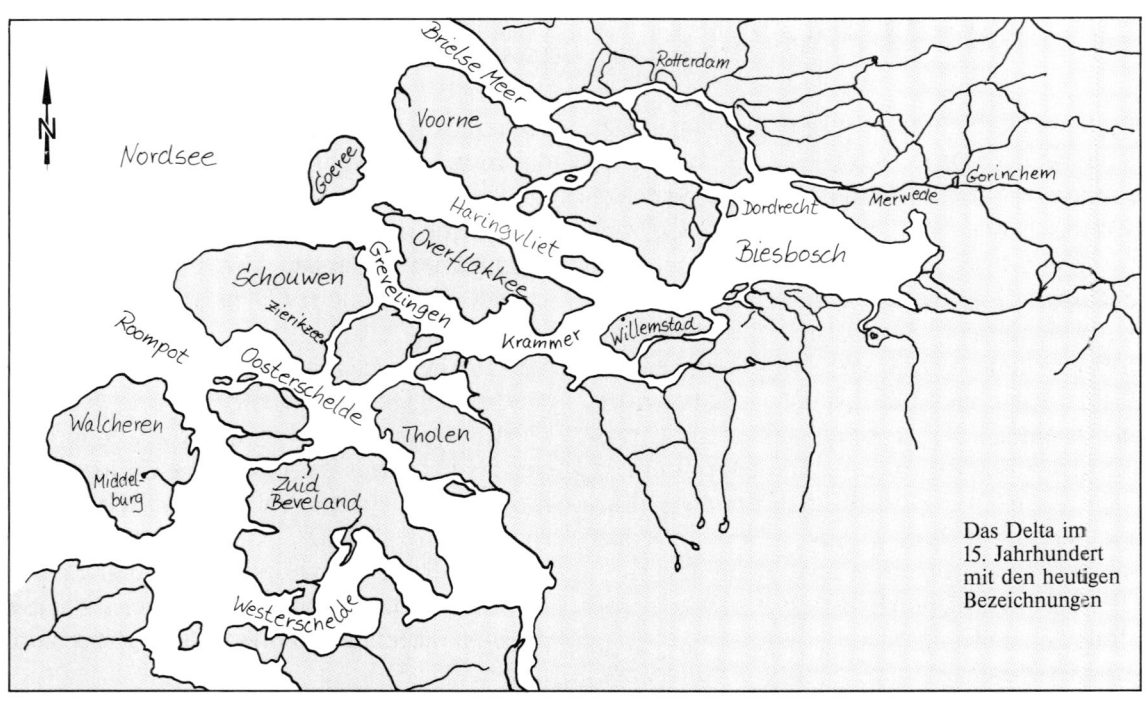

Das Delta im
15. Jahrhundert
mit den heutigen
Bezeichnungen

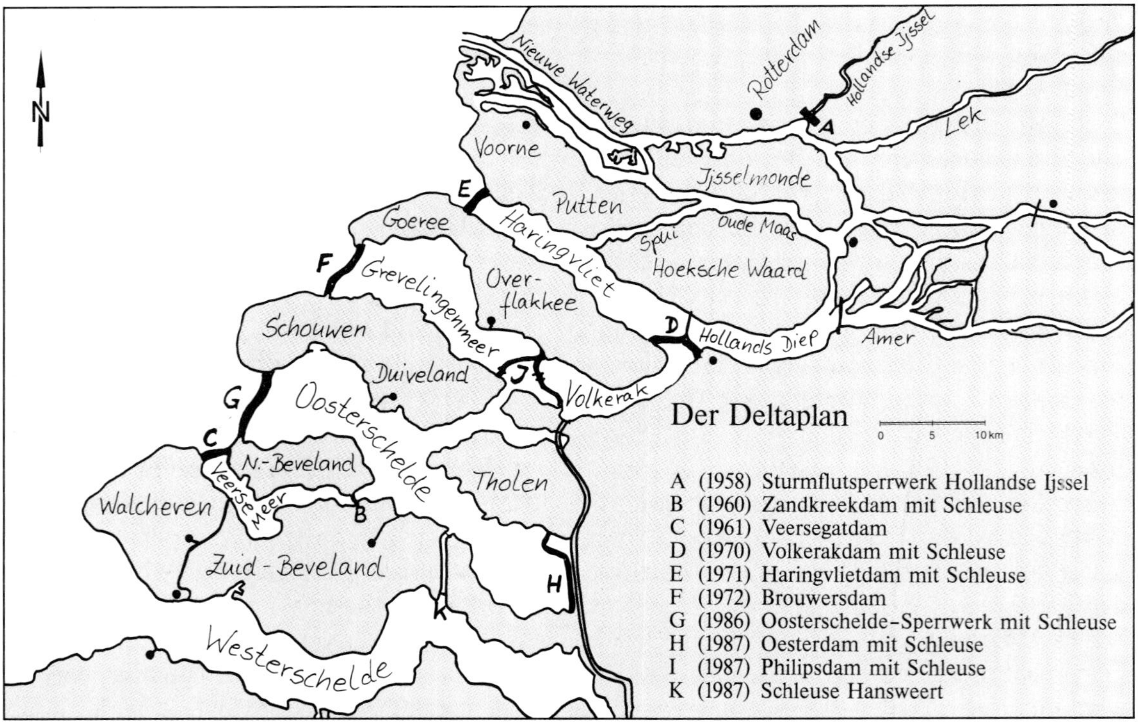

Der Deltaplan

A (1958) Sturmflutsperrwerk Hollandse Ijssel
B (1960) Zandkreekdam mit Schleuse
C (1961) Veersegatdam
D (1970) Volkerakdam mit Schleuse
E (1971) Haringvlietdam mit Schleuse
F (1972) Brouwersdam
G (1986) Oosterschelde-Sperrwerk mit Schleuse
H (1987) Oesterdam mit Schleuse
I (1987) Philipsdam mit Schleuse
K (1987) Schleuse Hansweert

Der Deltaplan

Im Jahre 1958 verabschiedete das Parlament das „Deltawet", das Deltagesetz. Danach sollten mit Ausnahme des Nieuwe Waterweg und der Westerschelde alle übrigen Meeresarme zwischen den Inseln von Zeeland und Südholland abgesperrt und die Deichlinie um 700 km verkürzt werden.

Für ein derart gigantisches Projekt, in einem Gebiet mit tiefen Gezeitenströmen, in das täglich zweimal 1100 Millionen Kubikmeter Wasser ein- und ausströmten, gab es keine Erfahrungen, keine Vorbilder und auch keine erprobten Baumethoden. Deshalb wurde zunächst mit den kleineren Bauwerken begonnen, um dann mit den neugewonnenen Erfahrungen die größeren Projekte zu verwirklichen.

1954 wurde der Bau des Sturmflut-Sperrwerks bei Krimpen an der Hollandse Ijssel vorweg in Angriff genommen. Es schützt seit 1958 das niedrigstgelegene Gebiet der Niederlande mit über 2 Millionen Einwohnern.

Der 1960 vollendete Zandkreekdamm trennte das Veerse Meer von der Oosterschelde und reduzierte die durch das Veerse Gat ein- und ausströmenden Wassermengen, so daß der Bau des Veersegatdammes leichter vonstatten ging.

1961 wurde mit dem Veersegatdamm der erste und der kleinste Meeresarm, das Veerse Meer, von der Nordsee abgeschlossen. Zum Bau des 3 km langen Dammes wurden riesige Durchlaß-Senkkästen verwendet, durch die das Wasser zunächst ungehindert ein- und ausströmen konnte. Sobald alle Senkkästen auf der richtigen Position lagen, wurden bei Stauwasser die Schieber geschlossen und somit das Veerse Meer von der Nordsee abgetrennt. Der auf den Senkkästen aufgeschüttete und danach betonierte Damm hat eine Höhe von 13,5 m über NAP und wird durch angewehten Sand langsam zu einer

riesigen, mit Helmgras bewachsenen Düne. 1965 war der Grevelingendamm fertig. Er trennt das Grevelingenmeer vom Krammer, einem Teil der Oosterschelde, und begrenzte die durch das Brouwershavense Gat strömenden Wassermengen.

1970 wurde der Volkerakdamm mit den Volkerakschleusen vollendet, der nun die Oosterschelde vom Hollands Diep und vom Haringvliet trennt.

Um den Haringvlietdamm zu bauen, errichtete man eine Seilbahn, von der aus solange Betonblöcke abgeworfen wurden, bis die Mündung mit einem schmalen Damm geschlossen war. Der Haringvlietdamm mit den riesigen Entwässerungsschleusen und der Schiffahrtsschleuse bei Stellendam wurde 1971 in Betrieb genommen und reguliert seither den Wasserstand der dahinter liegenden Binnengewässer bis zum Rhein.

Der Brouwersdamm, der das Grevelingenmeer von der Nordsee trennt, wurde ebenfalls mit einer Seilbahn geschlossen, deren Gondeln durch Gasturbinen angetrieben wurden und 1972 fertiggestellt.

Die Oosterschelde sollte ursprünglich ebenfalls durch einen Damm von der Nordsee abgeschlossen werden. Dabei wurden in der Planung zunächst nur die Belange des Küstenschutzes und der Schiffahrt berücksichtigt. Erst während der Bauausführung erbrachte eine ökologische Studie den Nachweis, daß im Delta die größte biologische Lebensgemeinschaft der gesamten Nordsee-Region existiert. Allein in der Oosterschelde laichen über 80 Fischarten, leben über 400 verschiedene Arten von Lebewesen im Meeresboden neben unzähligen Arten von Algen und Plankton. Es ist Zuflucts- und Brutstätte für Millionen von Wasservögeln.

Als Alternative zum Oosterscheldedamm bot sich eine Erhöhung der alten, etwa 150 km langen Seedeiche an der Oosterschelde auf das

„Delta-Niveau" oder der Bau eines Sperrwerkes an, das die Oosterschelde als Gezeitenrevier erhalten und im Falle von Sturmfluten das dahinter liegende Land schützen sollte.

Am 23. Juni 1976 beschloß das Parlament, daß in der Oosterschelde anstelle des Dammes ein Sperrwerk zu errichten sei. Damit fiel auch die Entscheidung zum Bau zweier Sekundärdämme: Oesterdam und Philipsdam. Sie sollten das Gezeitenbecken der Oosterschelde verkleinern und die ein- und ausströmende Wassermenge so verringern, daß bei Yerseke mit einem Tidenhub von etwa 3 Metern zu rechnen war. Hinter diesen Dämmen entstand ein gezeitenfreier Wasserweg von Antwerpen zum Rhein: das Zoommeer.

Der Oesterdam mit der Bergsediepsluis wurde 1986 fertig und trennt die Oosterschelde vom Zoommeer. Der Philipsdam mit den Krammersluizen wurde 1987 in Betrieb genommen und trennt den Krammer vom Volkerak.

Das Oosterschelde-Sperrwerk wurde von Land und von zwei künstlich aufgespülten Inseln aus gebaut. Zwischen dem Land und den Inseln liegen drei große Öffnungen mit einem Durchflußquerschnitt von 14000 qm, die bei Gefahr mit 62 Hubtoren verschlossen werden.

Jedes Hubtor ist 42 m lang, bis zu 11 m hoch und wiegt zwischen 300 und 500 t. Die Hubtore sind zwischen turmartigen, bis zu 38 m hohen Pfeilern aufgehängt, von denen jeder 18000 t wiegt. Sie wurden in einem Baudock, 15 m unter dem Meeresspiegel, gebaut und nach dem Fluten des Docks mit einem speziell gebauten Schiff zu ihrer endgültigen Position gebracht und dort zentimetergenau auf das Fundament abgesenkt.

Das Wetter im Delta

Im Delta wird das Wetter vorwiegend von der südwestlichen Nordsee beeinflußt. Die dabei vorherrschenden Winde aus W – SW tragen Atlantikluft heran, und das Klima ist an der Küste deshalb feucht und mild, weiter im Binnenland zunehmend trocken und warm.

Extreme Temperaturschwankungen sind selten. Die Windgeschwindigkeiten und Sturmhäufigkeiten sind durch den Einfluß des Landes etwas geringer als auf der offenen Nordsee.

Die niederländischen Wettervorhersagen und Sturmwarnungen sind normalerweise recht zuverlässig, da die zur Vorhersage herangezogenen Wetterstationen in der südwestlichen Nordsee und in England sehr günstig „in Luv" liegen. Die täglichen Schwankungen des Luftdruckes liegen im Bereich von 1 hPa (Maxima um 10.00 und 22.00 h, Minima um 04.00 und 16.00 h Ortszeit). Sie haben keinen Einfluß auf das Wetter. In den Sommermonaten verursacht die Erwärmung der Luftmassen über dem Land im Küstenbereich oft eine Winddrehung aus der vorherrschenden Windrichtung SW auf W – NW.

Prozentuale Häufigkeit der Windrichtungen

	N-NO	O-SO	S-SW	W-NW
März – April	41	16	27	16
Mai – Juni	36	18	20	26
Juli – August	27	14	27	32
Sept. – Oktober	17	21	38	24

Im Küstenbereich weht bei sommerlichen Hochdrucklagen tagsüber ein Seewind bis 10 kn landwärts. Nachts weht der Wind zur See bis 5 kn. Generell ist im Küstenbereich der Wind im Sommer nachts schwächer als am Tage.

Prozentuale Häufigkeit der Windstärken

Bft	bis 4	5	6	7	8
April	55	30	11	3	1
Mai	69	22	8	1	–
Juni	68	24	7	1	–
Juli	65	24	8	3	–
August	71	22	6	1	–
September	55	26	12	5	2

Mittlere Windgeschwindigkeiten in kn

	April	Mai	Juni	Juli	Aug.	Sept.
Vlissingen	11	9,5	10,5	9,5	9	11
Rotterdam	10	9	9,5	9	8,5	8,5

Tage mit Sturm (Bft 8 und mehr)

	April	Mai	Juni	Juli	Aug.	Sept.
Tage	2	–	–	–	–	2

Tage mit Nebel (Sicht unter 100 m)

	April	Mai	Juni	Juli	Aug.	Sept.
Tage	2	2	1,5	1,5	1,5	2,5

Im Delta bildet sich der Nebel durch den Einfluß des Landes in der Regel frühmorgens und löst sich mit zunehmender Erwärmung rasch auf.

Tage mit Gewittern

	April	Mai	Juni	Juli	Aug.	Sept.
Tage	1	2	4	5	5	3

Sonnenschein (Tagesdurchschnitt in Stunden)

	April	Mai	Juni	Juli	Aug.	Sept.
Stunden pro Tag	5,8	6,9	7,8	6,9	6,5	5,1

Luft- und Wassertemperaturen (Monatsdurchschnitt in Grad Celsius)

	Luft	Wasser
April	8	8
Mai	12	13
Juni	15	16,5
Juli	17	18
August	17	18
September	15	16

Seegang

In den strömungsfreien Revieren des Deltas kann sich Seegang nur durch Wind, in den Fluß- und Gezeitenrevieren dagegen durch Wind und Strom aufbauen. Wind gegen Strom – das gibt immer einen groben Seegang mit kurzen steilen Wellen, der mit zunehmender Windgeschwindigkeit überproportional zunimmt und insbesondere leichtgebauten Schiffen schwer zu schaffen macht.

Das Boot bolzt sich dann fest, besonders beim Segeln hoch am Wind. Hier hilft dann nur die alte Regel: „Vaart houden – niet knijpen" (Fahrt halten – nicht kneifen) d.h. weniger Höhe, dafür mehr Fahrt laufen. Das Boot bolzt sich dann nicht so leicht fest und segelt besser nach Luv!

Der Seegang im Delta ist nicht nur von der Windstärke, sondern auch von der Position des Schiffes abhängig.

Der „fetch" (das ist die Strecke, über die der Wind ungehindert anblasen kann) ist sehr unterschiedlich. Er kann, besonders auf der Wester- und Oosterschelde, im Grevelingenmeer, Haringvliet und dem Nieuwe Waterweg so lang sein, daß sich eine beachtliche Windsee aufbaut. Steht der Strom dann gegen den Wind, kann der Seegang so ruppig werden, daß es oftmals günstiger sein wird, das Kentern des Stromes abzuwarten, um dann gegen Wind und Strom zu fahren. Der Seegang ist dann weniger grob und man kommt besser gegenan als mit dem Strom.

Seewetterberichte und Sturmwarnungen

Wettervorhersagen, Wind- und Sturmwarnungen werden von der Küstenfunkstelle Scheveningen, von Rundfunksendern und über Telefon verbreitet.

Scheveningen sendet Wetterberichte, Wind- und Sturmwarnungen auf Grenzwelle und UKW-Seefunk in englischer und niederländischer Sprache.

Auf **UKW-Sprechfunk** wird viermal täglich, im Anschluß an den Sammelanruf, ein Wetterbe-

UKW-Seefunk: Standorte der Stationen
und ihre Frequenzen
Rufname für alle Stationen:
Scheveningen-Radio
Wetterberichte: Vorhersagegebiete

richt gesendet: 00.05, 07.35, 13.05, 19.05 h (GLZ).

Im Delta sind diese Wetterberichte zu empfangen auf den Arbeitskanälen der KFSt

Scheveningen	Kanal 83
Haarlem	Kanal 25
Rotterdam	Kanal 87
Goes	Kanal 23

Die Wettervorhersagen, Wind- und Sturmwarnungen werden in folgende Gebiete unterteilt: Rottum, Texel, Ijmuiden, Hoek van Holland, Vlissingen und Ijsselmeer.

Dabei gelten für das nördliche Delta der Bereich „Hoek van Holland" und für das südliche Delta der Bereich „Vlissingen". Sie enthalten eine Zusammenfassung der Wetterlage, eventuelle Sturmwarnungen (Bft 6 und mehr, falls möglich 6 – 9 Stunden vor Beginn), Niederschlag und Sicht sowie eine Windvorhersage für die nächsten 12 Stunden. Sturmwarnungen (Bft 6 und mehr) werden sofort nach Eingang in Scheveningen auf UKW Kanal 16 angekündigt und auf dem Arbeitsbereich gesendet. Danach werden sie jeweils zur vollen Stunde wiederholt.

Auf **Grenzwelle** (KFSt Scheveningen)
Frequenzen: 1862 kHZ / 1890 kHz.
Zeiten: (UTC) 03.40 / 09.40 / 15.40 / 21.40 h.
Inhalt: Wind- und Sturmwarnungen, ausführliche Wetterlage, Wettervorhersage für die nächsten 12 Stunden und Aussichten für die nächsten 24 Stunden.
Gebiete: Viking, Forties, Fisher, Dogger, German Bight, Humber, Thames und Dover.
Wind- und Sturmwarnungen werden sofort nach Eingang und nach den Funkstillen h + 03 und h + 33 gesendet.

KFSt Norddeich
Die Seewetterberichte von Norddeich sind im Delta nur auf Grenzwelle 2614 kHz zu empfangen.

Wetterberichte über Rundfunksender
(Ultrakurzwelle und Mittelwelle in niederländischer Sprache.) Zum Empfang genügen ein einfaches Kofferradio oder ein Autoradio.

Auf Mittelwelle
Sender: Lopik 891 kHz, Flevoland 1008 kHz
Zeiten: (GLZ) 06.30 / 12.00 / 13.00 und 18.00 h.
Auf Ultrakurzwelle
Sender: Goes 101,9 MHz, Lopik 100,7 MHz
Rotterdam 93,4 MHz, Haarlem 97,6 MHz
Zeiten: (GLZ) 07.30 / 08.00 / 10.00 / 12.56 / 13.00 / 15.00 / 18.00 / 20.00 h.

Telefonische Wetterberichte
Das KNMI (Niederländischer Wetterdienst)

bietet unter der Tel. Nr. (06) 91 12 23 53 einen speziellen Wetterbericht für das Deltagebiet und den Biesbosch an. Er enthält einen aktuellen Wetterbericht sowie Vorhersagen von Windrichtung, Windgeschwindigkeit, Sicht, Niederschlag, Seegang, Wasser- und Lufttemperatur. Der Wetterbericht und die Vorhersagen werden mindestens dreimal täglich aktualisiert (pro Minute 0,5 Gulden).

UKW-Seefunk im Delta

Grundsätzlich wird der gesamte Seefunkverkehr nach den internationalen Richtlinien durchgeführt. Es gibt jedoch einige Besonderheiten, die man aus technischen Gründen beachten muß.
Der gesamte Funkverkehr wird ausschließlich von der Küstenfunkstelle Scheveningen abgewickelt. Deshalb werden alle Sender nicht mit dem Namen ihres Standortes, sondern ausschließlich mit „Scheveningen Radio" gerufen!
Der Anruf darf nicht auf Kanal 16, sondern nur auf einem Arbeitskanal (in Halbfett) erfolgen:

Scheveningen	Kanäle	**26/83**
Goes	Kanäle	**23/25**
Haarlem	Kanäle	**23/25**
Lopik	Kanal	86
Markelo	Kanal	23
Megen	Kanäle	07/**88**
Rotterdam	Kanäle	**24/28/87**

Notruf
Der UKW-Kanal 16 wird von „De Nederlandse Kustwacht" (Netherlands Coastguard) ständig abgehört. Sie veranlaßt und koordiniert alle erforderlichen Maßnahmen. Auf den Binnenrevieren kann auch über die Revierfunkstellen um Hilfe gebeten werden. Die Frequenzen und Rufnamen der Revierfunkstellen finden Sie jeweils in den entsprechenden Kapiteln.

Anrufverfahren

„Scheveningen Radio (dreimal!) Hier ist (Schiffsname und Rufzeichen – zweimal!) Auf Kanal ... Hören Sie mich? Over!"
Beispiel:
„Scheveningen Radio, Scheveningen Radio, Scheveningen Radio. Hier ist URSUS / Delta Golf Papa Whiskey, URSUS /Delta Golf Papa Whiskey auf Kanal Haarlem 25. Hören Sie mich? Over!"
Dieses Verfahren ist notwendig, da sonst die Zeit zur Anruferkennung und Ermittlung eines freien Vermittlungsplatzes nicht ausreicht. Kürzere Anrufe werden nicht angenommen. Sollten alle Vermittlungsplätze besetzt sein, wird der Anruf elektronisch registriert, und es ertönt ein Signal in vier Tonhöhen. Weitere Anrufe haben dann keinen Sinn mehr. Scheveningen Radio ruft zurück.

Sammelanrufe

Scheveningen sendet um h + 05 zu jeder vollen Stunde einen Sammelanruf („Verkeerslijst") über die oben genannten Arbeitskanäle, bei dem jedoch nur die Rufzeichen der Schiffe, nicht aber die Schiffsnamen aufgerufen werden.

Selektivruf

Das Selektivanruf-Verfahren wird ab 31. 12. 1991 nicht mehr möglich sein. Es bleiben dann nur noch die ständige Hörbereitschaft oder der Sammelanruf.

UKW-Kanal 77

Für private Schiff-Schiff-Gespräche darf nur der Kanal 77 benutzt werden. Die Benutzung der in Deutschland freigegebenen Kanäle 69 und 72 ist nicht erlaubt.

UKW-Kanal 70

Der Kanal 70 ist auf Grund internationaler Vereinbarungen ausschließlich dem Digitalen Selek-tivrufsystem (DSC) vorbehalten und darf für den Sprechfunkverkehr nicht benutzt werden.

Revierfunk auf UKW

Fast alle Brücken, Schleusen und Häfen sind auf UKW zu erreichen. Um langes Suchen zu vermeiden, sind die Rufnamen und Frequenzen bei den betreffenden Objekten angegeben. Auf den Kanälen des Revierfunkes darf nur mit einer Leistung von max. 1 Watt gesendet werden.

Verkehrsleitsysteme

Auf den Unterläufen des Rheines, auf dem Nieuwen Waterweg, der Ouden Maas, auf der Ooster- und Westerschelde, im Noordzeekanaal und an der Küste wurde ein Verkehrsleitsystem aufgebaut, das aus sog. „Verkeersposten" (Verkehrsleitzentralen) und Radarstationen besteht.
Aufgabe dieser „Verkeersposten" ist die Sicherung, Koordination, Information und Beratung der gesamten Schiffahrt. Das hat nichts mit „Kontrolle" zu tun. Es ist vielmehr ein Service, der allen Schiffen zugute kommt.
In einigen Bereichen müssen sich auch mit UKW ausgerüstete Yachten beim zuständigen Verkehrsposten melden und Schiffsname, Position, Kurs und Ziel angeben. In den übrigen Bereichen sollen Yachten mithören. Die Frequenzen und Rufnamen finden Sie bei den entsprechenden Revierbeschreibungen.
Die zuständigen Behörden, die Verkehrslotsen, Brücken- und Schleusenwärter wünschen ausdrücklich, daß auch Yachten zur eigenen Sicherheit, besonders bei unklaren Situationen, von diesen Funkdiensten Gebrauch machen.
Im Notfall kann über den Revierfunk auch Hilfe herbeigeholt werden, denn der UKW-Kanal 16 hat binnen nicht unbedingt dieselbe Bedeutung wie an der Küste und auf See.

Die Verkehrslotsen und die Brücken- und Schleusenwärter können aufgrund ihrer Revierkenntnisse und Reviernähe, besonders auch bei technischen Problemen, schnelle Hilfe einleiten.

Der Revierfunk wird theoretisch nach den Regeln des UKW-Seefunks abgewickelt. In der Praxis geht das aber kurz und bündig, fast im Telegrammstil und ohne Höflichkeitsfloskeln. Dabei werden nur die Schiffsnamen, nicht aber die Rufzeichen genannt. Meist kommt die Antwort kurz und trocken: Man hat wenig Zeit und möchte die Kanäle freihalten.

Die Gezeiten im Delta

Nach der Verwirklichung des Delta-Planes unterliegen dem direkten Einfluß der Gezeiten nur noch die Westerschelde und die Oosterschelde, der Nieuwe Waterweg, Nieuwe und Oude Maas, Noord, Spui und Dordtse Kil sowie die Unterläufe der Maas, Merwede, Lek und Hollandse Ijssel.

Der Brabantse Biesbosch, das Brielse Meer, das Grevelingenmeer, Hollands Diep, Volkerak und Haringvliet sind gezeitenfreie Binnenreviere geworden.

Da in den offiziellen Seekarten und in diesem Buch die Wassertiefen auf das Spring-Niedrigwasser, die Durchfahrtshöhen auf Spring-Hochwasser bezogen sind, benötigt man zur sicheren Navigation nur noch die Kenntnis der Hoch- und Niedrigwasser-Zeiten (ANWB-Almanak Teil 2), den örtlichen Tidenhub sowie die Richtung und Geschwindigkeit des Tidenstromes.

Die Angaben über Tidenhub und Tidenstrom finden Sie in diesem Buch bei den jeweiligen Objekten.

Gesetzliche Bestimmungen

In den Niederlanden gelten folgende Gesetze und Verordnungen:

Binnenvaartpolitiereglement
Es gilt auf allen Binnengewässern für alle Arten von Schiffen, auch auf dem Ijsselmeer und im Delta, mit Ausnahme von Boven Rijn, Neder Rijn, Waal, Lek, Pannerdens Kanaal, Westerschelde, Ems und Dollart.

Rijnvaartpolitiereglement
Es basiert auf EG-Regelungen und gilt sinngemäß auch auf den französischen und deutschen Teilen des Rheins. Es gilt auf Boven Rijn, Neder Rijn, Waal, Lek und Pannerdens Kanaal.

Scheepvaartreglement Westerschelde
Es gilt auf der gesamten niederländischen Westerschelde einschließlich ihrer Mündung.

Diese Vorschriften müssen im Originaltext an Bord mitgeführt werden. Sie sind im „Almanak voor Watertoerisme, deel 1 – reglementen en vaartips" enthalten.

Allgemein gilt: Die Regel „klein wijkt voor groot" besagt zwar, daß ein kleines Fahrzeug (unter 20 m Rumpflänge) einem größeren ausweichen muß, sofern die allgemeinen Regeln nichts anderes bestimmen.

Der Begriff „klein schip" bezieht sich jedoch nur auf die Größe des Fahrzeuges, nicht auf seinen Verwendungszweck. Das bedeutet, daß auch ein kleines Berufsfahrzeug einer über 20 m langen Yacht ausweichen muß.

Tragflügelboote und Luftkissenfahrzeuge müssen allen anderen Fahrzeugen den notwendigen Raum lassen. Sie dürfen nicht verlangen, daß andere ihnen ausweichen!

Die oben genannten und die dazu noch gültigen, örtlich begrenzten Vorschriften überschneiden sich häufig, sind insgesamt sehr unübersichtlich und richten sich größtenteils an die Berufsschiffahrt.

Sofern sie für Yachten Bedeutung haben und von den üblichen internationalen Bestimmungen abweichen, sind sie jeweils am Anfang eines Kapitels unter „Gesetzliche Bestimmungen" auszugsweise aufgeführt.

Nautische Unterlagen

Niederländische Sportbootkarten
Die „Hydrografische Kaarten voor Kust- en Binnenwateren" sind mehrfarbig gedruckt und enthalten eine sehr deutliche Darstellung der nautischen Verhältnisse. Die Bezeichnung der Betonnung und Befeuerung entspricht den „Chart Spezifications of the IHO" (International Hydrographic Organization); siehe Karte INT 1 des BSH. Für diesen Bereich wird man die ANWB-Karte verwenden müssen.

ANWB-Karten
Die ANWB-Karten sind erheblich größer und stellen größere Gebiete im Zusammenhang auf einem Blatt dar. Sie eignen sich deshalb besonders gut für die Planung einer Reise.

Almanak voor watertoerisme
ANWB (Koninklijke Nederlandse Toeristenbond) gibt in jedem Frühjahr den „Almanak voor watertoerisme" in zwei Bänden heraus:
Deel 1: „Reglementen en vaartips", enthält alle notwendigen Gesetzestexte und allgemeine Informationen über die Reviere, Betonnung, Befeuerung, Signale, UKW-Funk usw.
Deel 2: „Vaargegevens", enthält Beschreibungen von Gewässern, Häfen, Brücken und Schleusen sowie Gezeitentafeln und einen Gutschein zur kostenlosen Anforderung der Broschüre „Openingstijden van Spoorwegbruggen" (Öffnungszeiten der Eisenbahnbrücken). Der Almanak erscheint nur in niederländischer Sprache.

Niederländische Stromatlanten
Für die Westerschelde, die Oosterschelde, Hoek van Holland – Dordrecht und die Ansteuerung von Hoek van Holland sind sehr ausführliche Stromatlanten erhältlich, die alle Daten über die Strömungsverhältnisse (Zeiten, Tidenhübe, Stromrichtung und -geschwindigkeit) in graphischer Darstellung enthalten.

Nautische Handbücher in deutscher Sprache
Nordsee-Handbuch, südlicher Teil, von Schiermonnikoog bis zur frz. Grenze und von South Foreland bis zum River Humber, D 2007
Leuchtfeuerverzeichnis Teil IIIA, Nordsee S-licher Teil, einschließlich Orkney Islands, Shetland Islands und Faröer, D 2102
Jachtfunkdienst Nord- und Ostsee, D 2155
Gezeitentafeln, Band I Europäische Gewässer, D 2115

Sportbootführer in deutscher Sprache
Karin Brundiers/Gerd Fleischhauer, Belgiens Binnengewässer, Hamburg 1987
Karel Hejnen/Manfred Fenzl, Das Ijsselmeer, Hamburg 1990
Brian Navin, Binnengewässer der Niederlande, Hamburg 1990
Jan Werner, Holland mit dem Boot, Bielefeld 1990

Schreibweisen
Die Schreibweisen niederländischer Orts- und Gewässernamen variieren in den nautischen Unterlagen, so in den niederländischen Sportbootkarten und im Almanak voor watertoerisme (z.B. Dordtsche Kil und Dordtse Kil, Hollandsch Diep und Hollands Diep).

Beschreibung der Segelreviere im Delta

Nautische Grundlagen sind
- Die Niederländische „Hydrografische Kaart voor Kust- en Binnenwateren" (Sportbootkarten Nr. 1801, 1803, 1805, 1807 und 1809).
- Die ANWB-Karten G, H, I, J, K, L, S und O.
- Die Karte Nr. 1 des Bundesamtes für Seeschiffahrt und Hydrographie (BSH)/Internationale Zeichen, Abkürzungen und Begriffe.
- Der „Almanak voor watertoerisme" des ANWB, Teil 1: „Reglementen en vaartips" und Teil 2: „Vaargegevens".
- Publikationen niederländischer Behörden. (KNMI, PTT, Rijkswaterstaat u. a.).
Die Beschreibungen erfolgen nicht in alphabetischer Reihenfolge. Sie wurden nach praktischen Gesichtspunkten so zusammengefaßt, daß beim Befahren dieser Gewässer langes Suchen vermieden wird. Im Kapitel „Die Wege zum Delta" entsprechen die Beschreibungen dem natürlichen Streckenverlauf.
Die Skizzen und Hafenpläne sind eingenordet, jedoch nicht zur Navigation bestimmt, sondern nur zu einer ersten Orientierung geeignet. Sie zeigen Objekte an Land nur, soweit diese von Bord eines Sportbootes aus einer Augenhöhe von 2,5 m sichtbar sind.

Die dem geplanten Törn entsprechenden neuesten Ausgaben der jährlich erscheinenden „Hydrografische Kaart voor Kust en Binnenwateren" (1801, 1803, 1805, 1807 und 1809), die ANWB-Karten (G, H, I, J, K, L, S und O), der ANWB Almanach Teil 1 und 2 und die Karte Nr. 1 des BSH sind zur sicheren Navigation unbedingt erforderlich.
In diesen Karten werden die internationalen Zeichen und Abkürzungen, basierend auf den „Chart Specifications of the IHO" (International Hydrographic Organization), verwendet.
Die angegebenen Wassertiefen in diesem Buch entsprechen dem normalerweise zu erwartenden niedrigsten Wasserstand. Sofern sie von den Angaben in den o. a. Publikationen abweichen, handelt es sich um eigene Lotungen.
Die angegebenen Durchfahrtshöhen beziehen sich auf den normalerweise zu erwartenden höchsten Wasserstand.
Die Bedienungszeiten für Brücken und Schleusen sind für den Zeitraum vom 1. 4. – 1. 10. angegeben. Im Winterhalbjahr sind die Bedienungszeiten erheblich eingeschränkt und werden oft nach Bedarf geändert, so daß eine vorherige, telefonische Klärung erforderlich ist.

Die Wege zum Delta

Das Delta ist erreichbar vom Rhein, vom Ijsselmeer und von der Nordsee.

Vom Rhein zum Delta
ANWB-Karte „L"

Der schnellste und bequemste Weg vom Rhein zum Delta führt über die Waal und die Beneden Merwede nach Dordrecht. Stromabwärts wird das eine schnelle Reise, weil der Strom mit 3 – 5 km/h kräftig mitschiebt.
Bei einer Marschfahrt von 10 km/h plus 4 km/h Strom läuft man 14 km/h über Grund und benötigt für die Strecke von der Grenze bei Lobith/Tolkamer bis nach Dordrecht (113 km) nur gut acht Stunden.
Die Waal, die Verbindung zwischen Rotterdam und dem Rhein, wird von Binnenmotorschiffen, Schleppzügen und bis zu 260 m langen Schubschiff-Verbänden in dichter Folge und mit hoher Geschwindigkeit befahren.
Die Wassertiefe der Waal liegt bei 4m und kann im Sommer bis auf annähernd 2m absinken. Die Gezeiten machen sich erst unterhalb von Thiel durch Pegelschwankungen bemerkbar. Im Bereich der Boven Merwede beeinflussen sie daneben die Stromgeschwindigkeit und auf der Beneden Merwede auch die Stromrichtung.
Von Lobith/Tolkamer bis nach Dordrecht können Schiffe bis zu einer Gesamthöhe von 12m problemlos fahren.
Bei den festen Brücken auf der Waal kann man im Sommer mit Durchfahrtshöhen bis zu 14 m rechnen, sollte aber in jedem Fall die Brückenpegel beachten.

Gesetzliche Bestimmungen

- Kleine Fahrzeuge (bis 20m Länge) müssen ohne Rücksicht auf die Art ihres Antriebs größeren Fahrzeugen ausweichen.
Ausnahmen: Das kleine Fahrzeug ist manövrierunfähig oder hat keinen Platz zum Ausweichen, weil es z. B. schon am Rande des Fahrwassers fährt.
- Flußaufwärts fahrende große Schiffe zeigen an ihrer Steuerbordseite eine blaue Tafel und ein weißes Flackerlicht, wenn sie vom Rechtsfahrgebot abweichen wollen. Flußabwärts fahrende große Schiffe zeigen dieselben Signale und weichen dann nach Backbord aus.
- Kleine Fahrzeuge dürfen diese Signale nicht führen. Sie dürfen, aber sie müssen nicht nach Backbord ausweichen.
- Kleine Fahrzeuge müssen einen Namen oder ein Erkennungszeichen führen, das die Identifizierung ermöglicht.
- Segeln ist nur mit startklarem Motor erlaubt.
- Kleine Fahrzeuge müssen möglichst dicht an der Steuerbordseite fahren.
- Das Fahrwasser darf nur auf dem kürzesten Weg gequert werden.
- Segelboote dürfen nicht aufkreuzen.

Zoll

Ein- und Ausklarieren kann man in Lobith am Nordufer bei km 862,3. Im „Douanehaven" gibt es einen Schwimmsteg für Yachten.
Auf der Mole steht ein Hinweisschild. Der deutsche und der niederländische Zoll sind in demselben Gebäude untergebracht, so daß man problemlos beim deutschen Zoll ausklarieren und beim niederländischen Zoll einklarieren kann.

Bei der Rückreise erledigt man die Zollformalitäten in Emmerich.

Bei der Einmündung des Pannerdenskanaal, bei km 867, beginnt der Überwachungsbereich des Verkeerspost Nijmegen. UKW, Kanal 68, Ruf: „Post Nijmegen". Alle mit UKW ausgerüsteten Schiffe müssen auf diesem Kanal mithören. Auch Yachten sollen sich melden und Schiffsname, Position, Kurs und Ziel nennen.

Nijmegen ANWB-Karte „L"

Nijmegen, bei km 884, wurde schon von den Römern gegründet und war einst eine sehr schöne alte Stadt. 1944 wurde sie verwüstet. Dennoch sind sehenswerte Gebäude erhalten geblieben und teilweise auch originalgetreu wieder aufgebaut worden. Die alte Waag, das Rathaus (16. Jhd.), der Belvedere-Wachtturm, Teile der alten Stadtmauer, die St. Stevenskerk (13. Jhd.) sowie die alten Häuser an der Waalkade lohnen zumindest einen Stadtbummel. Liegeplätze findet man am Südufer im Vluchthaven.

Vluchthaven

Der Hafen liegt geschützt hinter einer Mole und bietet am „Passantensteiger" Liegeplätze für max. 2 x 24 Std.

Einrichtungen

WC, Duschen, Entsorgung für Chemietoiletten, Treibstoff am Shell-Bunkerboot, Fa. Neptun, UKW-Kanal 82.

Bei km 913,5 mündet der Amsterdam-Rijn-Kanal in die Waal. Diese verkehrsreiche Einmündung wird vom Verkeerspost Tiel überwacht.

UKW: Kanal 69, Ruf: „Post Tiel". Mithörpflicht und Meldeempfehlung wie oben.

Woudrichem ANWB-Karte „K"

Woudrichem, bei km 953, ist ein kleines, sehr schön erhaltenes Festungsstädtchen und bietet im ehemaligen Wallgraben Liegeplätze, die bei Niedrigwasser jedoch nur bis 1,5 m Tiefgang zugänglich sind. Die Hafeneinfahrt ist durch die hier in die Waal einmündende „Afgedamde Maas", bei km 247, zu erreichen.

Einrichtungen

WC, Duschen, Trailer-Slipbahn.

Flußabwärts von Woudrichem wird die Waal „Boven Merwede" genannt und erreicht bei km 994 Gorinchem (Gorkum). Gorinchem und der weitere Verlauf sind im Kapitel: „Vom Ijsselmeer zum Delta – Route A" beschrieben.

Für die Rückreise, vom Delta zum Rhein, bieten sich Strecken mit weniger Gegenstrom an: Lek – Neder-Rijn – Pannerdens-Kanaal oder Bergse Maas – Maas – Maas-Waalkanaal.

Gorinchem: Einfahrt Nieuwe Jachtensluis

Von der Nordsee zum Delta

Karte 1801

Von der Nordsee sind direkt zu erreichen:
- die Westerschelde
- die Oosterschelde
- das Haringvliet
- der Nieuwe Waterweg.

Von der Nordsee in die Westerschelde

Karten 1801.2/1802.3

Die Westerschelde ist zur Nordsee offen und problemlos anzusteuern. Allerdings fließen auf der Westerschelde beachtliche Tidenströme, so daß bei westlichen Winden und Ebbstrom sowie bei östlichen Winden und Flutstrom schon ab Bft 4 mit zunehmend grobem Seegang zu rechnen ist.

Gezeiten

Seewärts des Leuchtfeuers Nieuwe Sluis (Südufer) läuft der Ebbstrom etwa 8,5 Stunden mit 3–4 kn nach Westen. Der Flutstrom läuft dagegen nur etwa 4 Std. mit 2–3 kn nach Osten in Richtung Schelde. Die Westerschelde ist ein typisches Tidenfluß-Revier: Flußaufwärts langer, mitlaufender Flutstrom, flußabwärts nur wenige Stunden Ebbstrom.

Das Fahrwasser der Scheldeansteuerung wird durch Baggern auf einer Mindesttiefe von 12 m bei NW gehalten und Tag und Nacht von Seeschiffen in großer Zahl befahren, die hier mit Geschwindigkeiten zwischen 12 und 22 kn über Grund fahren!

Auf den Reeden „Wielingen Noord" und „Wielingen Zuid" liegen zu jeder Zeit Schiffe vor Anker. Die Fähren von Vlissingen nach Breskens fahren Tag und Nacht in dichter Folge und weichen Sportbooten nicht aus. Von See kommend, sollten Yachten nicht durch die Reede „Wielingen Noord" fahren. Sie geraten dort in den Gegenverkehr vor Vlissingen und müssen auch noch das vielbefahrene „Sardijngeul" queren.

Ansteuerung bei Tag

Von Westen kommende Yachten sollten südlich des Fahrwassers bis zum Ende der Reede „Wielingen Zuid" laufen und erst nach Passieren der grünen Leuchttonne „Songa Q" Vlissingen ansteuern.

Hilfreiche Landmarken sind die Türme und die Windmühle von Vlissingen sowie der Leuchtturm Nieuwe Sluis.

Ansteuerung bei Nacht

Die Scheldemündung ist mit Sektoren-Leuchtfeuern, Leuchtbaken und Leuchttonnen reichlich ausgestattet. Feuer in Linie gibt es jedoch nicht. Deshalb hat es auch keinen Sinn, im Fahrwasser zu segeln. Es bietet sich vielmehr an, eben südlich der grünen Leuchttonnen „Wenduinenbank Noord Q" – „Zand Q" – „Wielingen Fl (3) 15s" – „W1 Fl 5s" – „W3 ISO 8s" – „W5 ISO 4s" – „W7 ISO 8s" – „W9 ISO 4s" – „Songa Q" in die Westerschelde einzulaufen.

UKW-Revierfunk

Hafenmeister Vlissingen: Kanal 14, Ruf: Vlissingen Radio. Verkeerspost Vlissingen: Kanal 21, Ruf: Post Vlissingen. Mit UKW ausgerüstete Schiffe müssen sich auf Kanal 21 melden und Schiffsname, Position, Kurs und Ziel angeben.

Zoll Bei der Schleuse im Buitenhaven.

Von der Nordsee in die Oosterschelde   Karte 1801.3/1805.8

Die Oosterschelde ist von der Nordsee durch ein gigantisches Sturmflutsperrwerk getrennt und kann nur durch die im S-Teil des Sperrwerks eingebaute „Roompotsluis" erreicht werden. Über der Schleuse liegt eine feste Brücke mit einer Durchfahrtshöhe von 18,2 m bei Hochwasser und etwa 21 m bei Niedrigwasser.

Gezeiten

Die Gezeitenströme fließen durch die geöffneten Tore und erreichen dabei Geschwindigkeiten bis zu 8,5 kn! Die Durchfahrt durch die Tore ist lebensgefährlich und deshalb ohne Ausnahme verboten! Auf der Seeseite der Roompotsluis beträgt der Tidenhub bei Springtide 3,5 m, bei Nipptide 2,8 m.

Vor den Öffnungen des Sperrwerks liegen zu beiden Seiten gelbe Spitztonnen, die ein Sperrgebiet markieren. Für den Fall, daß ein manövrierunfähiges Fahrzeug durch den Gezeitenstrom in das Sperrgebiet getrieben wird, sind hinter der Sperrlinie große, gelbe Festmachetonnen verankert, die miteinander durch Stahlseile verbunden sind. Bei Gefahr soll sofort der Anker etwa 10 m gefiert und die Kette gestoppt bzw. Leine belegt werden. Der Anker wird sich im Stahlseil verfangen und das Boot halten. Im Binnenhaven der Roompotsluis wird für diesen Notfall ständig ein speziell ausgerüstetes Motorboot bereitgehalten.
Notruf: UKW-Kanal 18, Ruf: „PAN PAN – Roompotsluis".

Ansteuerung bei Tag
Bei Tag sind drei Ansteuerungen möglich:
Von Norden, durch das „Geul van Banjaard" in den „Oude Roompot" – das geht nur bei ruhigem Wetter.

Zierikzee: Brücke vor dem Oude Haven von binnen

23

Von Westen, beginnend bei der rot/weißen Leuchttonne Middelbank (ISO 8s), zu den gelb/schwarzen Leuchttonnen Magne (VQ) und MSB (Q(9)15s), zum Westgat und Oude Roompot.

Landmarken: Leuchttürme, Westkapelle und Noorderhoofd im Süden und im Nordosten West Schouwen.

Von Südwesten, beginnend bei der rot/weißen Leuchttonne Westpit (ISO 8s), zur rot/weißen Leuchttonne Kaloo (ISO 8s) und in das Fahrwasser Roompot.

Ansteuerung bei Nacht

Bei Nacht ist nur die mittlere Ansteuerung möglich, beginnend bei der rot/weißen Leuchttonne Middelbank.

Nur das Fahrwasser Westgat – Oude Roompot ist ausreichend befeuert.

Die Ansteuerungstonnen Middelbank und Magne liegen in Linie (149,5°) mit den Leuchtfeuern Westkapelle (Oberfeuer, Fl 3s, 28M) und Noorderhoofd (Unterfeuer, 0c.1s, 10M). Im Nordosten steht das Leuchtfeuer West Schouwen (Fl 2+1, 15s) 30M.

In den Vorhafen (Noordland Buitenhaven) führen grüne Gleichtaktfeuer (Oc. 5s) in Linie 73,5. Die Einfahrt ist mit je einem roten und grünen Festfeuer bezeichnet.

Im Vorhafen steht an Bb noch ein rotes Feuer (Q). Auf der NW-Mole steht ein Nebelschallsender (2)30s.

Roompotsluis   Detailkarte 1801.3

Vor der Schleuse liegt an Stb ein schwimmender Steiger, an dem man anlegen und über eine Gegensprechanlage mit dem Schleusenmeister sprechen kann.

Schleusenzeiten:
Mo u. Do: 00.00 – 22.00 h
Di u. So: 06.00 – 24.00 h
Mi: 00.00 – 24.00 h
Fr u. Sa: 06.00 – 22.00 h.

UKW: Kanal 18, Ruf: Roompotsluis. Zoll: auf der Roompotsluis.

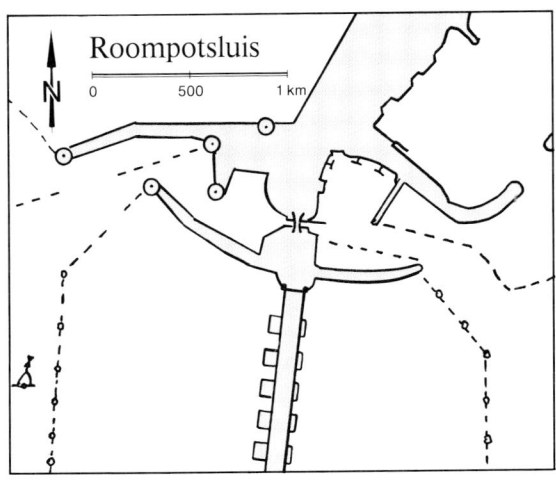

Mit UKW ausgerüstete Schiffe müssen sich beim Verlassen der Schleuse in Richtung Oosterschelde auf UKW, Kanal 68, anmelden und Schiffsname, Position, Kurs und Ziel nennen. Ruf: „Post Wemeldinge".

Von der Nordsee in das Haringvliet   Karte 1801.4

Das Haringvliet ist zur Nordsee mit einem Damm abgeschlossen, in den Spülschleusen und, am südlichen Ende, die Goereese Sluis eingebaut sind. Wenn gespült wird, werden auf den Spülschleusen rote Lichter gezeigt. Vor den Spülschleusen befindet sich zu beiden Seiten ein Sperrgebiet, markiert mit gelben Tonnen und Fangseilen dazwischen. Manövrierunfähige Fahrzeuge sollen sofort den Anker etwa 10 m fieren und sofort die Kette stoppen bzw. die Leine belegen. Der Anker wird sich dann in einem Fangseil verhaken und das Boot halten. Notruf: Kanal 20, Ruf: „PAN PAN – Goereesesluis".

Gezeiten

Der Tidenhub liegt bei max. 2,7 m. Die Gezeitenströme werden überlagert von dem aus den Spülschleusen strömenden Überschußwasser von Rhein und Maas. Der Ebbstrom aus den Slijkgat setzt etwa 3 Std. nach HW Hoek van Holland ein. Der Flutstrom beginnt etwa 4 Std. vor HW Hoek van Holland.

Ansteuerung bei Tag

8 sm vor dem Haringvlietdamm liegt die rot/weiße Leuchttonne „SG (ISO 4s)". 0,3 sm südwestlich davon steht die Leuchtbake Ha 10 (Fl.Y.5s). Mit rw 110° erreicht man das Slijkgat.

Das Fahrwasser ist sehr schmal, jedoch sehr gut betonnt. Als Landmarken dienen der Leuchtturm Westhoofd und ein wuchtiges Gebäude auf dem Haringvlietdamm.

Ansteuerung bei Nacht

Von der Ansteuerungsleuchttonne SG (ISO 4s) und der Leuchtbake Ha 10 (Fl.Y.5s) führt der weiße Sektor (zwischen grün und rot) des Leuchtfeuers Kwade Hoek in das gut befeuerte Slijkgat. Die Einfahrt zum Buitenhaven ist befeuert: an Stb grün/fest, an Bb rot/fest. Auf der Nordmole stehen ein Nebelschallsender (alle 15s 2 Töne) und ein weißes Feuer (Oc.6s).

Buitenhaven   Detailkarte 1801.4

Der größte Teil des Hafens ist für Fischereifahrzeuge reserviert. In der SO-Ecke liegt der Yachthafen Aqua Pesch (siehe unter Haringvliet / Stellendam).

Die Spülschleusen am Haringvliet

Goereese Sluis   Detailkarte 1801.4

Durch diese Schleuse führt der einzige Weg von der Nordsee in das Haringvliet. Über der Schleuse liegen zwei bewegliche Brücken, die bei Windstärken von mehr als Bft 9 nicht bedient werden.

Bedienungszeiten:
Mo – Fr: 00.00 – 24.00 h (Fr bis 22.00 h)
Sa: 08.00 – 20.00 h
So u. Ftg.: 08.00 – 20.00 h.
Die erste Schleusung nach See beginnt um 08.00 Uhr, die letzte Schleusung nach binnen beginnt 30 Min. vor Schluß.
UKW: Kanal 20, Ruf: „Goereese Sluis". Es wird empfohlen, die Schleuse rechtzeitig über UKW anzusprechen.

Zoll

Auf der Schleuse und im Haringvliet ist Ein- oder Ausklarieren nicht möglich.

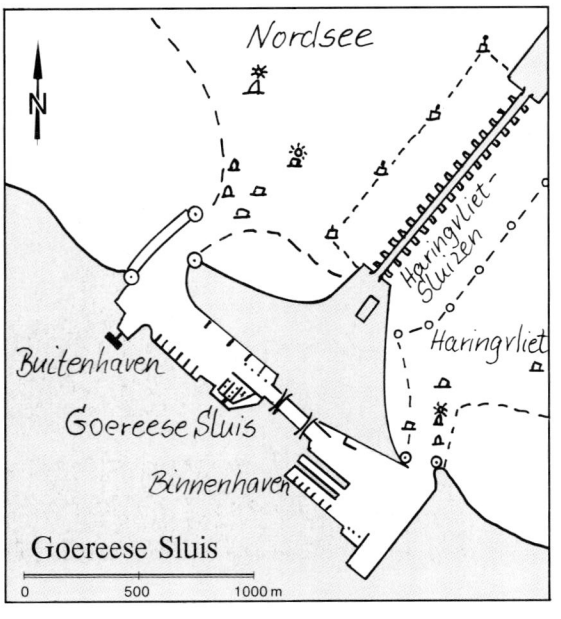

Die Goereese Sluis

Von der Nordsee in den Nieuwen Waterweg Karte 1801.5

Im Mündungsgebiet des Nieuwen Waterweg, Maasmond genannt, sind alle ein- und auslaufenden Schiffe – auch Sportboote – an Auflagen gebunden, deren Einhaltung durch Radar und UKW-Funk überwacht wird.
Das Gebiet vor der Mündung ist eingeteilt in
– Radargebiet PILOT MAAS: UKW-Kanal 2
– Radargebiet MAAS ANLOOP: UKW-Kanal 1
– Radargebiet MAASMOND: UKW-Kanal 3
Yachten müssen das Fahrwasser Maasgeul auf einem besonderen Weg im Radargebiet Maasmond anlaufen oder kreuzen, der in der Karte 1801.5 grün markiert und mit „Anbevolen oversteekplats vor pleziervaartuigen" beschriftet ist. Vor dem Einlaufen oder Überqueren müssen auch Yachten sich auf UKW-Kanal 3 (Ruf „Maasmond Radar") melden und Schiffsname, Position, Kurs und Ziel nennen sowie auf diesem Kanal ständig mithören.

Gesetzliche Bestimmungen

Kleine Fahrzeuge dürfen hier nur fahren, wenn

- der Motor ständig betriebsbereit ist und dem Fahrzeug eine Mindestgeschwindigkeit von 6 km/h ermöglicht,
- sie dicht an der Steuerbordseite des Fahrwassers, jedoch nicht außerhalb fahren (damit ist für Segler das Aufkreuzen verboten!),
- sie das Fahrwasser nur rechtwinklig und so schnell wie möglich überqueren,
- sie ständig einen Radar-Reflektor führen, der bei Segelyachten mindestens 4 m hoch, bei Motoryachten so hoch wie möglich angebracht ist.

Gezeiten

Tidenhub Hoek van Holland: bis 2,1 m. Der Ebbstrom (aus dem Nieuwen Waterweg heraus) fließt von 3 Std. nach HW Hoek van Holland bis 2 Std. vor HW HvH. Der Flutstrom (in den Nieuwen Waterweg hinein) läuft von 1 Std. vor HW HvH bis 2 Std. nach HW HvH.

Ansteuerung   Karten 1801.5 und 1809.2

Die Maasmond ist gut bezeichnet und befeuert.

Was auf der Seekarte auf den ersten Blick unübersichtlich erscheint, das zeigt sich nach genauem Studium als überraschend einfach und logisch. Neben den üblichen Betonnungen und Feuern dominieren drei sehr helle Leitfeuer-Linien, die auch bei Tage sehr gut zu sehen sind:
- Feuerlinie Calandkanaal: Grün, (Oc. 6s) führt mit rw 116° in den Calandkanaal (Karte 1809.2).
- Feuerlinie Nieuwe Waterweg: Rot, (ISO 6s) führt mit rw 107° in den Nieuwen Waterweg (Karte 1801.5/1809.2).
- Feuerlinie Splitsingdamm: Weiß, (ISO 4s) rw 112° trennt Calandkanaal und Nieuwe Waterweg (Karte 1809.2). Die Einfahrt in den Calandkanaal und die dahinter liegenden Hafengebiete sind für Yachten gesperrt.

Zoll

In Maassluis, Vlaardingen oder Rotterdam.
Der weitere Verlauf des Nieuwe Waterweg mit seinen Häfen ist unter „Nieuwe Waterweg" beschrieben.

Maassluis: Die Schleuse zum Binnenhaven

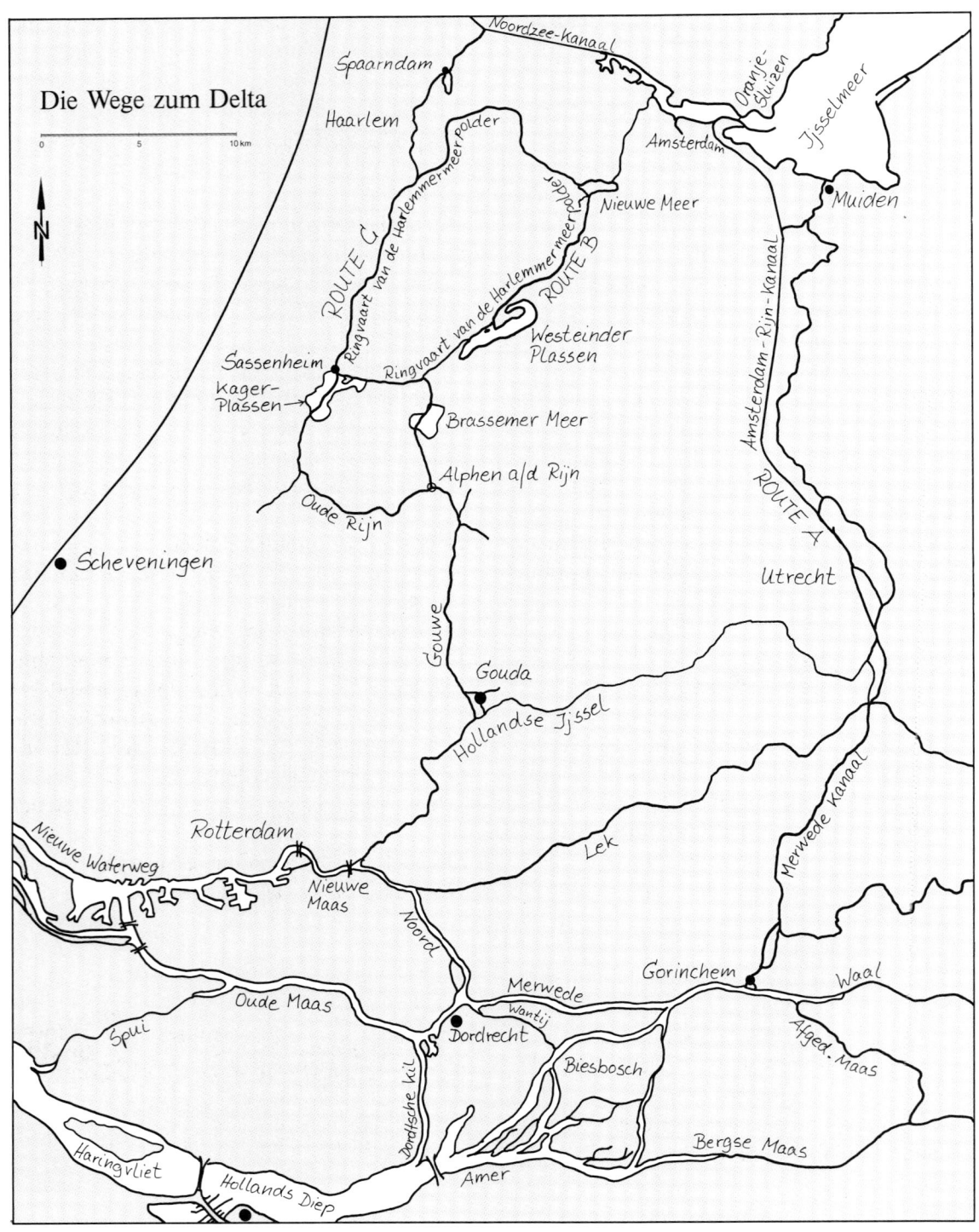

Die Wege zum Delta

0   5   10 km

N

Noordzee-Kanaal

Spaarndam

Haarlem

Oranje-Sluizen

Ijsselmeer

Amsterdam

Muiden

polder

Nieuwe Meer

ROUTE C

ROUTE B

Ringvaart van de Harlemmermeer polder

Ringvaart van de Harlemmermeer

Westeinder Plassen

Amsterdam-Rijn-Kanaal

Sassenheim

Kager-Plassen

Ringvaart van de Harlemmermeer

Brassemer Meer

Alphen a/d Rijn

Oude Rijn

ROUTE A

Scheveningen

Utrecht

Gouwe

Gouda

Hollandse Ijssel

Lek

Merwede Kanaal

Rotterdam

Nieuwe Waterweg

Nieuwe Maas

Noord

Merwede

Gorinchem

Waal

Oude Maas

Wantij

Afged. Maas

Spui

Dordrecht

Biesbosch

Dordsche Kil

Haringvliet

Bergse Maas

Hollands Diep

Amer

Vom Ijsselmeer zum Delta

Das Delta ist vom Ijsselmeer auf drei verschiedenen Routen zu erreichen:

Route A: über den Amsterdam-Rijnkanaal − Lek − Dordrecht
oder Amsterdam-Rijnkanaal − Merwede-Kanaal − Merwede − Dordrecht.

Route B: über Amsterdam − Nieuwe Meer − Ringvaart van de Haarlemmermeerpolder − Westeinder Plassen − Brassemer Meer − Gouda − Hollandse Ijssel − Dordrecht.

Route C: über Amsterdam − Haarlem − Ringvaart van de Haarlemmermeerpolder − Kagerplassen − Leiden − Oude Rijn − Gouwe - Hollandse Ijssel − Dordrecht.

Alle Routen beginnen im Buiten Ij, dem Fahrwasser vom Ijsselmeer nach Amsterdam und führen zunächst durch die Schellingwouderbrug.

Schellingwouderbrug   Karte 1810.2

Deren fester Teil weist in der Mitte eine Durchfahrtshöhe von max. 9,1 m auf. Durch Windeinfluß sind Abweichungen bis zu einem Meter möglich. Pegel an den Brückenpfeilern zeigen die aktuelle Durchfahrtshöhe an.

Die bewegliche Brücke wird für Yachten nicht auf Anforderung, sondern zur vollen und zur halben Stunde bedient:
Mo − Fr: (ganzjährig) 06.00 − 07.00, 09.00 − 16.00, 18.00 − 22.00 h
Sa: (ganzjährig) 06.00 − 22.00 h
So: (Nur 1.4. − 1.11.) 09.00 − 21.00 h
(1.11. bis 1.4. geschlossen).
Die Durchfahrt mit der Berufsschiffahrt ist erlaubt. Bei Wind von mehr als Bft 7 wird die Brücke nicht bedient. Um 12.00, 17.00, 20.00 und 22.00 Uhr wird die Brücke früher geöffnet und schließt mit der vollen Stunde. 500 m westlich liegen die

Oranje Sluizen   Karte 1810.2

Der Schleusenkomplex besteht aus drei Schleusen und einer Spülschleuse. Sie werden zu jeder Zeit kostenlos bedient. Für Sportfahrzeuge gibt es zu beiden Seiten der Schleusen, jeweils an der Nordseite, hinter dem Bollwerk für die Berufsschiffahrt, sichere Warteplätze an einem besonderen Bollwerk. Übernachten ist nicht erlaubt. Beim Anlegen auf eventuellen Strom aus der Spülschleuse achten:
- Drei rote Lichter im Dreieck, Spitze nach oben:
Strom in Richtung Ijsselmeer.
- Drei rote Lichter im Dreieck, Spitze nach unten:
Strom in Richtung Amsterdam.
Der Spülbeginn wird eine Stunde vorher durch drei rote Lichter nebeneinander angezeigt. Das Einlaufen in die Schleuse wird durch Lichtsignale geregelt, die auch bei offenstehender Schleuse beachtet werden müssen. Die gesamte Schleusenanlage wird nachts sehr gut beleuchtet.
UKW-Kanal 18. Ruf: Oranje Sluizen.
Der weitere Weg ist nicht mehr auf der Seekarte

Oranje Sluizen

29

Vom Ijsselmeer zum Delta

0   1   2 km

Route A: Amsterdam–Rijn–Kanaal (bis max. 8,5 m Höhe)

Route B: Amsterdam–Nieuwe Meer–Gouda (nachts mit stehendem Mast)

Route C: Amsterdam–Haarlem–Gouda (bei Tag und Nacht mit stehendem Mast)

N

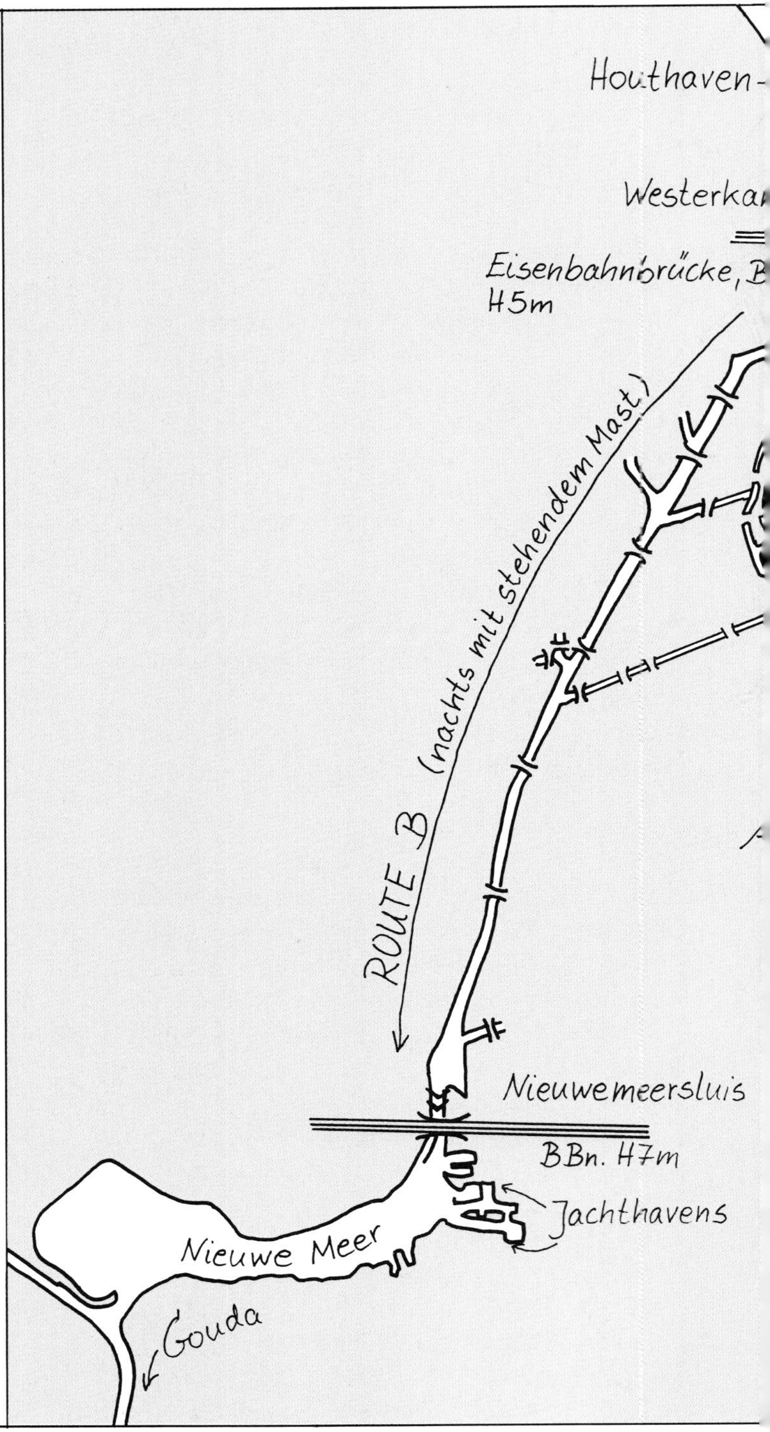

Houthaven-

Westerka

Eisenbahnbrücke, B
H5m

ROUTE B (nachts mit stehendem Mast)

Nieuwemeersluis

BBn. H7m

Jachthavens

Nieuwe Meer

Gouda

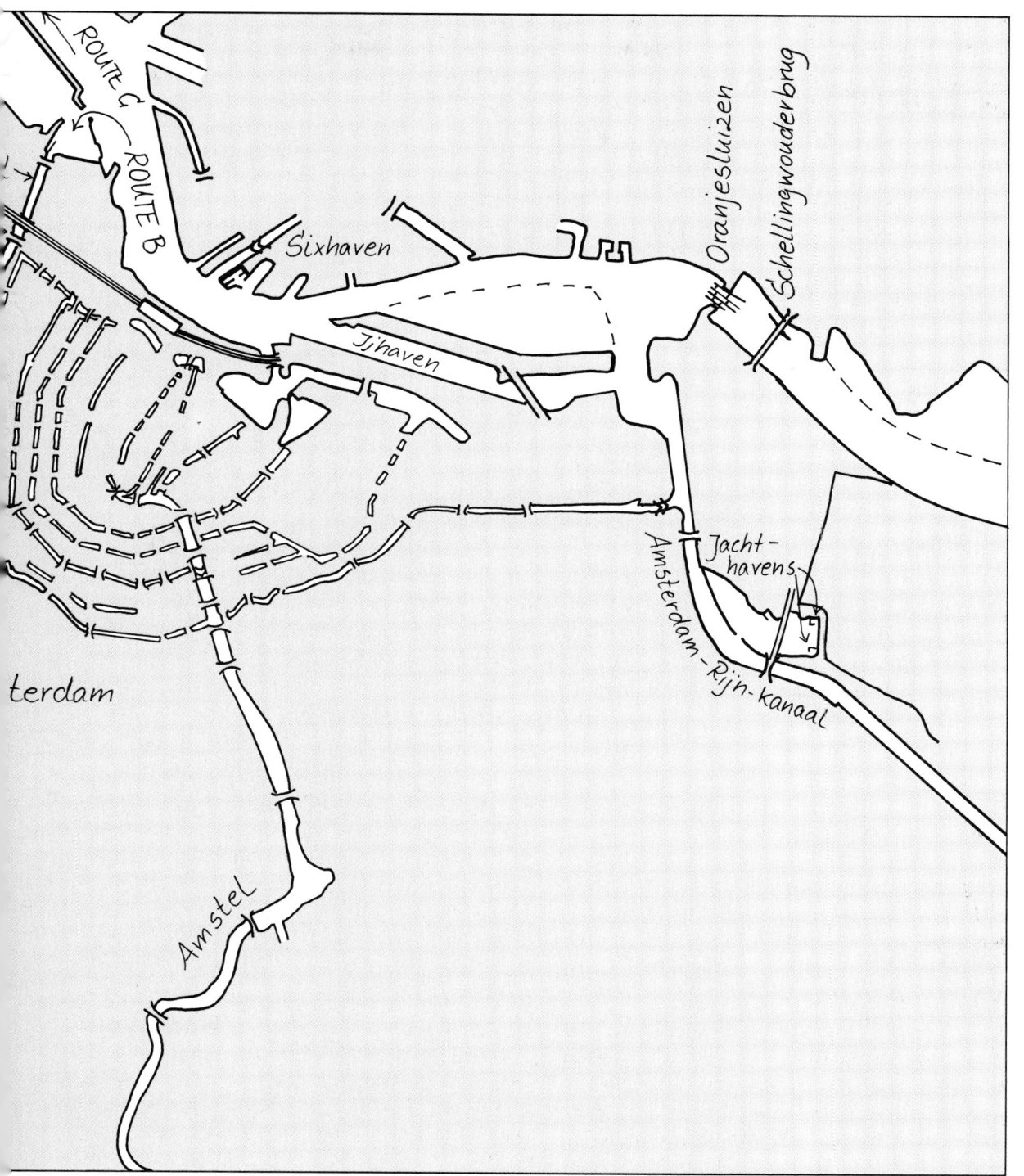

1810 verzeichnet. Erforderlich ist nun die ANWB-Karte „I".

Unmittelbar nach dem Verlassen der Oranje Sluizen muß man sich entscheiden: Entweder weiter nach Westen, nach Amsterdam zu den Routen B + C, oder nach Süden abbiegen zur Route A.

Route A
Amsterdam – Rijnkanaal
Merwede – Kanaal
– Biesbosch   ANWB-Karte „I"

Der Amsterdam-Rijnkanaal kann mit stehendem Mast nur bis zu einer theoretischen Gesamthöhe von 9,05 Meter über der Wasserlinie befahren werden. Da aber dieser Kanal von der Berufsschiffahrt sehr stark befahren wird, muß man deren Schwell in Rechnung stellen, so daß man eine Gesamthöhe von 8,5 Metern nicht überschreiten sollte. Der Schwell der Berufsschiffahrt wird von den senkrechten Kanalwänden ständig reflektiert, wodurch insbesondere kleine, von Außenbordmotoren angetriebene Segelboote behindert werden.

Gesetzliche Bestimmungen

– Segeln ist nur mit startklarem Motor erlaubt.
– Kleine Fahrzeuge müssen möglichst dicht an der Steuerbordseite fahren.
– Das Fahrwasser darf nur auf dem kürzesten Weg gequert werden.
– Segelboote dürfen nicht aufkreuzen.
Diese Route ist im Amsterdam-Rijnkanaal landschaftlich ohne besonderen Reiz und verlangt ständige Aufmerksamkeit, da laufend schnellere Binnenschiffe von achtern aufkommen und überholen. Sie hat aber den Vorteil,

daß sie ohne Einschränkung, ganzjährig, bei Tag und Nacht befahren werden kann. Auf der gesamten Route werden keine Gebühren erhoben.

Von Norden kommend erreicht man bei km 35,5 den Merwede-Kanaal, die Abzweigung nach Utrecht.

Utrecht   ANWB-Karte „I"

Utrecht, die Hauptstadt der Provinz Utrecht, hat sehr viel Sehenswertes zu bieten: Allein der Dom, der Europas größtes Glockenspiel (13 Glocken mit 31.000 kg Gesamtgewicht) beherbergt und von dessen Turm sich nach der Bewältigung von 465 Stufen eine prächtige Aussicht auf die Stadt bietet, wunderschöne Grachten mit alten Giebelhäusern, der Pandhof des Domes mit dem Klostergarten aus dem 15. Jahrhundert, die Residenz des „Commissaris van de Konigin", das Rathaus mit seiner Fassade aus dem Jahr 1826, das Stadtschloß Oudaen und „Hoog Catharijne", das größte und modernste Einkaufszentrum der Niederlande mit 5 Kilometern Schaufensterfront.

Bis 2,6 m Gesamthöhe kann man auf dem Merwede-Kanaal durch Utrecht hindurchfahren. Ist das Boot höher, so fährt man am besten nur bis vor die Schleuse und legt dort an. Interessanter ist der folgende Weg mitten durch die Altstadt: Bei km 31,4 verläßt man den Amsterdam-Rijnkanaal und fährt unter der „Opburenbrug" hindurch über die Vecht – Oude Gracht — Vaartse Rijn. Die festen Brücken auf dieser Strecke haben eine Durchfahrtshöhe von 3,25 m. Liegeplätze gibt es in der Oude Gracht und am Vaartse Rijn. Hafengeld: Bis 10 m Länge hfl. 4,50, jeder weitere Meter hfl. 0,45.

Wieder auf dem Amsterdam-Rijnkanaal, geht es bei km 42,6 nach rechts ab in den Lek-Kanaal zur Prinses Beatrixsluis. Sie wird zu jeder Zeit kostenlos bedient. Bei km 46,6 erreicht man den Lek und hat nun wieder die Wahl: entweder den Lek abwärts, von km 950 bis zur Mündung in die Noord bei Krimpen a/d Lek, oder nach Süden durch den Merwede-Kanaal nach Gorinchem (Gorkum) zur Boven Merwede und zum Biesbosch.

Der Lek ANWB-Karte „K"

Der Lek, der Unterlauf des Neder Rijn, ist hier bereits Tidenrevier mit einem Tidenhub von bis zu 0,75 Meter und Stromgeschwindigkeiten von 0,8 bis 1,8 kn bei Flut und 1,7 bis 2,8 kn bei Ebbe. Die Vianense Brug bei km 951,8 hat bei HW eine Durchfahrtshöhe von 13,3 Meter.
Bei km 953,6 liegt an der Südseite der Hafen der W.V. de Peiler. Er ist bei Niedrigwasser etwa 2 Meter tief und tagsüber problemlos anzusteuern. Die Hafeneinfahrt ist nicht befeuert.

Einrichtungen

Duschen, Waschraum, WC, Elektro-Anschluß, Trailer-Slipbahn.
Weiter stromabwärts liegt bei km 971 das Städtchen Schoonhoven.

Schoonhoven ANWB-Karte „K"

Schoonhoven kommt wohl nur für eine Übernachtung oder einen Einkauf in Frage. Es gibt Liegeplätze im Gemeinde-Yachthafen, eben oberhalb km 971 und im Noordhaven bei km 971,5.
Der Zugang zu den Liegeplätzen hinter der offenstehenden Schleuse ist durch deren Drempel begrenzt: Max. Tiefgang bei NW 1,6 Meter. Tidenhub: ca. 1,1 m.

Einrichtungen

WC, Duschen, Trailer-Slipbahn bis 4 t, Diesel, Benzin, Entsorgung für Chemie-Toiletten.
Bei km 988,5, unmittelbar vor dem Zusammenfluß von Lek und Noord, die hier die Nieuwe Maas bilden, liegt Krimpen aan de Lek.

Krimpen aan de Lek ANWB-Karte „K"

Hier gibt es zwei kleine, sehr schön gelegene Yachthäfen: Bei km 988,2 der Hafen der W.V. De Lek, der jedoch bei NW auf max. 1,2 Meter Tiefgang begrenzt ist.
Bei km 988,6 der Yachthafen 'tBalkengat der W.V. Smit-Kinderdijk. Dieser Hafen liegt sehr geschützt, rundum im Grünen und dicht bei der Fähre nach Kinderdijk. In der Einfahrt ist das Wasser bei NW 1,75 Meter tief.

Einrichtungen

WC, Duschen, schwimmendes Clubhaus.

Kinderdijk ANWB-Karte „K"

Es lohnt sich, mit der Fähre nach Kinderdijk überzusetzen und die Windmühlen von Kinder-

Der Yachthafen 'tBalkengat

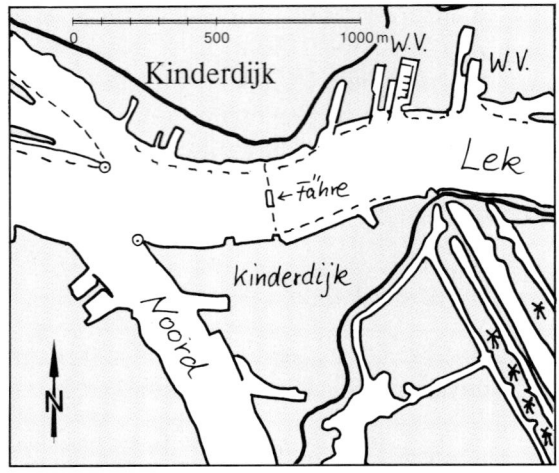

dijk zu besuchen. In Kinderdijk wurden um 1740 zur Trockenlegung des Polders Alblasserwaard 19 Windmühlen mit einer Flügelspannweite von je 28 Metern gebaut. Die Mühlen sind betriebsfähig und im Originalzustand erhalten. In den Monaten Juli und August werden am Samstagnachmittag alle Mühlen in Betrieb genommen. Sie schöpfen dann, wie in alten Zeiten, das Wasser aus dem unter dem Meeresspiegel liegenden Polder in Kanäle, durch die es bei Niedrigwasser in den Lek fließt.

Von Anfang April bis Ende September ist von Montag bis Samstag eine Mühle zur Besichtigung geöffnet. Normalerweise wird der Polder

durch ein modernes Pumpwerk, das über die größten Wasserschrauben Europas verfügt, entwässert.

Die Route A von der Oranje Sluis bis nach Krimpen a/d Lek ist 82 Kilometer lang und gut an einem Tag zu schaffen.

Merwede-Kanaal   ANWB-Karte „K"

Der Merwede-Kanaal bietet eine interessante Alternative zum Lek. Er verbindet den Lek mit der Boven Merwede und kann bis zu einer Gesamthöhe von 5,1 Metern befahren werden. Von Vianen am Lek bis nach Gorinchem (im Sprachgebrauch auch „Gorkum") sind es nur 23 km.

Der Merwede-Kanaal ist landschaftlich sehr schön. Er ist fast durchgehend zu beiden Seiten mit Pappeln bepflanzt und liegt höher als das umgebende Land, so daß sich immer wieder reizvolle Ausblicke ergeben.

Die Brücken und Schleusen des Merwede-Kanaals werden bedient von

Mo – Fr:	06.00 – 21.30 h
Sa:	08.00 – 18.00 h
So:	Geschlossen
Ftg.:	07.00 – 09.00 und 13.00 – 19.00 h.

Bei km 18,2 teilt sich der Kanal: Nach rechts zu

Windmühlen in Kinderdijk

Am Merwede-Kanaal

der Grote Merwedesluis und in den „1e Voorhaven" von Gorkum. Die Brücken werden nur für die Berufsschiffahrt bedient. Sportboote fahren nach links in den Linge Kanaal und entweder durch die Gorinchemse Kanaalsluis zur Grote Merwedesluis oder in den Lingehaven von Gorkum.

Über UKW sind zu erreichen:
Grote Sluis Vianen:Kanal 22, Ruf: Sluis Vianen
Grote Merwedesluis Gorinchem:
Kanal 18, Ruf: Merwedesluis

Betriebszeiten der Grote Merwedesluis:
Mo − Fr: 06.00 − 21.30 h
Sa: 08.00 − 18.00 h
So: Geschlossen
Ftg.:   07.00 − 09.00 und 13.00 − 19.00 h

Gorinchem (Gorkum)

ANWB-Karte „K"

Gorkum ist mehr als 1000 Jahre alt und erhielt schon im Jahre 1382 die Stadtrechte. Die Stadt

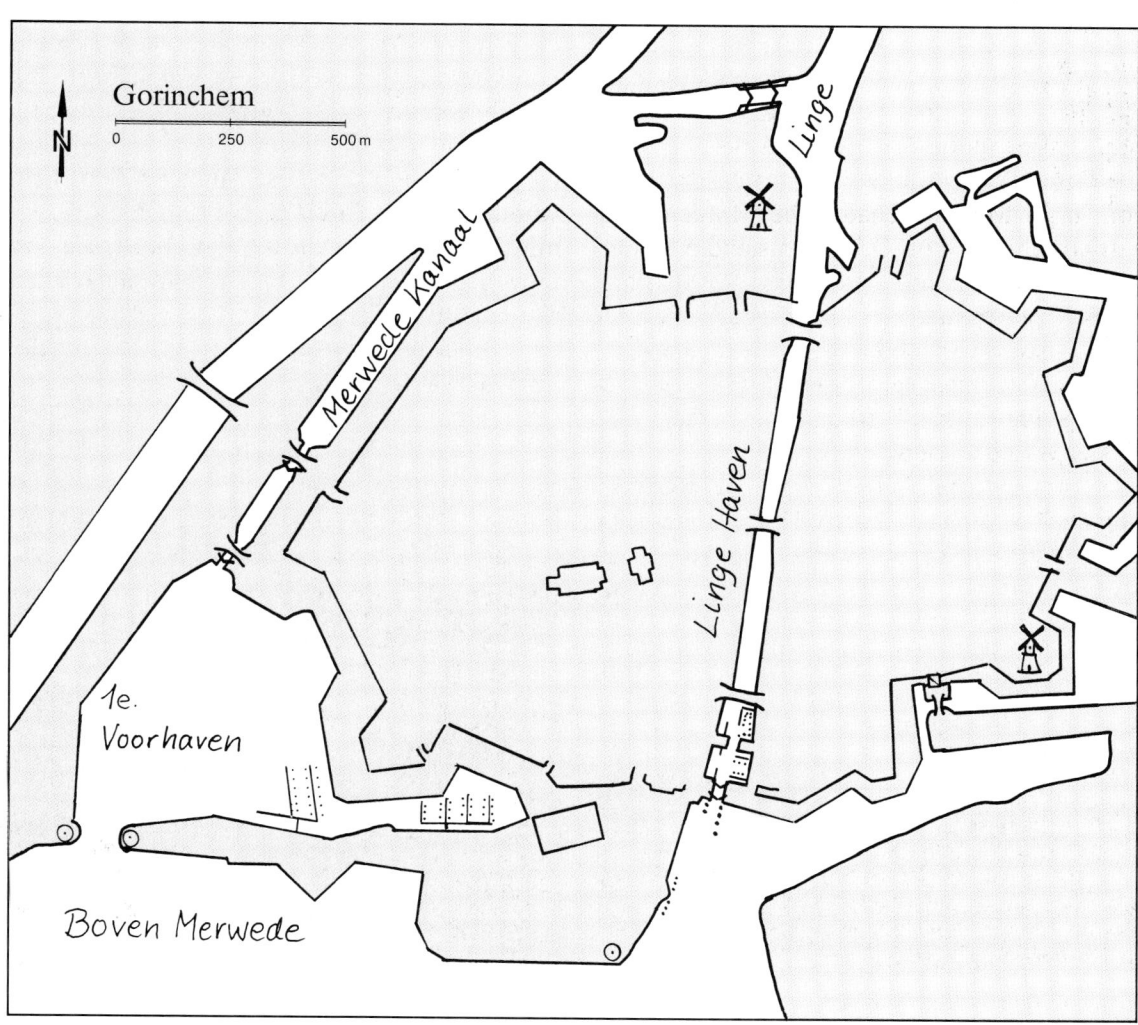

Ausfahrt vom Lingehaven in die Boven Merwede liegt strategisch günstig an den Grenzen von Zuid-Holland, Gelderland und Brabant und war deshalb häufig umkämpft. Die dabei entstandenen Schäden sind die Ursache für die verschiedenen Baustile, die in Gorkum zu sehen sind. Besonders sehenswert sind die fast vollständig erhaltenen Wallanlagen aus dem 16. Jahrhundert und die auf dem Wall stehenden Kornmühlen „De Hoop" (1764) und „Nooit Volmaak" (1772), die vom „stadtsmolenaar" noch immer in Betrieb gehalten werden. Aus der Zeit, als es noch keine Wasserleitungen gab, sind in der Pompstraat, Molenstraat und Kapelsteeg die „stadtpompen" aus dem Jahr 1607 zu sehen.

Die Stadttore „Dalempoort" (1597/1770) und „Watertoren" (1886) sind ebenso erhalten wie das „Tolhuis" (1598) und der „Sint Janstoren", der Kirchturm, dessen Unterbau während der Bauzeit absackte und sich zur Seite neigte. Den Oberbau hat man dann senkrecht weitergebaut. Somit hat der Turm einen Knick, und die Turmspitze steht oben 1,1 m aus der Mitte.

Kurz gesagt: Diese Stadt ist allein schon Grund genug, um auf dem Hin- oder Rückweg die Route über den Merwede-Kanaal zu nehmen.

Die Gastliegeplätze im Lingehaven vor der Petersbrug

Häfen in Gorkum

Der Lingehaven liegt sehr schön, geradezu romantisch, in der alten Stadt. Er wurde 1988 vorbildlich renoviert, hat 150 Gastplätze und ist von binnen mit einer Gesamthöhe von max. 2,6 Meter und von der Boven Merwede her auch mit stehendem Mast durch die „Nieuwe Jachtensluis" (Länge: 30 m, Breite: 5,5 m, Drempeltiefe 2,47 m bei NW) zu erreichen. Hier ist Gelegenheit, in ruhigem Wasser den Mast aufzustellen oder zu legen.

Einrichtungen

WC, Duschen, Waschräume, Strom und Wasser am Steg, Waschmaschine, Entsorgung für Chemietoiletten.

Betriebszeiten der Nieuwe Jachtensluis:
1. April – 1. Mai, 1. Okt. – 1. Nov.:
Mo – Sa: 08.00 – 10.00, 12.00 – 13.00, 18.00 – 20.00 h
So u. Ftg.: 09.00 – 10.00, 12.00 – 13.00, 18.00 – 19.00 h
1. Mai – 1. Okt.
Mo – Sa: 08.00 – 13.00, 14.00 – 21.00 h.

Der Yachthafen der W.V. De Merwede und der Passantenhafen „De Punt" sind in der Südostecke des „1e Voorhaven" angelegt.

Einrichtungen

Strom und Wasser am Steg, Duschen, WC, Waschmaschine, Entsorgung für Chemietoiletten und für Abwassertank (W.V. De Merwede) Kran bis 20 t und Reparaturen: Fa. Gebr. van Pelt B.V.
Von 10.00 – 17.00 Uhr wird kein Hafengeld verlangt, von 17.00 – 10.00 Uhr pro Meter Schiffslänge 1 Gulden.

Die Boven Merwede ANWB-Karte „K"

Diese Fortsetzung der Waal (genaugenommen der Unterlauf des Rheins) wird von der Berufsschiffahrt sehr stark frequentiert. Schubschiffverbände, Schleppzüge und Binnenmotorschiffe fahren in sehr großer Zahl Tag und Nacht mit sehr hoher Geschwindigkeit. Ständige Aufmerksamkeit und Ausguck nach achtern sind unerläßlich! Bis nach Dordrecht sind es noch 23 Kilometer.

Der Strom fließt bei Ebbe mit 2 – 4 km/h, bei Flut 1 – 3 km/h talwärts. Erst im Bereich der Beneden Merwede setzt sich bei Flut ein mäßiger Strom nach Osten durch. Der Tidenhub beträgt bei Gorkum etwa 0,4 m, bei Sliedrecht etwa 0,6 m und bei Dordrecht etwa 0,8 m. Je nach Wasserabfuhr im Oberlauf der Waal können Schwankungen von $-0,4$ m bis $+0,8$ m auftreten.

Bis zu einer Gesamthöhe von 12 Metern kann man bis Dordrecht ohne Einschränkung fahren. Alle Brücken auf der Merwede sind mit Pegeln versehen, die die tatsächlichen Durchfahrtshöhen anzeigen.

Verkeersbrug in Gorinchem

(km 905,7) ANWB-Karte „K"

Die Brücke hat im festen Teil eine Durchfahrtshöhe von 12,5 bei HW.
Der bewegliche Teil wird nur auf Anforderung geöffnet in der Zeit von
Mo – Fr: 06.00 – 21.00 h
Sa: 08.00 – 18.00 h
So u. Ftg.: Geschlossen.
Anmeldung, möglichst 24 Stunden vorher, beim Schleusenmeister der Grote Merwedesluis: UKW Kanal 18, Ruf: Merwedesluis, oder Tele-

fon (01830) 33308 oder 22865. Bei Windstärken von mehr als Bft 8 wird die Brücke nicht bedient. Bei km 961 teilt sich der Fluß: Nach Westen in die „Beneden Merwede", nach Südwesten in die „Nieuwe Merwede".

Die Beneden Merwede, von km 961 bis nach Dordrecht sind es noch 17 km, bietet am südlichen Ufer einen freundlichen, größtenteils natürlichen Anblick. Die Nordseite zeigt dagegen Industrie- und Werftanlagen.

Bei km 968,3 ermöglicht die Helsluis mit stehendem Mast den Zugang zum Hollandse Biesbosch (siehe Biesbosch).

Papendrecht: Brücke über die Beneden Merwede man bei Werkendam, km 962, durch die Biesboschsluis und bei km 971,5 durch die Spieringsluis mit stehendem Mast in den Brabandse Biesbosch, durch die Ottersluis in den Hollandse Biesbosch (Näheres siehe unter Biesbosch). Auch die Nieuwe Merwede wird von der Berufsschiffahrt sehr stark befahren.

Vom Ijsselmeer zum Biesbosch – das sind über den Merwede-Kanal – Gorkum insgesamt 77 km, bis nach Dordrecht 94 km. Hierfür benötigt man zwei Tage.

Eisenbahnbrücke Baanhoek

km 971,2   ANWB-Karte „K"

Der feste Teil hat eine Durchfahrtshöhe von 12,1 Meter bei HW. Der bewegliche Teil wird nur auf Anforderung (mindestens 3 Std. vorher) geöffnet.
UKW–Kanal 19, Ruf: Verkeerspost Dordrecht, Tel. (078) 1322421.

Verkeersbrug Papendrecht

km 973,8   ANWB-Karte „K"

Der feste Teil hat in der Mitte eine Durchfahrtshöhe von 12,5 Meter bei HW. Der bewegliche Teil wird nur auf Anforderung und nach vorheriger Anmeldung (mindestens 18 Std. vorher) beim Brückenkontor, Tel. (078) 151564 oder UKW-Kanal 19, Verkeerspost Dordrecht, in der Zeit von 06.00 bis 22.00 Uhr geöffnet.
Die Nieuwe Merwede kann von km 961 bis zu den Moerdijkbruggen über das Hollandsch Diep, bei km 993, mit stehendem Mast befahren werden. Über die Nieuwe Merwede gelangt

Route B   ANWB-Karte „I"
Amsterdam – Gouda – Dordrecht

Diese Route kann mit stehendem Mast bis 23 m Gesamthöhe und bis zu einem Tiefgang von 1,95 m, in Amsterdam jedoch nur nachts befahren werden (bis 2,3 m Tiefgang und über 23 m Masthöhe nur mit Genehmigung der Provincie Noord-Holland).

Sie führt von den Oranje Sluizen (siehe dort) zunächst nach Westen, im Fahrwasser des Afgesloten Ij zum Noordzeekanaal. Das Fahrwasser ist gut betonnt und auch nachts zu befahren. Außerhalb des betonnten Fahrwassers liegen unbeleuchtete Tonnen. Deshalb sollte man bei der Nachtfahrt im befeuerten Fahrwasser bleiben.

Amsterdam ANWB-Karte „I"

Amsterdam ist und bleibt immer eine aufregend schöne und interessante Stadt, die für jeden Besucher etwas bietet. Aber es ist auch eine Stadt mit einer erschreckend hohen Kriminalität, die den Besucher zwingt, sich entsprechend vorzusehen. Es gibt sehr viele Liegeplätze, aber nur ein Hafen ist einigermaßen sicher: der Sixhaven.

Sixhaven ANWB-Karte „I"

Der Hafen liegt mitten in der Stadt, gegenüber dem Hauptbahnhof. Er ist rundherum abgeschlossen, hat landseitig und vom Wasser her jeweils nur einen Zugang.
Vom Sixhaven ins Zentrum der Altstadt geht man etwa 5 – 10 Minuten zu Fuß und setzt mit der Fähre (Betrieb rund um die Uhr) über zum Hauptbahnhof, der mitten in der Stadt liegt. Wertsachen, Geld und Papiere sollte man so bei sich tragen, daß sie nicht geraubt werden können: unter der Oberbekleidung!

Amsterdam: Einfahrt zum Sixhaven

Einrichtungen

WC, Duschen, Schläuche am Steg, Entsorgung für Chemietoiletten und für Schmutzwassertanks.
Etwa 1 km nördlich des nicht zu übersehenden Hauptbahnhofs biegt man nach Westen ab zum Westerkanaal, dessen Einfahrt mit je einem roten und grünen Festfeuer bezeichnet ist.
Vor der ersten Brücke muß man an der Nordseite anlegen und beim Brückenwärter das „Gemeentelijk doorvart- en havengeld" bezahlen und fährt danach weiter in den Westerkanaal. Hat das Boot eine Durchfahrtshöhe von weniger als 2,4 Meter, so kann man bis zum Nieuwe Meer unter allen Brücken durchfahren. Bis zu einer Durchfahrtshöhe von 5 Metern kann man zwar jederzeit die Eisenbahnbrücke über den Westerkanaal passieren, die weiteren Brücken jedoch nur zu folgenden Zeiten:
Mo – Fr: 00.00 – 07.00, 09.00 – 16.00,
18.00 – 24.00 h
Sa, So, Ftg.: Nach Absprache mit dem Schleusenmeister der Westerkeersluis oder der Nieuwe Meersluis.
UKW: Kanal 22, Ruf: „Havendienst".
Schiffe mit einer Durchfahrtshöhe von mehr als 5 Metern können diese Route nur nachts im Konvoi passieren, da die Eisenbahnbrücke über den Westerkanaal täglich von mehr als 600 fahrplanmäßigen Zügen befahren wird und somit eine individuelle Bedienung nicht möglich ist. Deshalb wird wie folgt verfahren:
Die vom Nieuwe Meer nach Norden fahrenden Schiffe versammeln sich gegen 23.00 Uhr vor der Nieuwe Meersluis, bezahlen in der Schleuse das „doorvart- en havengeld" und fahren dann im Konvoi, begleitet von Brückenwärtern auf Fahrrädern, nach Norden. Dabei wird jeweils nur eine Brücke geöffnet, die Schiffe fahren durch und sammeln sich vor der nächsten Brücke. Diese wird geöffnet, wenn die vorige Brücke geschlossen ist. Etwa um 02.15 Uhr hat der Konvoi die Eisenbahnbrücke erreicht, die gegen 02.30 Uhr geöffnet wird.
Die von Nord nach Süd fahrenden Schiffe versammeln sich im Westerkanaal. Nachdem die von Süden kommenden Schiffe die Eisenbahn-

brücke passiert haben, macht sich der Konvoi nach Süden auf den Weg und erreicht nach etwa 2 Stunden die Nieuwe Meersluis. Die über der Nieuwe Meersluis liegenden Brücken werden nur für die Konvoifahrt geöffnet. Bei Nebel oder Wind über Bft 8 findet keine Konvoifahrt statt. Unmittelbar südlich der Nieuwe Meersluis liegen an der Ostseite mehrere Yachthäfen. Es ist jedoch günstiger, mit dem Konvoi über das Nieuwe Meer weiterzufahren, denn die „Schipholbrug" über die „Ringvaart van de Haarlemmermeerpolder", 4,5 km nach der Nieuwe Meersluis, wird im Anschluß danach und zu folgenden Zeiten bedient:

Mo – Fr: 05.00 – 06.30, 12.00 und 13.30 (nur wenige Minuten), und 20.00 – 21.00 h
Sa: 07.00 – 08.00, 13.00 u. 13.30 (nur wenige Minuten), und 19.00 – 20.00 h
So u. Ftg.:   08.00 – 10.30 und 18.30 – 21-00 h.
Vom 16. Oktober bis 16. April wird an Wochentagen die Brücke nur eingeschränkt bedient und bleibt sonn- und feiertags geschlossen.

Auf der Ringvaart van de Haarlemmermeerpolder geht es, vorbei am Flughafen Schiphol, weiter nach Südwesten bis zur Westeinder Plas.

Westeinder Plas   ANWB-Karte „I"

Hier finden sich viele schöne Yachthäfen, geschützte Anlege- und Ankerplätze (siehe Detailkarte der ANWB-Karte „H"). Etwa 4,5 km weiter geht es nach Süden in die Oude Wetering und zum Brassemermeer.

Brassemermeer   ANWB-Karte „H"

Dies ist ein Binnensee, der sehr stark von Sportbooten frequentiert wird. An der Westseite gibt es eine große, sehr betriebsame Marina.

In der Südwestecke finden Schiffe bis 1,2 m Tiefgang einige Anlege- und Ankerplätze im Grünen. Der weitere Weg führt nach Süden, über Alphen an den Rijn – Boskoop – Waddinxveen bis zur Eisenbahnbrücke Gouda.

Eisenbahnbrücke
Gouda   ANWB-Karte „H"

Südlich der alten Eisenbahn-Drehbrücke über die Gouwe wurde eine neue Eisenbahn-Hubbrücke gebaut, die im November 1990 in Betrieb genommen wurde. Die Brücke hat eine Durchfahrtshöhe von 7 m (geschlossen) und 34 m (geöffnet). Die alte Eisenbahnbrücke bleibt daneben vorläufig in Betrieb.

Die neue Brücke wird vom 16.4. – 16.10. viermal täglich im Rahmen des Fahrplanes geöffnet. Die endgültigen Betriebszeiten liegen derzeit noch nicht fest (siehe ANWB-Broschüre „Openingstijden van spoorwegbrugge"). Außerhalb dieser Zeiten wird die Brücke auf Anforderung um 05.30 und 22.45 h auch für Yachten geöffnet.

Gouda   ANWB-Karte „H"

Gouda – das ist nicht nur ein bekannter Käse, sondern eine sehenswerte alte Stadt, die schon

Das Rathaus in Gouda

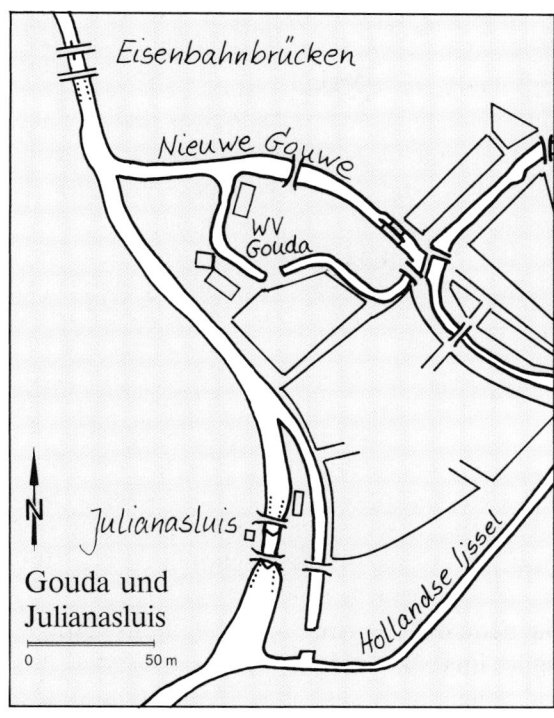

Gouda und
Julianasluis

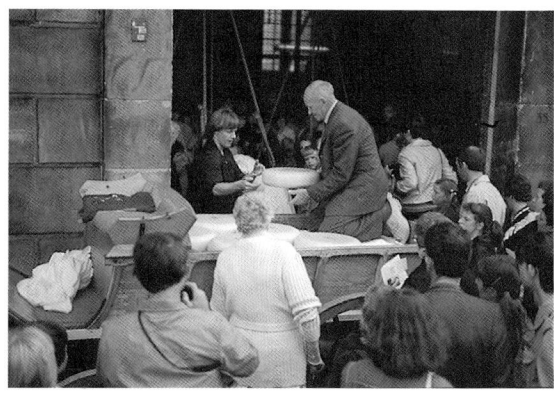

Der Käsemarkt in Gouda
Tonwaren aus Gouda und Exponate der Pfeifen-
brenner- und Töpferzünfte gezeigt.
Vom 1.7. – 1.9. wird donnerstags um 09.00 Uhr
der Käsemarkt eröffnet.

Hafen- und Liegeplätze

Gouda erreicht man mit stehendem Mast nur
über die Nieuwe Gouwe durch die Steve Biko-
brug.
Bedienungszeiten:
Mo – Sa: ganzjährig 06.00 – 22.00 h
          (Sa nur bis 18.00 h)
So u. Ftg.:   16.6. – 16.9. 09.00 – 12.30,
          13.00 – 18.00 h
          16.9. – 16.6. So geschlossen.
UKW: Kanal 20, Ruf: „Steve Bikobrug".

im Jahre 1272 die Stadtrechte erhielt. Auf der
Denkmalspflegeliste stehen über 300 Objekte,
darunter das 1450 erbaute Rathaus mit dem
Schafott aus dem Jahr 1697 (letzte Hinrichtung
1860) und dem Glocken- und Puppenspiel im
Ostgiebel. Das Spiel zeigt alle halbe Stunde die
Verleihung der Stadtrechte durch Graf Floris V.
Gegenüber dem Rathaus steht die alte Stadt-
Waage aus dem Jahre 1668. Die St.Jans-Kirche,
eine gotische Kreuzbasilika aus dem 14. Jahr-
hundert mit Holzgewölben und dem längsten
Kirchenschiff der Niederlande (123 m) ist welt-
berühmt wegen ihrer Glasmalereien aus dem 16.
Jahrhundert mit Darstellungen aus der Bibel
und der niederländischen Geschichte.
Das städtische Museum zeigt neben antikem
Interieur, neben alter und moderner Kunst,
auch die Wundarzt- und Folterkammer, die
antike Stadtapotheke und die Irrsinnigenzelle.
Im Museum „De Moriaan"werden Fliesen- und

Vor der Julianasluis in Gouda

Unmittelbar vor der Brücke zweigt ein Neben-fahrwasser nach Süden ab. Dort liegt der Yacht-hafen der W.V. Gouda, der sich durch außerge-wöhnlich aggressive Stechmücken auszeichnet, die anscheinend auf Grund des nebenan liegen-den Chemiewerkes gegen alle Präparate resi-stent sind. Es ist besser, in die Stadt hineinzufah-ren. Liegeplätze gibt es genug, allerdings nur mit Trinkwasser und Abfallbehältern.

Auf dem Weg zum Delta muß man wieder zurück und über den Gouwekanaal zur Juliana-sluis, durch die man die Hollandse Ijssel erreicht.

Bedienungszeiten:

Mo – Fr: 00.00 – 24.00 h
Sa: 00.00 – 22.00 h
So u. Ftg.: 06.00 – 24.00 h.

UKW: Kanal 18, Ruf: „Julianasluis".

Hollandse Ijssel   ANWB-Karte „K"

Die Hollandse Ijssel ist Tidenrevier. Von der Juli-anasluis bei Gouda bis zur Einmündung in die Nieuwe Maas sind es gut 18 km. Das Fahrwasser ist bei NW mindestens 3 m tief, gut bezeichnet und befeuert.

Gezeiten

Bei Gouda beträgt der Tidenhub 1,7 m. Der Ebb-strom beginnt dort etwa 2 h nach HW Hoek van Holland, läuft etwa 6 h 30 min und ereicht bis zu 3 km/h.

Der Flutstrom beginnt bei der Ijsselmündung etwa 3 h nach NW Hoek van Holland, läuft etwa 6 h und ereicht bis 2 km/h. Auf dem Weg zum Delta sollte man bei Gouda gegen HW Hoek van Holland ablegen und gegen den schwachen Flutstrom die Ijsselmündung 2 Stunden nach HW Hoek van Holland erreichen. Dann schiebt auf der Nieuwe Maas und der Noord noch etwa

2 Stunden der Flutstrom mit 3 – 4 km/h bis nach Dordrecht.

Auf dem Rückweg von Dordrecht kann man auf der Noord/Nieuwe Maas den Ebbstrom und auf der Hollandse Ijssel den Flutstrom ausnutzen, wenn man die Ijsselmündung bei HW Hoek van Holland erreicht.

An der Hollandse Ijssel liegt bei km 14,7 der Yachthafen 'T Zandrak.

'T Zandrak   ANWB-Karte „K"

Der Hafen verfügt über alle notwendigen Ein-richtungen, macht aber insgesamt einen wenig einladenden und ungepflegten Eindruck. Bei km 18 liegt über dem Fluß das

Der Yachthafen 'T Zandrak

Sturmflutsperrwerk Krimpen a/d Ijssel   ANWB-Karte „K"

Die Tore des Sperrwerkes haben eine Durch-fahrtshöhe von 7,5 m bei HW. Pegel sind vorhan-den. Yachten mit einer Masthöhe von mehr als 7,5 m fahren durch die westlich des Sperrwerkes liegende, meist offenstehende Schleuse. Die Brücke über der Schleuse wird zu folgenden Zei-ten bedient:

Sturmflutsperrwerk Krimpen a/d Ijssel

Mo – Fr: 06.00 – 06.45, 09.00 – 16.00,
            18.00 – 20.00 h
Sa: 06.00 – 20.00 h
So u. Ftg.: 10.00 – 12.30, 16.30 – 19.00 h.
UKW: Kanal 22, Ruf: „Sluis Krimpen".
Bei km 20 mündet die Hollandse Ijssel in die
Nieuwe Maas.

Nieuwe Maas

Karte 1809.5,
ANWB-Karte „K"

Sie führt nach Westen durch Rotterdam zum
Nieuwe Waterweg, nach Hoek van Holland und
zur Nordsee. Nach Südosten führt die Nieuwe
Maas zum Lek und zur Noord, Beneden Mer-
wede und nach Dordrecht.
Gegenüber der Mündung der Hollandse Ijssel
liegt am südlichen Ufer der Nieuwe Maas der
Yachthafen Ijsselmonde.

Ijsselmonde

Karte 1809.5

Die Umgebung des Hafens ist nicht sonderlich
attraktiv. Der Hafen ist bei NW 2,5 m tief und
insgesamt gut angelegt.

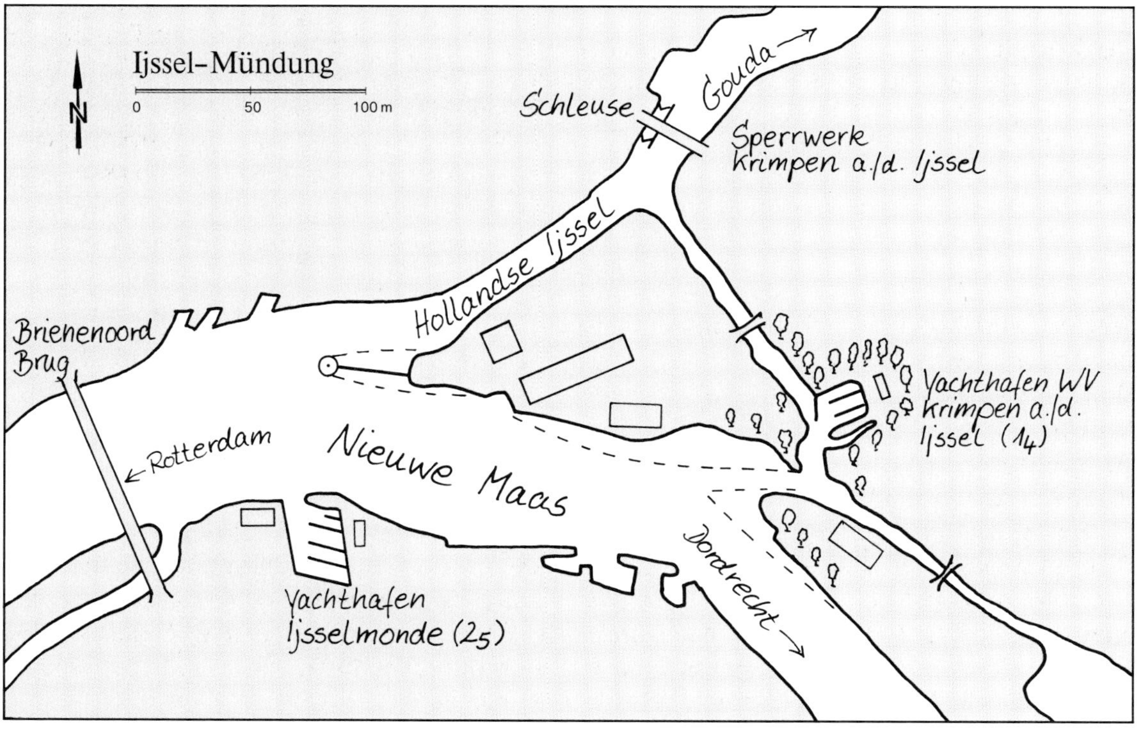

Ijssel–Mündung

N

0   50   100 m

Schleuse

Gouda →

Sperrwerk
Krimpen a./d. Ijssel

Hollandse Ijssel

Brienenoord
Brug

← Rotterdam

Nieuwe Maas

Dordrecht →

Yachthafen WV
Krimpen a./d.
Ijssel (14)

Yachthafen
Ijsselmonde (25)

Einfahrt zum Hafen Ijsselmonde

Einrichtungen: WC, Duschen, Travellift bis 20 t, Entsorgung für Chemietoiletten.
Bei km 992,3 zweigt an der Nordseite der Nieuwe Maas ein Nebenfahrwasser ab, das mit der rot-grünen Tonne NM 2/BK 1 beginnt. Es führt zum Yachthafen des

W.S.C. Krimpen a/d Ijssel
Karte 1809.5

Dies ist ein Hafen, wie man ihn sich wünscht: Rundum im Grünen gelegen, durch hohen Bewuchs windgeschützt und ohne übertriebenen Aufwand, dafür aber mit jener freundlichen Atmosphäre, die eben nur ein kleiner Clubhafen bieten kann.

Hafenzufahrt WSC Krimpen a/d Ijssel

Einrichtungen
WC, Duschen, Elektro-Anschluß.

Am nördlichen Ufer der Nieuwe Maas findet man hinter der Insel „Kleine Zaag" geschützte Ankerplätze, die bei NW für Schiffe bis max. 1,4 m zugänglich sind. Der Grund besteht aus weichem Schlick.
Bei km 989 endet die Nieuwe Maas. Von Osten mündet der Lek, von Südosten die Noord, der man bis Dordrecht folgt. Bei km 981 liegt am Ostufer die Einfahrt zum Hafen Alblasserdam.

Alblasserdam
Karte 1809.5

Der Hafen sieht von der Noord her nicht besonders einladend aus. Hinter der beweglichen Brücke über der Hafeneinfahrt liegt der Yachthafen der W.V. D'Alblasserwaard – ein Hafen, wie man ihn sich nicht schöner wünschen kann. Die Brücke wird Tag und Nacht vom Pförtner der Werft bedient. Wassertiefe bei NW 2 m.
Von hier aus sind die Windmühlen von Kinderdijk (Route A) und die unter dem Meeresspiegel liegende Polderlandschaft der Alblasserwaard zu erreichen.

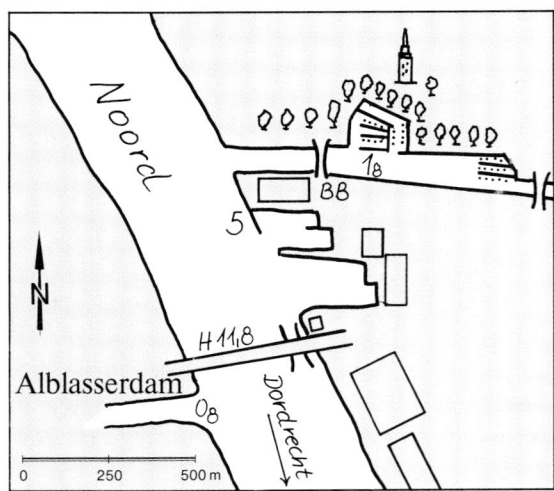

Bewegliche Brücke vor dem Hafen Alblasserdam

Einrichtungen

WC, Duschen, Elektro-Anschluß, Diesel, Benzin.

Verkeersbrug Alblasserdam

Karte 1809.5

Die Brücke über die Noord hat in der Mitte eine Durchfahrtshöhe von 12,9 m bei NW. Pegel sind vorhanden. Brückenöffnung für Sportboote:

Mo – Sa: 09.30, 11.30, 13.30, 15.30, 20.30 und 21.30 h
So u. Ftg.:   08.30 – 11.30 und 18.00 – 20.30 h
nach Bedarf, wenn zwei Fahrzeuge warten oder eines bereits 15 Min. wartet.

Für die Berufsschiffahrt täglich von 06.00 – 22.00 h, wobei Sportboote mit der Berufsschiffahrt durchfahren dürfen.
Es wird empfohlen, den Brückenwärter auf UKW anzusprechen. Er erteilt Auskunft über die tatsächliche Durchfahrtshöhe und die nächste Brückenöffnung.
UKW: Kanal 22, Ruf: „Alblasserdamse Brug".

Bis nach Dordrecht sind es noch 5 km, die man im Fahrwasser der Noord oder teilweise in dem ruhigeren Nebenfahrwasser „Rietbahn" zurücklegen kann.
Nach dem Passieren der Brücke Alblasserdam sollen sich mit UKW ausgerüstete Schiffe beim „Verkeerspost Dordrecht" melden, zumindest aber mithören.
UKW: Kanal 19, Ruf: „Post Dordrecht"

Dordrecht

Karte 1809.8

Dordrecht liegt am Zusammenfluß von Oude Maas, Merwede und Noord. Das ist die am stärksten befahrene Flußgabel auf der ganzen Welt. Dordrecht wird in den Chroniken schon 1138 erwähnt, wurde 1220 unabhängig, mit eigener Obrigkeit, und erhielt 1299 das Weinmonopol. Aus dieser Zeit stammen die Wijnstraat, die Wijnbrücke und der Wijnhaven.

Dordrecht, die älteste Stadt im alten Holland, war der Sitz der Grafen von Holland und stand schon lange vor Amsterdam und Rotterdam in voller Blüte. Diese Stadt verlangt schon etwas Zeit von ihren Besuchern, denn sie steckt voller Sehenswürdigkeiten:

Das Flußpanorama mit dem Groothoofdpoort gilt als das Schönste und „Holländischste"in den Niederlanden. Im Ständesaal des ehemaligen Augustinerklosters schlossen sich 1572 zwölf Städte (Amsterdam war nicht dabei!) zum Kampf gegen die spanischen Unterdrücker zusammen. Das Dordrechter Museum zeigt Gemälde aus vier Jahrhunderten, darunter exklusiv die Werke der Gebrüder van Strij, die Stadtansichten von Georg Hendrik Breitner,

Die Orgel in der „Grote Liebfrouwenkerk"

Werke des Romantikers Ary Scheffer sowie außergewöhnlich schöne Bilder aus dem „Goldenen Jahrhundert". In der im 14. Jahrhundert im Stil der Brabanter Gotik erbauten „Grote Liebfrouwenkerk" werden im Sommer auf der großen Orgel aus dem Jahr 1671 regelmäßig Konzerte gegeben, und vom Turm bietet sich eine atemberaubende Aussicht.

Die ganze Altstadt ist mit ihren reich verzierten Giebeln, den alten Häfen und Grachten eigentlich ein einzigartiges Museum.

Häfen

Die für Yachten geeigneten Häfen sind alle von der Oude Maas zugänglich. Auf der Oude Maas ist mit einem Tidenhub von 0,6 – 1 m, Stromgeschwindigkeiten (in beiden Richtun-

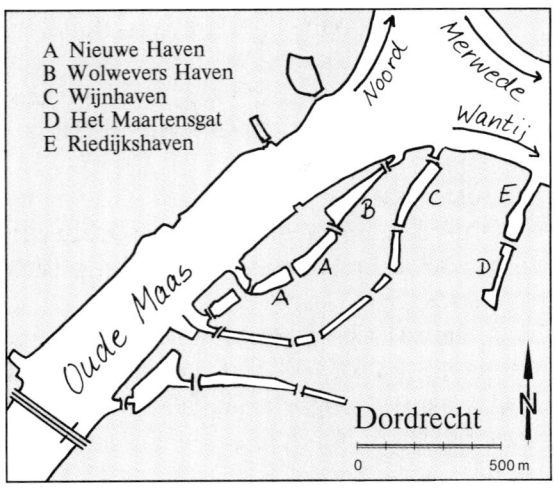

A Nieuwe Haven
B Wolwevers Haven
C Wijnhaven
D Het Maartensgat
E Riedijkshaven

Dordrecht

0   500 m

Dordrecht: Blick vom Turm der „Grote Liebfrouwenkerk" auf den Nieuwe Haven

gen) bis zu 4 km/h sowie mit erheblichem Schwell zu rechnen. Vor den Häfen liegen Brükken, die in der Zeit von

Mo – Sa: 09.00 – 12.00, 14.00 – 19.00 h
So u. Ftg.:   09.00 – 12.00, 15.00 – 20.00 h

zweimal je Stunde, jeweils während 10 Minuten nach der vollen und halben Stunde, bedient werden. Für Yachten sind zugänglich (von Nord nach Süd)

– der Wijnhaven (W.V. 't Wantij, W.V. Drechtstadt). Zugang durch die Broombrug, neben dem „Groothoofdpoort", bis zu 2 m Tiefgang bei NW,

– der Nieuwe Haven (Yachthafen der Kon. Dordrechtsche Roei- en Zeilvereniging). Zugang durch die Engelenburgerbrug, vor der die Polizei- und Feuerlöschboote liegen, bis zu 2,3 m Tiefgang bei NW,

– Het Maartensgat (Yachthafen der W.V. Maartensgat). Zugang beim Anleger der Fußgänger-Fähre bis 2 m Tiefgang.

Einrichtungen

WC, Duschen, Entsorgung für Chemietoiletten, Elektro-Anschluß, Diesel nur von Bunkerbooten an der Oude Maas.

Diese Häfen liegen in der Altstadt und sind wegen der Brücken nach 19.00 bzw. 20.00 Uhr nicht mehr zugänglich. Notfalls findet man einen Platz im Riedijkshaven (Zugang vom Wantij) oder gegenüber in Papendrecht.

Papendrecht ANWB-Karten „K" und „N"

Die Hafeneinfahrt liegt an der Beneden Merwede bei km 975,2 und ist nicht befeuert. Der Hafen ist nur für Yachten bis 10 m Länge geeignet.

Einrichtungen

WC, Duschen, Bootslift bis 20 t.

Dordrecht – Brücken über die Oude Maas   Karte 1809.8

Bei Dordrecht liegen über der Oude Maas dicht beieinander je eine Eisenbahn- und eine Verkehrsbrücke, die zu festen Zeiten geöffnet werden. Nördlich der Brücken gibt es keine Anlegemöglichkeit. Südlich der Brücken wurde am östlichen Ufer eine hölzerne Spundwand gebaut, an der man anlegen kann, jedoch erheblichem Schwell ausgesetzt ist.
Die Pegel geben die Durchfahrtshöhe des niedrigsten Teiles der Brücken an (5,95 m bei HW). Die Öffnungszeiten sind von den Fahrplänen der Bahn abhängig und werden erst im Frühjahr bekanntgegeben. Information bei den Hafenmeistern, den Brückenwärtern oder in der Broschüre „Openingstijden van spoorwegbruggen", die beim ANWB erhältlich ist.
UKW: Kanal 19, Ruf: „Spoorbrug Dordrecht" (besetzt 15 Min. vor Brückenöffnung). Erhält man keine Antwort:
UKW: Kanal 71, Ruf: „Post Dordrecht".
Die Route „B" ist von Amsterdam bis nach Dordrecht 75 km lang und (ausgenommen sonntags) in beiden Richtungen an einem Tag zu schaffen.

Route C ANWB-Karten „G", „H", „K"
Amsterdam – Haarlem – Gouda – Dordrecht

Die Route C kann tagsüber mit stehendem Mast befahren werden. Sie ist nicht schnell, doch landschaftlich sehr schön und interessant zu fahren. Sie verläuft zunächst wie die Route B bis zum Noordzeekanaal. Die Zeitplanung für die Fahrt bis Haarlem sollte auf die Öffnungszeiten der Autobahnbrücke über den Zijdkanaal C abgestimmt werden. Vom Sixhaven in Amsterdam bis zu dieser Brücke benötigt man 2-3 Std.

Noordzeekanaal   ANWB-Karte „G"

Dieser Großschiffahrtweg ist 24 km lang und verbindet Amsterdam mit der Nordsee. Er wird von der Großschiffahrt sehr stark frequentiert.

Gesetzliche Bestimmungen

- Höchstgeschwindigkeit: 16,5 km/h.
- Segeln ist nur mit startklarem Motor erlaubt.
- Kleine Fahrzeuge müssen möglichst dicht an der Steuerbordseite fahren.

Die Maasbrücken in Dordrecht

- Das Fahrwasser darf nur auf dem kürzesten Weg gequert werden.
- Segelboote dürfen nicht aufkreuzen.
- Fähren haben gegenüber Yachten Vorrang.

UKW: Oranje-Sluizen bis Zijkanaal D:
Kanal 14, Ruf: „Havendienst Amsterdam".
Westlich Zijkanaal D:
Kanal 11, Ruf: „Verkeersdienst Noordzeekanaal".
Alle mit UKW ausgerüsteten Fahrzeuge müssen sich auf UKW anmelden (Schiffsname, Position, Kurs und Ziel).
Nach 15 km biegt man nach Südwesten ab in den Zijkanaal C.

Zijkanaal C
ANWB-Karte „G"

Diesem folgt man durch drei Brücken und eine Schleuse bis nach Spaarndam.
Brücke Buitenhuizen, Bedienungszeiten:
Mo – Fr: 05.00 – 23.00 h
Sa: 05.00 – 21.00 h
So u. Ftg.:   07.00 – 10.30, 17.00 – 21.30 h.
Autobahnbrücke (Brug Rijksweg), Bedienungszeiten:
Mo – Fr: 05.54 – 07.00, 12.00 – 13.00,
                    20.00 – 21.00 h
Sa: 07.00 – 08.00, 12.00 – 13.00,
                    16.45 – 17.45 h,
So u. Ftg.:   08.00 – 09.00, 17.30 – 17.40,
                    20.40 – 20.50 h.
Schleuse und Brücke Spaarndam, Bedienungszeiten:
Mo – Fr: 06.00 – 22.00 h
Sa: 06.00 – 20.00 h
So u. Ftg.:   07.30 – 10.00, 17.00 – 21.00 h
UKW-Kanal 18, Ruf: „Sluis Spaarndam".

Spaarndam
ANWB-Karte „G"

Spaarndam ist ein hübsches, charakteristisches

Hafen Spaarndam

Deichdorf mit vielen alten Giebelhäusern und einem sehr schön angelegten Yachthafen. Max. Tiefgang: 3,2 m.

Einrichtungen

WC, Duschen, Reparatur von Einbau- und Außenbordmotoren, Kran bis 40 t (Heben mit stehendem Mast möglich), Entsorgung für Chemietoiletten, Elektro-Anschluß.

Mooie Nel
ANWB-Karte „G"

Die Mooie Nel, ein Binnensee südlich von Spaarndam, hat gute Ankerplätze über Sandgrund mit Schlick. Die Zufahrt ist 5 m, der See 1 – 10 m tief.
Am E-Ufer liegt der Yachthafen der Haarlemse Zeilvereniging, der bis 1,6 m Tiefgang zugänglich ist.

Einrichtungen

WC, Duschen, Waschräume, Elektro-Anschluß. Bei Penningsveer, im Süden, liegt der Yachthafen der Jachtvereniging Waterfrienden, der bis 2,15 m Tiefgang erreichbar ist.

Einrichtungen

WC Duschen, Waschräume, Elektro-Anschluß, Kran bis 10 t.
Über die Noorder Buiten Spaarne erreicht man nach 5,5 km Haarlem.

Haarlem

ANWB-Karte „H"

Haarlem ist die Hauptstadt der Provinz Noord-holland. Zentrum der Altstadt ist der für Fahrzeuge gesperrte Grote Markt. Dort stehen die spätgotische St. Bavo-Kerk aus den Jahren 1390 – 1520 mit der berühmten Müller-Orgel aus dem Jahr 1738 und das Stadthuis van Haarlem, dessen ältester Teil aus dem 14. Jahrhundert stammt.
Das Frans-Hals-Museum zeigt eine Gemäldesammlung des großen Malers. Das älteste Museum der Niederlande, das Teyler's Museum, enthält Zeichnungen von Michelangelo, Raffael und Rembrandt, historische Gerätschaften, Maschinen, Fossilien, das Penningskabinet, eine Bibliothek sowie eine Sammlung alter Kupferstiche.
Neben der Grote Kerk stehen die aus dem 17. Jahrhundert stammende Vleeshal (Fleisch-

In Haarlem

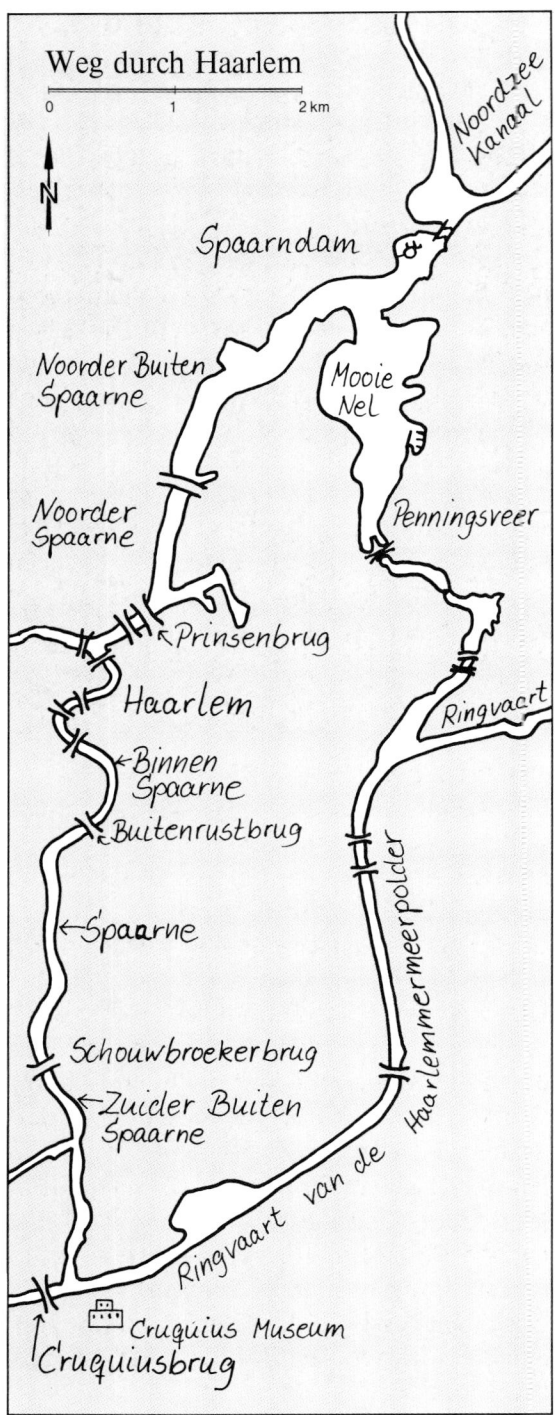

Die Altstadt in Haarlem

halle) und die Vishal (Fischhalle),die für Ausstellungen moderner Kunst genutzt werden.

Haarlem ist Sitz der holländischen Philharmonie und des katholischen Bischofs. In der St. Bavo-Kerk finden regelmäßig Orgelkonzerte statt.

Die Fahrt durch Haarlem auf der Spaarne ist gut organisiert. Von Norden kommend fährt man durch die Warderbrug bis vor die Prinsenbrug. Dort befindet sich das „Havenkantor", in dem „Hafengelden en doorvaartsrechten" zu bezahlen sind (bis 10 m für 24 Std. 6,12 Gulden). Die Prinsenbrug und die dahinter liegende Eisenbahnbrücke werden zu festgelegten Zeiten bedient (im Havenkantor erfragen).

Nach dem Passieren der Eisenbahnbrücke werden alle folgenden Brücken nacheinander bedient in der Zeit von

Mo – Fr: 09.00 – 16.00, 18.00 – 21.00 h

(Warderbrug und Schouwbroekerbrug auch um 08.40 und 17.40 h)

Sa: 09.00 – 14.00 h

So u. Ftg.: 16.4. – 1.6. und 1.9. – 16.10.:

Ab Warderbrug um 18.15, ab Schouwbroekerbrug um 17.00 und 19.00 h

1.6. – 1.9.: Ab Warderbrug 17.45 und 19.00 h, ab Schouwbroekerbrug 17.00 und 19.00 h.

UKW: Kanal 18, Ruf: „Havendienst Haarlem". Schiffe mit UKW sollen zwischen der Schleuse Spaarndam und der Cruquiusbrug auf Kanal 18 mithören. Von Süden kommende Schiffe müssen sich bei der Cruquiusbrug auf Kanal 18 zur Öffnung der Schouwbroekerbrug anmelden.

Häfen und Liegeplätze

An der Noorder Buiten Spaarne, West-Ufer, nördlich der Warderbrug:

- Yachthafen der Yachtwerft Wetterwille, (WC, Duschen, Elektro-Anschluß, Waschsalon).
- Jachtwerft De Drijver, (WC, Duschen, Elektro-Anschluß, Bootslift bis 10 t, Entsorgung für Chemietoiletten)
- Yachthafen Haarlemsche Jachtclub, (WC, Duschen, Waschräume, Elektro-Anschluß, Diesel, Benzin).
An der Norder Buiten Spaarne, Ost-Ufer, südlich der Eisenbahnbrücke, zwischen Gravestenenbrug und Melkbrug:
- Jachthaven Koudenhorn (WC, Waschräume)
An der Zuider Buiten Spaarne, südlich der Schouwbroekerbrug:
- Yachthafen Haarlemsche Jachtwerft (WC, Waschräume, Kran bis 10 t mit stehendem Mast, Bootslift bis 10 t).
2 km südlich der Schouwbroekerbrug mündet die Buiten Zuider Spaarne in die

Ringvaart van de Haarlemmermeerpolder ANWB-Karte „H"

Südwestlich von Amsterdam lag ursprünglich ein Binnensee mit einer Gesamtfläche von 18300 ha: das Haarlemmermeer, das sich bei jedem Sturm vergrößerte und Amsterdam bedrohte.

1838 wurde beschlossen, den inzwischen eingedeichten See trockenzulegen. Da Windmühlen das Wasser nur 1,8 m hochpumpen können, hätte man jeweils drei Windmühlen hintereinander bauen müssen, um die nötige Förderhöhe von 5 m zu erzielen, und insgesamt 180 Windmühlen benötigt. Die damals aufkommende Dampfmaschinentechnik konnte diese Höhe mit einem Schöpfwerk bewältigen, so daß nur drei Dampfschöpfwerke ausreichten. In den Jahren 1849 – 1852 pumpten die drei Dampfschöpfwerke 800 Millionen Kubikmeter Wasser in die „Ringvaart van de Haarlemmermeerpolder", einen Ringkanal, den man parallel zum Haarlemmermeerdeich gebaut hatte und der bis heute als Schiffahrtsweg und Entwässerungskanal benutzt wird. Eines der drei Schöpfwerke ist als technisches Museum erhalten und kann besichtigt werden: Cruquius.
Es wurde im neugotischen Stil des 19. Jahrhunderts auf 1100 Holzpfählen gebaut und hat 84 Jahre, bis 1933, gearbeitet. Angetrieben von einem Dampfzylinder mit einem Durchmesser von 3,66 m pumpte es (über 8 Hebelarme mit 5 Hüben pro Minute) in jeder Minute 320000 Liter Wasser aus dem Polder.
Cruquius liegt an der Einmündung der Zuider Buiten Spaarne in die Ringvaart van de Haarlemmermeerpoler und kann besichtigt werden: Mo – Sa von 10.00 – 17.00, So u. Ftg. von 12.00 – 17.00 h.

Dampf-Pumpwerk Cruquius

Ringvaart v. d. Haarlemmermeerpolder

Die Brücken über die Ringvaart van de Haarlemmermeerpolder werden bis Sassenheim zügig bedient:

Mo – Fr: 07.00 – 07.30 08.30 – 16.30,
            17.30 – 21.00 h
Sa: 09.00 – 17.00 h
So u. Ftg.: 10.00 – 12.00, 16.30 – 18.30 h.

Der Wasserspiegel des Kanals liegt bis zu 4 m höher als das Polderland, so daß man „von oben herab" über das Land schaut.

Sie werden, abhängig vom Fahrplan, gleichzeitig in festen Zeiträumen bedient:

Mo – Fr:
06.08 – 07.16, 12.26 – 13.17, 18.43 –19.33 h
Sa:
10.13 – 11.03, 14.13 – 14.33, 18.58 – 19.03 h
So u. Ftg.:
17.13 – 17.17, 17.28 – 17.33 h.

Nach 500 m öffnen sich nach Südwesten die Kagerplassen.

Brücken bei Sassenheim ANWB-Karte „H"

Bei Sassenheim liegen dicht beieinander eine Autobahnbrücke und eine Eisenbahnbrücke.

Kagerplassen
Detailkarte in der ANWB-Karte „H"

Die Kagerplassen sind ein Binnensee, der durch sechs Inseln aufgeteilt wird und neben Yachthä-

An den Kagerplassen

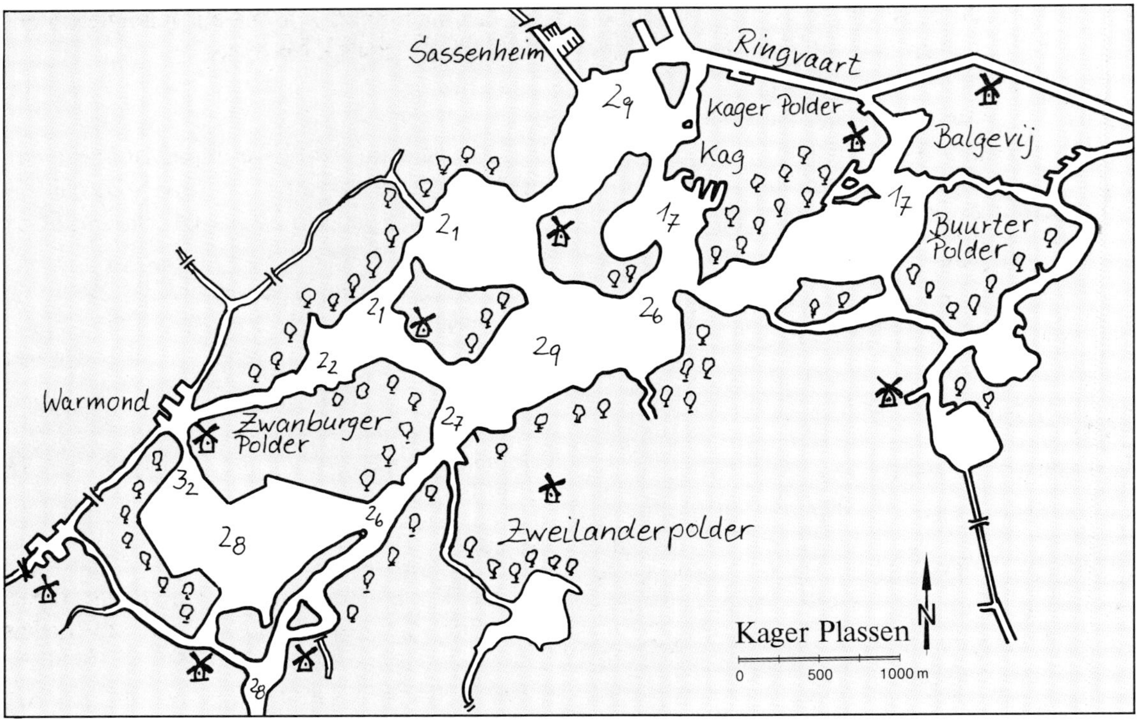

The map shows the Kager Plassen region with various labeled areas including Sassenheim, Ringvaart, Kager Polder, Balgevij, Kag, Buurter Polder, Warmond, Zwanburger Polder, Zweilanderpolder, and scale "Kager Plassen" with "0 500 1000 m".

Windmühle an den Kagermolen

fen und Anlegestellen sehr schöne Ankerplätze bietet. Das durchgehende Fahrwasser ist befeuert. Die Fahrgeschwindigkeit ist auf 13,5 km/h begrenzt. Es gibt keine Industrie, nur eine typisch holländische Landschaft mit üppiger Vegetation und sauberem Wasser.

Es gibt nun zwei Wege:

– über die Ringvaart – Weteringbrug – Oude Wetering – Brassemermeer nach Alphen a/d Rijn oder

– über die Zijl, vorbei an Leiden, durch Leiderdorp und über den Oude Rijn nach Alphen a/d Rijn. Von Alphen a/d Rijn bzw. Weteringbrug ist der weitere Weg identisch mit Route B.

Von Amsterdam bis nach Dordrecht sind es auf der Route B 98 km. Dazu braucht man mindestens zwei Tage, sollte sich aber besser drei bis vier Tage Zeit nehmen.

Verbindungswege im Delta

Der Nieuwe Waterweg

Karte 1809.3/4

Der Nieuwe Waterweg ist kein natürlicher Flußlauf, sondern eine 1870 künstlich geschaffene Wasserstraße, die Rotterdam und damit den größten Hafen der Welt mit der Nordsee verbindet.

Von Hoek van Holland sind es 18 km bis nach Vlaardingen. Dort teilt sich der Nieuwe Waterweg: Die Oude Maas zweigt nach Süden ab und führt bis nach Dordrecht. Die Nieuwe Maas ist die Fortsetzung des Nieuwe Waterweg und führt über Rotterdam zum Lek, zur Merwede und nach Dordrecht.

Das Fahrwasser ist bei NW 14 m tief, sehr gut betonnt und befeuert. Die Ufer sind über große Strecken unrein (Betonbrocken, Felsblöcke und Steindämme unter Wasser), so daß man dicht am Tonnenstrich, jedoch nicht außerhalb fahren sollte.

Der Nieuwe Waterweg ist ein schneller Verbindungsweg, jedoch landschaftlich ohne jeden

Berufsschiffahrt auf dem Nieuwe Waterweg

Reiz. Er ist eine der verkehrsreichsten Wasserstraßen der Welt und wird von Binnenschiffen, Schubschiffverbänden und größten Seeschiffen befahren.

Das Fahren auf dem Nieuwe Waterweg ist durch die Vielzahl unterschiedlichster Schiffstypen interessant und abwechslungsreich, erfordert aber ständige Konzentration und einen zuverlässigen Ausguck nach achtern, denn man wird fast laufend von mehreren Fahrzeugen gleichzeitig überholt.

Gezeiten

Bei Hoek van Holland verzeichnet man einen Tidenhub von 2 – 2,4 m und Tidenströme bis 5 kn!

Der Flutstrom beginnt bei Hoek van Holland etwa 2 Stunden vor Hochwasser und läuft mit bis zu 3 kn etwa 5 Stunden nach Osten.

Der Ebbstrom beginnt in Rotterdam etwa 4 Stunden nach Hochwasser Hoek van Holland und läuft mit bis zu 5 kn etwa 7 Stunden nach Westen.

Gesetzliche Bestimmungen

Kleine Fahrzeuge dürfen hier nur fahren, wenn
– der Motor ständig betriebsbereit ist und dem Fahrzeug eine Mindestgeschwindigkeit von 6 km/h ermöglicht,
– sie dicht an der Steuerbordseite des Fahrwassers, jedoch nicht außerhalb fahren (damit ist für Segler das Aufkreuzen verboten!),
– das Fahrwasser nur rechtwinklig und so schnell wie möglich überquert wird,
- ständig ein Radar-Reflektor geführt wird, der bei Segelyachten mindestens 4 m hoch, bei Motoryachten so hoch wie möglich angebracht ist.

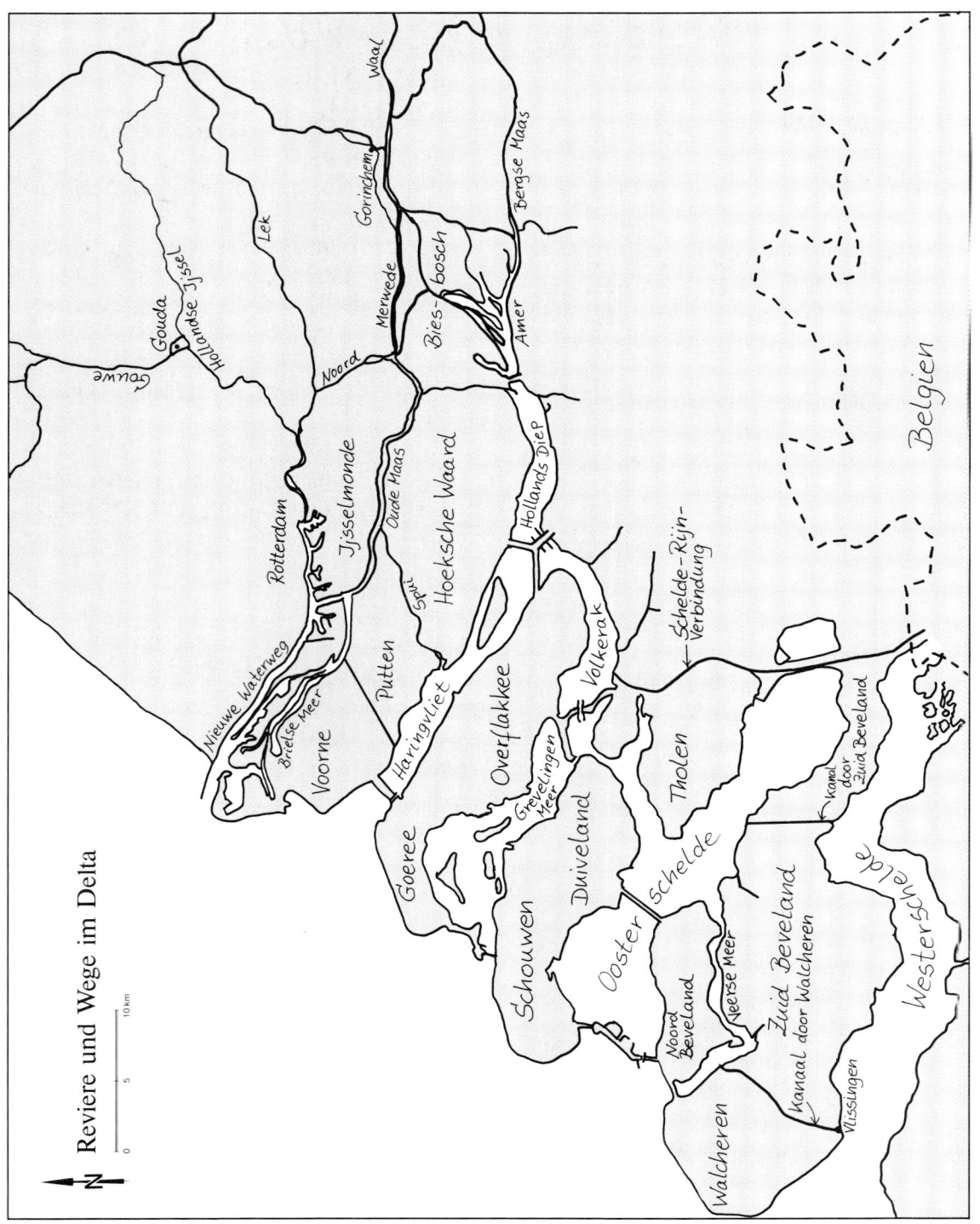

Reviere und Wege im Delta

Sportboote dürfen die Seehäfen am Nieuwen Waterweg nicht befahren.

Verkehrsleitsystem

Am Nieuwe Waterweg wurde ein lückenloses Verkehrsleitsystem mit Verkehrsposten und Radarstationen aufgebaut. Es ist ausdrücklich erwünscht, daß auch Yachten zur eigenen Sicherheit von diesem System Gebrauch machen.

UKW

Die Gebiete und Frequenzen der Verkehrsposten sind in den Karten 1809.2 – 5 blau eingezeichnet.

Gebiet	UKW-Kanal	Ruf
Maasmond – km 1031:	3	„Maasmond"
km 1031 – km 1023:	65	„Waterweg"
km 1023 – km 1017:	80	„Maassluis"
km 1017 – km 1011:	61	„Botlek"
km 1011 – km 1007:	63	„Eemhaven"
km 1007 – km 1003:	60	„Waalhaven"
km 1003 – km 998:	81	„Maasbruggen"
km 998 – km 993:	21	„Brienenoord"

Damit man an den Bereichsgrenzen das Umschalten nicht vergißt, sind an den Ufern große Hinweistafeln angebracht.

Notruf

Im Notfall erhält man über die o.a. Revierfunk-Kanäle auf Grund der Reviernähe und Revierkenntnisse der Verkehrslotsen schneller Hilfe als über den Seefunk-Kanal 16.

Zoll

Das Ein- oder Ausklarieren ist möglich in Maassluis, in Vlaardingen, in Schiedam und in Rotterdam.

Häfen am Nieuwe Waterweg

Hoek van Holland (Berghaven)
Karte 1809.2

Der Berghaven ist für Privatfahrzeuge nicht zugelassen und auch nicht zu empfehlen. Im Notfall darf man natürlich einlaufen, muß sich dann aber sofort bei einem der im Hafen liegenden Patrouillefahrzeuge V 27 oder V 29 melden. Ist keines dieser Fahrzeuge anwesend, so meldet man sich auf
UKW-Kanal 11, Ruf: „Haven Coördinatie Centrum" oder
UKW-Kanal 3, Ruf: „Post Maasmond".
Man liegt im Berghaven auf eigene Gefahr. Vor dem Auslaufen muß man sich auf UKW (s. o.) abmelden.

Maassluis
Karte 1809.3

Maassluis war anfangs ein befestigtes Fischerdorf, das im 16. Jahrhundert heftigen Angriffen der Spanier ausgesetzt war. Nach dem Abtragen der Schanze wurde auf der Schanzeninsel (heute „Kerkeiland" genannt) 1639 die „Grote

Maassluis: Einfahrt zum Buitenhaven

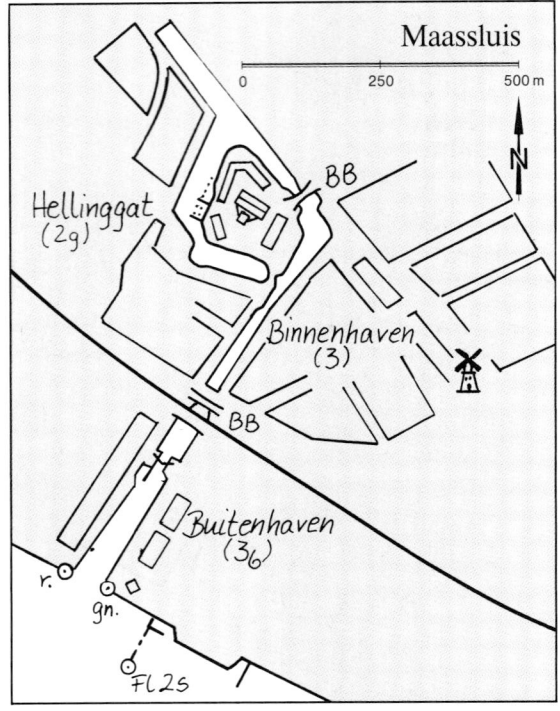

Kerk" gebaut. Die „Garrelsorgel" (1732) und das Glockenspiel mit seinen 47 Glocken werden regelmäßig gespielt.

Sehenswert sind auch das „Gemeenlandhuis" (1626), das Alte Rathaus (1675), das Zunfthaus (1765), die Kornwindmühle „De Hoop" (1729) und die Wippersmühle (1727).

Maassluis war die Wiege der Hochsee-Schleppschiffahrt, deren Entwicklung im „Nationalen Schleppfahrtmuseum" dokumentiert wird.

Das Gemeindemuseum zeigt neben wechselnden Ausstellungen zeitgenössischer Künstler die ständige Ausstellung „Maassluis und die Fischerei".

Gezeiten

Der Tidenhub liegt bei 1,8 – 2,10 m. Der Wasserstand kann bei hoher Rheinwasser-Abfuhr erheblich ansteigen. Vor der Hafeneinfahrt kann dann der Ebbstrom mit bis zu 6 kn nach Westen fließen!

Ansteuerung

Die Hafeneinfahrt liegt zwischen dem Gebäude des ehemaligen Radarpostens und einem Fähranleger, eben östlich der Einfahrt und ist gut zu erkennen. Beim Einlaufen sollte auf die mit hoher Fahrt auslaufenden Lotsenboote geachtet werden. Die Hafeneinfahrt ist mit je einem roten bzw. grünen festen Licht befeuert.

Der Buitenhaven vor der Schleuse wird vorwiegend von Lotsenbooten, Baggern und Bergungsfahrzeugen genutzt. Vor der Schleuse gibt es deshalb für Yachten keine zumutbaren Liegeplätze. Auch der kleine Vorhafen hinter der Schleuse (vor den Brücken) bietet kaum Platz zum Warten. Deshalb sollte das Einlaufen auf die Öffnungszeiten der Eisenbahn- und Verkehrsbrücke abgestimmt werden.

Die Verkehrsbrücke wird normalerweise in der Zeit von

Mo – Fr: 05.45 – 07.00 und 18.00 – 21.00 h
Sa: 07.00 – 13.00 h

jeweils 10 Minuten vor der halben und vollen Stunde geöffnet (So u. Ftg. geschlossen).

Die Eisenbahnbrücke wird werktags in der Zeit von 06.15 bis 21.15 h auf Verlangen geöffnet, sofern der Fahrplan dies zuläßt. Die festgelegten Zeiten können der ANWB-Broschüre „Openingstijden van spoorwegbrugen" entnommen werden.

UKW-Kanal 80, Ruf: „Maassluis Port".

Zoll

Zu erreichen über den Hafenmeister, Kanal 80.

Hafen

Der für Yachten geeignete Binnenhaven liegt

hinter den Brücken und bietet ruhige Liege-plätze (bis 48 Stunden kostenlos). Auch hinter dem „Kerkeiland" (Kircheninsel) finden sich gute Liegeplätze im Hellinggat. Es gibt jedoch für Yachten keine speziellen Einrichtungen. In beiden Häfen beträgt die Wassertiefe bei NW 2,8 m.

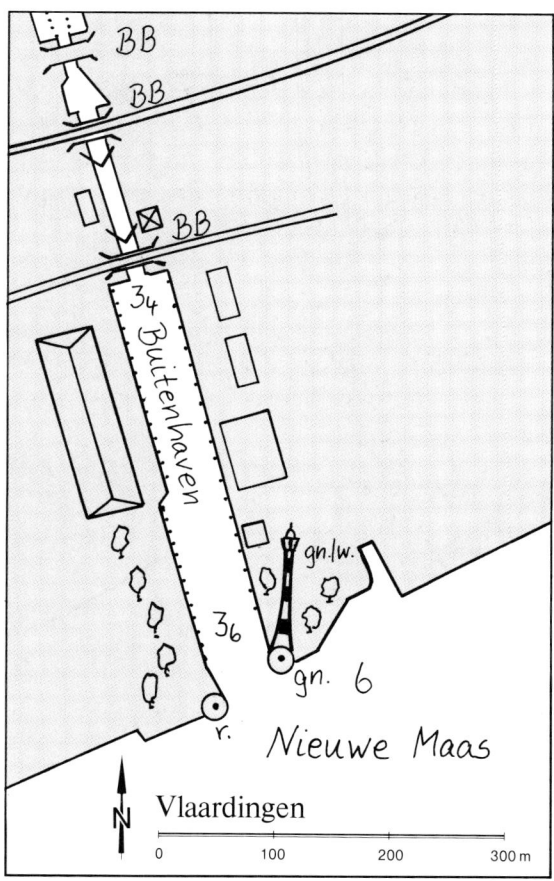

Vlaardingen   Karte 1809.4

Vlaardingen war einst einer der führenden nie-derländischen Fischereihäfen. Sehenswert sind das Rathaus aus dem 16. Jahrhundert, das Fischereimuseum und der Fischmarkt.

Gezeiten

Der Tidenhub liegt zwischen 1,8 und 2,1 m.

Ansteuerung

Auf der Ostmole der Hafeneinfahrt steht ein kleiner grün/weißer Leuchtturm, der aber nur das grüne Hafenfeuer trägt. Das rote Hafenlicht steht auf der Westmole. Beim Einlaufen ist ledig-lich die mitunter sehr starke Tidenströmung zu beachten.

Vlaardingen: Im Buitenhaven

Zwischen dem Buitenhaven und dem Oude Haven liegen eine Schleuse mit einer beweglichen Brücke und eine Eisenbahnbrücke.
Die Eisenbahnbrücke wird nur auf Anforderung im Rahmen des Fahrplanes geöffnet.
Die Schleuse und die Verkehrsbrücken werden im Zusammenhang mit der Eisenbahnbrücke bedient.
UKW-Kanal 20, Ruf: „Havendienst Vlaardingen".

Zoll

Anforderung über den Havendienst. UKW-Kanal 20.

59

Hafen

Die in der Karte verzeichneten Yachtliegeplätze im Buitenhaven sind dem Schwell der Berufsschiffahrt ausgesetzt. Ruhige Liegeplätze für Yachten bietet der W.V. Vlaardingen im Oude Haven, hinter der Schleuse.

Einrichtungen

WC, Duschen, Elektro-Anschluß, Diesel, Benzin, alle Arten von Reparaturen, Kran bis 6 t, Trailer-Slipbahn.

Schiedam/
Spuihaven

Karte 1809.4

Die Einfahrt zum Spuihaven liegt bei km 1007,2. Sie ist gut zu erkennen: Auf der Ostmole steht unter hohen Bäumen das weiße Clubhaus des Yachthafens. Die Hafeneinfahrt ist nur mit einem festen roten Licht befeuert, das auf der Westmole steht.

Gezeiten

Der Tidenhub beträgt 1,8 – 2,2 m. In der Hafeneinfahrt stehen bei NW noch 1,5 m Wasser.

Zoll

Tag und Nacht erreichbar unter der Tel.Nr. (010) 4761666.

Hafen

Der Yachthafen wird vom Jachtclub Schiedam betrieben und bietet Liegeplätze für Yachten bis 15 m Länge. Das Hafenbecken ist im vorderen Teil bei GLW 2 m, im hinteren Teil 1,5 m tief.

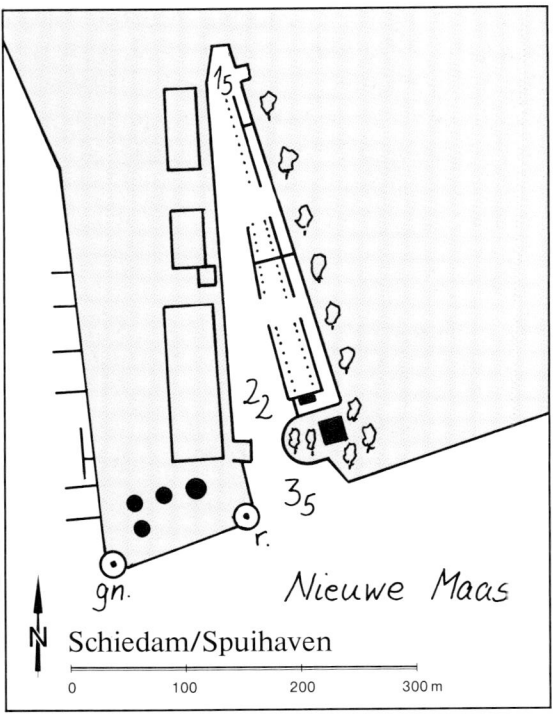

Schiedam/Spuihaven

Einrichtungen

WC, Duschen, Waschräume, Elektro-Anschluß, Diesel, Reparatur von Einbaumotoren, Rumpf und Ausrüstung, Kran bis 20 t, Entsorgung von Chemietoiletten.

Rotterdam/
Veerhaven

Detailkarte 1809.5

Rotterdam ist die zweitgrößte Stadt der Niederlande und besitzt heute den größten Hafen der Welt. Die Stadt entstand an der Einmündung der Rotte in die Maas. Sie erhielt 1340 die Stadtrechte und zehn Jahre später die Erlaubnis, einen Kanal nach Delft zu bauen. Im 17. Jahrhundert begann der Ausbau des Hafens durch den Bau von zehn großen Hafenbecken. 1870 erhielt

Rotterdam durch den Nieuwe Waterweg die Verbindung zur Nordsee. Bis zum Jahre 1940 wurden 20 neue Hafenbecken gebaut. Allein für den Waalhaven wurden 300 ha Polderland geopfert. Der Hafen von Rotterdam erstreckt sich westlich des Nieuwe Waterweg, etwa 30 km lang, bis zur Küste bei Hoek van Holland und wird jährlich von über 30000 Seeschiffen angelaufen.

Im Zweiten Weltkrieg wurde Rotterdam durch deutsche und alliierte Luftangriffe weitgehend zerstört. Danach wurde die Stadt nicht nach den alten Plänen, sondern nach modernen Gesichtspunkten wieder aufgebaut. Es entstand eine großzügig angelegte, moderne Geschäftsstadt. Der 119 Meter hohe Euromast steht in der Nähe des Veerhavens und bietet von der Aussichtsplattform einen unvergeßlichen Ausblick über Stadt, Hafen und Nieuwen Waterweg. Im Turm befindet sich auf einer Höhe von 32 Metern das Navigarium (Seefahrtsmuseum) und in 100 Metern Höhe ein Restaurant.

Sehenswert sind auch das Maritiem Museum Prins Hendrik (über 600 Schiffsmodelle, mehr als 2000 Karten und Dokumente), das im flämischen Renaissance-Stil 1914 − 1920 erbaute, größte Rathaus der Niederlande und das Hoofdpostkantoor (Hauptpostamt, gleich neben dem Rathaus).

Gezeiten

Der Tidenhub beträgt 1,8−2,2 m. Der Flutstrom beginnt bei HW Hoek van Holland und läuft etwa 5 Stunden mit bis zu 3 kn nach Osten. Der Ebbstrom beginnt etwa 4 Stunden nach HW Hoek van Holland und läuft mit bis zu 5 kn nach Westen.

Zoll

Nach Anlegen im Veerhaven auf Anforderung über Telefon 4765144 oder 4761666.

UKW

Koninginnebrug:
Kanal 18, Ruf: „Koninginnebrug"
Hafenmeister:
Kanal 14, Ruf: „Havenmeester"
Lagemeldungen:
Kanal 14, alle halbe Stunde.

Fahrt durch Rotterdam
Detailkarte 1809.5

Der direkte Weg auf der Nieuwe Maas in Richtung Lek/Merwede/Dordrecht ist wegen der Willemsbrug und der Eisenbahnbrücke nur bis zu einer Gesamthöhe von 8 m (minus Wellenhöhe) möglich. In der Praxis kann man mit etwa 7 m bei HW rechnen.

Höhere Fahrzeuge fahren durch den Koningshaven. Über diesem Hafen liegen die Koninginnebrug und eine Eisenbahnbrücke, die zusammen geöffnet werden. Die Öffnungszeiten sind der ANWB-Broschüre „Openingstijden van Spoorwegbruggen" zu entnehmen. Die nächste Öffnungszeit kann auch über UKW beim Brückenwärter erfragt werden: UKW-Kanal 18, Ruf: „Koninginnebrug".

Die Koninginnebrug in Rotterdam

Zu beiden Seiten gibt es, vor allem wegen des Schwells der Berufsschiffahrt, keine akzeptable Möglichkeit zum Anlegen. In der Regel kann man bei den vor der Brücke liegenden Binnenschiffen längsseits gehen. Dabei sollte gegen die starken Tidenströmungen (Flut bis 3 kn, Ebbe bis 4) angelegt werden.

Sicherer ist es jedoch, nach einer Weg-Zeit-Berechnung, kurz vor der Brückenöffnung anzukommen.

Veerhaven Detailkarte 1809.5

Der Veerhaven ist wohl der schönste Yachthafen in Rotterdam. Er ist für traditionelle Segelschiffe bestimmt, wurde 1990 von Grund auf renoviert und ist bei NW etwa 2,5 m tief. Der Hafen bietet Liegeplätze für 160 Yachten. Es sind auch Gastyachten willkommen.

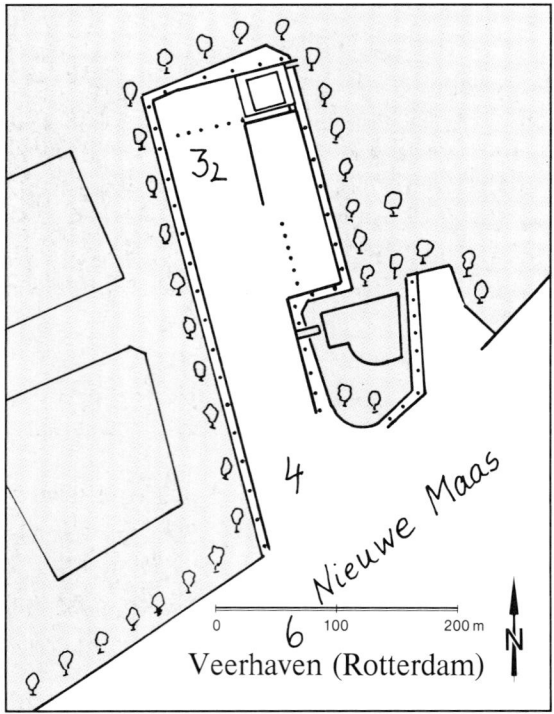

Veerhaven (Rotterdam)

Einrichtungen

Clubhaus, WC, Duschen, Waschräume, Elektro-Anschluß.

Brienenoordbrug Karte 1809.5

Die Brienenoordbrug liegt bei km 995 über der Nieuwe Maas. Sie hat eine Durchfahrtshöhe von 23 m bei NW. Pegel sind vorhanden.

Der bewegliche Teil hat geschlossen eine Durchfahrtshöhe von 18 m und wird Mo − Fr in der Zeit von 07.00 − 10.00 und 15.30 − 19.00 h sowie an Sonn- und Feiertagen nicht geöffnet. In der übrigen Zeit wird die Brücke nur auf Anforderung (mind. 3 Std. vorher) geöffnet: UKW-Kanal 20, Ruf: „Brienenoordbrug".

Weiterer Verlauf in Richtung Lek/Merwede/ Dordrecht siehe unter „Vom Ijsselmeer zum Delta − Route C".

Die Oude Maas Karten 1809.3/6 − 8

Die Oude Maas ist eine schnelle Verbindung zwischen Dordrecht und dem Nieuwe Waterweg bei Vlaardingen. Sie umgeht dabei den Hafen von Rotterdam und ermöglicht über die Voornse Sluis den Zugang zum Brielse Meer. Über das Spui ergibt sich eine direkte Verbindung zwischen dem Brielse Meer und dem Haringvliet.

Die Oude Maas wird von der Berufsschiffahrt, auch von Seeschiffen und größten Schubschiff-Verbänden in dichter Folge mit hohen Geschwindigkeiten befahren. Von der Einmündung in den Nieuwe Waterweg bis nach Dordrecht sind es 30 km. Das Fahrwasser ist durchgehend betonnt und befeuert, so daß eine Nachtfahrt möglich ist. Zwischen Puttershoek (km 984) und der Spijkenisserbrug (km 1002,3) gibt es keine Industrie.

Die Ufer sind mit Schilfgürteln, Buschwerk und Bäumen dicht bewachsen. Im Deichvorland finden flachgehende Boote kleine Priele, in die sie einfahren und auch über Nacht liegen können. Tiefgehenden Booten stehen bei km 987, 996 und 1002,3 gut ausgebaute Yachthäfen zur Verfügung.

Gezeiten

Der Tidenhub beträgt etwa 0,5 m. Das Fahrwasser ist durchgehend mindestens 10 m tief. Der Flutstrom beginnt bei der Mündung mit NW Hoek van Holland und läuft etwa 3 − 4 Stunden mit max. 3,5 kn nach Osten. Der Ebbstrom beginnt bei Puttershoek 5,5 Std. nach NW und läuft etwa 6 Stunden mit max. 4,5 kn nach Westen.

Gesetzliche Bestimmungen

− Kleine Fahrzeuge müssen nachts und bei schlechter Sicht einen Radar-Reflektor führen. Kleine Fahrzeuge dürfen auf der Oude Maas nicht ankern.

UKW

km 1007 − km 1005: Kanal 61. Ruf: Post Botlek
km 1005 − km 998: Kanal 62. Ruf: Post Oude Maas
km 983 − km 978: Kanal 19. Ruf: Post Dordrecht

Diese Kanäle müssen auch von Yachten mitgehört werden.

UKW-Kanal 4: Informationskanal Heerjansdam (informiert über außergewöhnlich große Schiffe bzw. Schiffe mit gefährlicher Ladung).

Ausgehend von der Mündung in den Nieuwe Waterweg liegt bei km 1004,1 die Botlekbrug.

Botlekbrug

Karte 1809.3

Die Durchfahrtshöhe dieser Hubbrücke beträgt geschlossen 6,9 m, gehoben bis 43,9 m. Pegel sind vorhanden.

Bedienungszeiten für die Sportschiffahrt: zu jeder vollen Stunde. Die Durchfahrt mit der Berufsschiffahrt ist nach Absprache mit dem Brückenwärter erlaubt.

UKW-Kanal 18, Ruf: „Botlekbrug". Es wird empfohlen, sich rechtzeitig anzumelden und auch nach erfolgter Absprache auf Kanal 18 empfangsbereit zu bleiben.

Bei km 1003,3 liegt an der Westseite die Zufahrt zur Voornse Sluis (siehe unter Brielse Meer). Es folgt bei km 1002,8 die Spijkenisserbrug.

Die Botlekbrug über die Oude Maas

Spijkenisserbrug

Karte 1809.3

Die Durchfahrtshöhe beträgt 10,9 m geschlossen und 43 m gehoben. Pegel sind vorhanden.

Bedienungszeiten für die Sportschiffahrt zu jeder halben Stunde. Die Durchfahrt mit der Berufsschiffahrt ist nach Absprache mit dem Brückenwärter erlaubt.

UKW-Kanal 18, Ruf: Spijkenisserbrug. Es wird

empfohlen, sich rechzeitig anzumelden und auch nach erfolgter Absprache auf Kanal 18 empfangsbereit zu bleiben. Gleich nach Spijkenisserbrug folgt bei km 1002,4 an der Westseite der Hafen von Spijkenisse.

Spijkenisse
Karte 1809.6

Der Hafen ist bei NW mit einem Tiefgang von 2 m zu erreichen. Die Sperrschleuse steht normalerweise offen. Die Hafeneinfahrt ist mit rot/fest und grün/fest befeuert.

Einrichtungen

WC, Duschen, Elektro-Anschluß.

Albrandswaardse Haven
Karte 1809.6

Dies ist ein kleiner Hafen, der sehr schön im Deichvorland liegt. Es gibt keine Einrichtungen. Die Einfahrt hat bei NW 0,2 m Wasser und ist nicht befeuert. Der Tidenhub begrägt etwa 1,1 m. Der Hafen fällt fast trocken und ist für Kielyachten nicht geeignet.

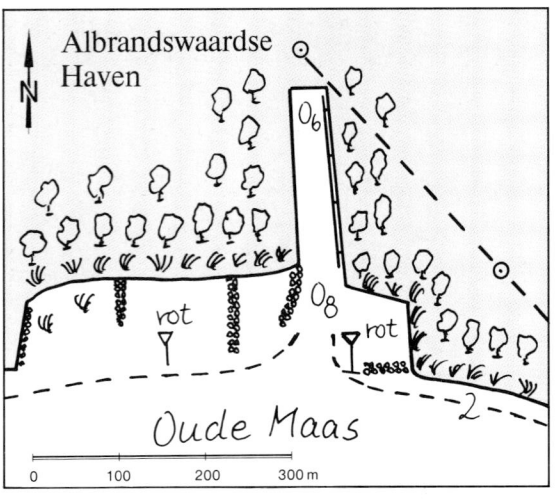

De Rhoonse Grienden (km 996)
Karte 1809.6

Der Yachthafen „De Rhoonse Grienden" liegt sehr geschützt zwischen dem Johannapolder und den „Rhoonse Grienden". Die „Grienden" sind eine urige Landschaft aus Schilf, Weidenbrüchen, Binsen und in langen Reihen angepflanzten Kopfweiden, die als Rohmaterial für Korbflechter und auch zum Deichbau verwendet werden.

Die „Griendcultur" wird hier seit 1650 betrieben. Das 75 ha große Gebiet mit seiner üppigen Vegetation wird von vielen Prielen, Gräben sowie von gepflegten Wander- und Radwegen durchzogen.

Die Hafeneinfahrt ist bei NW 1,8 m tief. Der Tidenhub liegt bei 1,1 m. Das Hafenbecken ist bei NW 1,1 – 2,3 m tief. Die Liegeplätze im Vor-

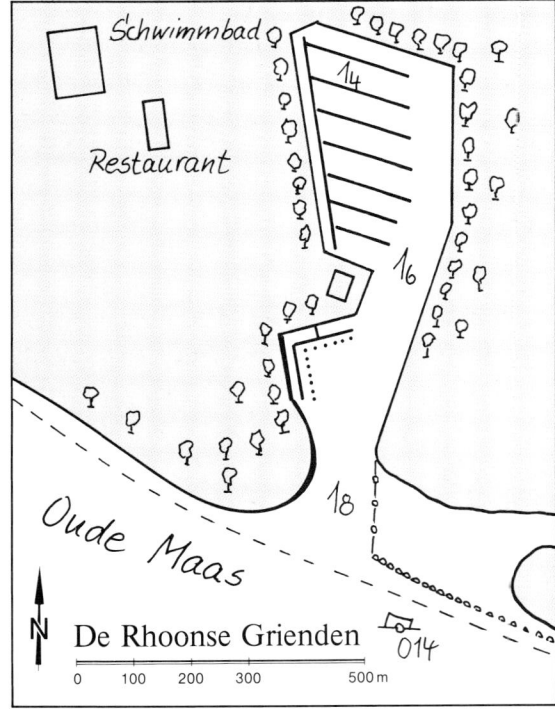

Yachthafen „De Rhoonse Grienden"

hafen sind dem Schwell von der Ouden Maas ausgesetzt. Im Hafen liegt man sehr ruhig. Die Hafeneinfahrt ist nicht befeuert.

Einrichtungen

WC, Duschen, Diesel, Benzin, Bootslift (Heben bis 15 t und 2 m Tiefgang mit stehendem Mast möglich), Entsorgung für Chemietoiletten und Abwassertanks. Trailer-Slipbahn, Waschsalon, Elektro-Anschluß. Schwimmbad neben dem Hafen.

Heerjansdam   Karte 1809.7

Der Yachthafen „De Oude Maas" liegt bei km 989,6. Der Hafen ist bei NW 2 − 2,8 m tief. Der

Einfahrt zum Hafen Heerjansdam

Tidenhub beträgt etwa 0,9 m. Der Hafen liegt im Deichvorland und ist von hohen Bäumen umgeben. Die Hafeneinfahrt ist nicht befeuert.

Einrichtungen

WC, Duschen, Elektro-Anschluß, Bootslift bis 40 t, Waschsalon, Entsorgung für Chemietoiletten.

Puttershoek (km 983,5) Karte 1809.7

Puttershoek ist ein hübsches Städtchen, das jedoch keine besonderen Sehenswürdigkeiten bietet. Es hat zwei Häfen:

Der kleine Gemeindehafen bei der Kirche ist bei NW mit 1,5 m Tiefgang zugänglich und dem Schwell von der Ouden Maas ausgesetzt.

Im Lorregat (km 983,3) beim W.V. De Waterlelie liegt man dagegen sehr ruhig.

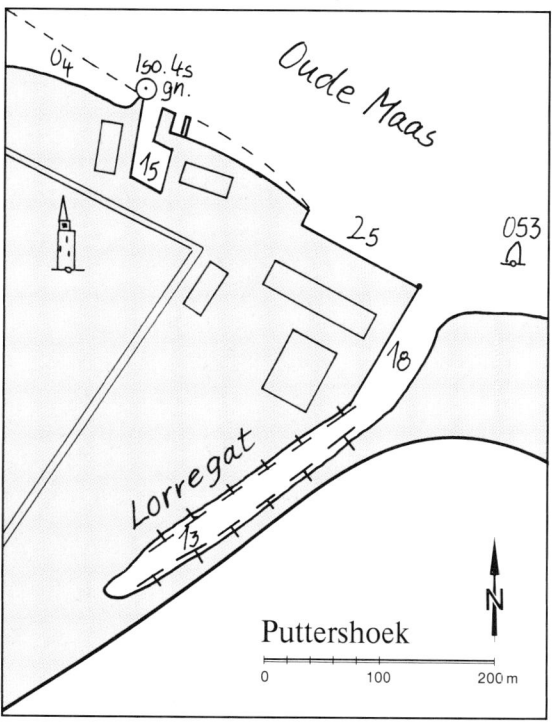

Puttershoek: Yachthafen im Lorregat

Es gibt in beiden Häfen keine besonderen Einrichtungen.
Bei km 980,5 mündet von Süden die Dordtsche Kil in die Oude Maas. Diese Einmündung verlangt Aufmerksamkeit, denn sie wird von der Berufsschiffahrt in sehr dichter Folge und mit voller Geschwindigkeit befahren. Für diesen Bereich ist der Verkeerspost Dordrecht zuständig. Bei schlechter Sicht muß man sich auf UKW-Kanal 19 melden und um Unterstützung bitten; Ruf „Post Dordrecht".

Die Dordtsche Kil Karte 1809.8/9

Die Dordtsche Kil verbindet die Oude Maas mit dem Hollandsch Diep. Sie ist 8,5 km lang und wird Tag und Nacht von Binnenschiffen und von Seeschiffen bis zu 20000 BRT befahren. Das 250 m breite Fahrwasser ist nur spärlich betonnt, jedoch mit Festfeuer-Paaren und sehr hellen Feuern in Linie (auch am Tage sichtbar) befeuert.

Gesetzliche Bestimmungen

– Auf der ganzen Länge ist das Ankern verboten.
– Kleine Fahrzeuge müssen nachts und bei schlechter Sicht einen Radarreflektor führen.

Gezeiten

Der Tidenhub beträgt bei der Einmündung in die Oude Maas 0,8 m, bei der Einmündung in das Hollandsch Diep 0,2 m. Die Wassertiefe ist durchgehend über 8 m. Der Ebbstrom beginnt bei 's-Gravendeel 6 Stunden vor HW Hoek van Holland und läuft 7 Stunden mit 3 – 4,5 km/h nach Norden. Der Flutstrom beginnt dort 1 Stunde nach HW HvH und läuft 5 Stunden mit 3 – 5,5 km/h nach Süden.

Overlighaven De Wacht Karte 1809.9

Dieser Hafen ist für die Berufsschiffahrt bestimmt. Im Notfall dürfen Yachten an einem speziellen Anleger festmachen. In diesem Fall muß man die Ankunft und die Abfahrt beim Verkeerspost Dordrecht melden.
UKW-Kanal 71, Ruf: „Post Dordrecht" oder Telefon (078) 132421.

Das Spui Karten 1809.6/1807.5

Das Spui verbindet die Oude Maas mit dem Haringvliet. Es hat den Charakter eines natürlichen, eingedeichten Flußlaufes und unterliegt den Gezeiten, denen es von der Nordsee über den Nieuwe Waterweg und die Oude Maas ausgesetzt ist.
Die Ufer bestehen meist aus Steinböschungen vor hohen Deichen. Die Mündung des Spui in das Haringvliet liegt jedoch im flachen Deichvorland.

Gezeiten

Stromrichtung und -geschwindigkeit sind von

den Gezeiten der Nordsee, von der Wasserführung von Rhein und Maas sowie von dem Stand der Spülschleusen im Haringvlietdamm abhängig.

Unter normalen Umständen beginnt der Flutstrom von der Oude Maas in Richtung Haringvliet etwa 1 Stunde nach HW Hoek van Holland und läuft mit max. 3 kn bis etwa 4,5 Stunden nach HW HvH. Vom Haringvliet in Richtung Oude Maas beginnt der Ebbstrom etwa 5 Stunden nach HW HvH und läuft mit max. 3,5 kn bis etwa HW HvH. Der Tidenhub beträgt beim Haringvliet etwa 0,2 m, bei der Mündung in die Oude Maas etwa 0,9 m.

Das durchgehend betonnte, aber nicht befeuerte Fahrwasser ist von der Oude Maas bis zum Haringvliet 18 km lang und 4–14 m tief. Im Spui gibt es fünf Häfen:

Oud Beijerland
(bei km 997)   Karte 1809.6

ist ein freundliches, typisch niederländisches Dorf, das sich hinter dem hohen Deich fast versteckt. Der Hafen Oud Beijerland ist durch ein schmales Sturmfluttor zugänglich. Drempel-

Hafeneinfahrt Oud Beijerland

tiefe bei NW 1,8 m. Wassertiefe im Hafen 1,8 m bei NW.

Einrichtungen

WC, Duschen, Elektro-Anschluß, Kran bis 5 t, Segelmacher, Tankstelle für Diesel und Benzin nahe beim Hafen.

Nieuw Beijerland
(bei km 1003,3)   Karte 1807.5

ist nicht zu verfehlen: Beim Gemeindehafen steht die alte Kornwindmühle „De Swaen" aus

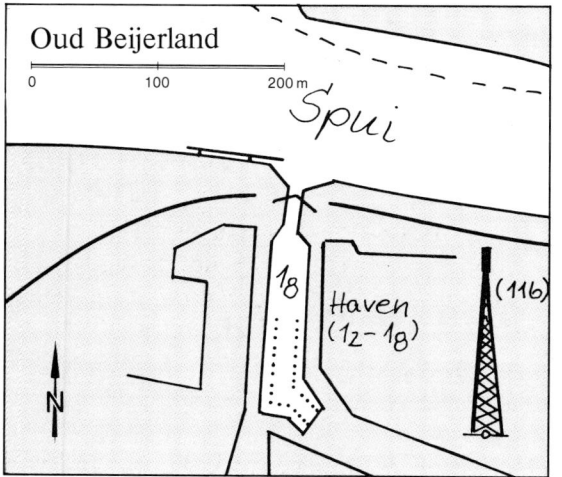

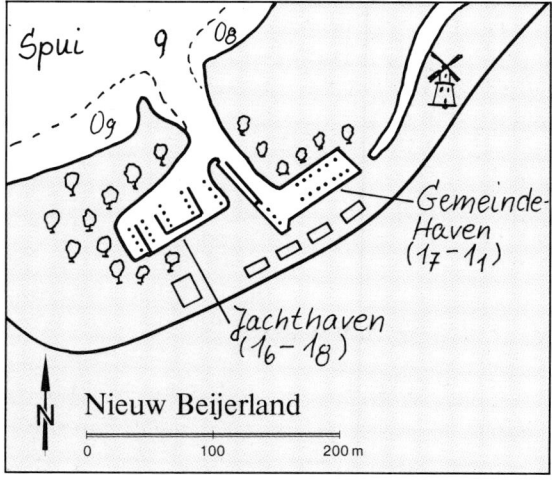

67

dem Jahre 1703 als unübersehbare Landmarke. Nieuw Beijerland hat zwei sehr schöne Häfen: Einlaufend an Bb der alte Gemeindehafen, bei NW 1,7 m tief, und an Stb der Yachthafen der W.V. Nieuw Beijerland, 1,5 m tief.

Einrichtungen

WC, Duschen, Elektro-Anschluß, Benzin und Diesel nahe beim Hafen.

Haven van Zuidland
(bei km 1007,2)   Karte 1807.5

Umschlagplatz für gewerbliche Schiffahrt. Für Yachten nicht zugelassen.

Goudswaard
(bei km 1997,2)   Karte 1807.5

Goudswaard ist ein kleines, ruhiges Dorf, das aber doch einiges zu bieten hat: Die Kornwindmühle „Windlust" aus dem Jahre 1694 ist noch in Betrieb und kann besichtigt werden. Am Hafen sind ein kleines „Poldergemaal" (Dampfpumpwerk) aus der Mitte des vorigen Jahrhunderts sowie ein historischer Bauernhof aus dem 18. Jahrhundert zu sehen.
Goudswaard ist durch einen fast 1 km langen und nur 5 m breiten Hafenkanal für Schiffe mit 0,9 m Tiefgang bei NW zugänglich. Tidenhub: 0,6 m. Im Hafenkanal und im Dorfhafen an der Pier gibt es einfache Liegeplätze ohne Service.

Zuidland/Blinckvliet
(bei km 1008,3)   Karte 1807.5

Der Yachthafen Zuidland/Blinckvliet liegt sehr

geschützt vor dem Deich und ist von hohen Bäumen umgeben. Der Hafen ist bei NW mit 1,8 m Tiefgang zugänglich.

Einrichtungen

WC, Duschen, Kran bis 3 t, Entsorgung für Chemietoiletten, Diesel, Benzin.

Der Yachthafen Blinckvliet bei Zuidland

Der Kanaal door Zuid-Beveland
Karte 1805.4

Der Kanaal door Zuid-Beveland ist ein schneller

und bei jedem Wetter sicherer Verbindungsweg zwischen der Westerschelde und der Oosterschelde. Er ist nur 9,3 km lang und kann werktags bis zu einer Gesamthöhe von 33 m mit stehendem Mast rund um die Uhr befahren werden. Sonntags ist die Durchfahrtshöhe wegen der Bonzijbrug auf 3,6 m begrenzt. Die flachen Kanalböschungen aus groben Steinen brechen den Schwell der Berufsschiffahrt recht schnell, so daß auch kleine Boote flott vorankommen.

Gesetzliche Bestimmungen

– Die Fahrgeschwindigkeit ist begrenzt und richtet sich nach der Fläche (Länge x Breite in der Wasserlinie). Bis 20 qm = 15 km/h, bis 30 qm = 12 km/h, darüber 8 km/h.
– Kleine Fahrzeuge (bis 20 m Länge) müssen nachts und bei schlechter Sicht einen Radar-Reflektor führen.

UKW

Kanal 68   Ruf: Verkeerspost Wemeldinge
Kanal 18   Ruf: Sluis Wemeldinge
Kanal 22   Ruf: Sluis Hansweert.
Für die Schleusen, Kanalfahrt und Brückenbedienung werden keine Gebühren erhoben.

Ansteuerung von der
Oosterschelde   Karten 1805.4/5

Bei Tag

Auffällige Landmarken sind zwei Windmühlen, die über dem Deich gut zu sehen sind, sowie das auffällige Gebäude des Verkeerspost Wemeldinge auf der Ostmole der Einfahrt zum Schleusenvorhafen. Vom Kopf der Ostmole erstreckt sich unter Wasser ein Damm zu der grünen Tonne 0 15.

Wemeldinge: Der Schleusenvorhafen mit den Liegeplätzen für Yachten

Bei Nacht

Zur Ansteuerung dient ein Sektoren-Feuer auf dem Kopf der Westmole (Oc. 5 s). Die Einfahrt wird in einem der weißen Sektoren (nur zwischen grünen und roten Sektoren!) angesteuert. Von Osten kommend, führt der weiße Sektor zwischen rot und rot über den unter Wasser liegenden Steindamm vor der Ostmole!
Die Hafeneinfahrt ist mit je einem festen roten bzw. grünen Licht befeuert.
Nebelsignal: Auf dem Kopf der Ostmole steht ein Nebelschallsender mit der Kennung (4)30 s = 4 Töne in 30 sec.

Schleusen Wemeldinge   Karte 1805.4

Die Ostschleuse wird jederzeit, die mittlere Schleuse nur werktags von 06.00 bis 22.00 h bedient. Die Westschleuse wird als Reserve unterhalten.

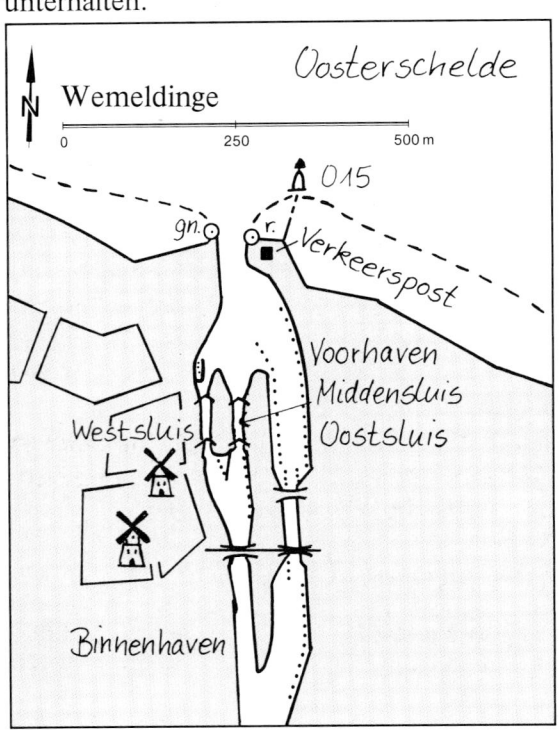

Liegeplätze findet man am Westufer des Vorhafens und im Binnenhafen, ebenfalls am Westufer (Toilettenwagen). Trinkwasser und Treibstoff gibt es beim Bunkerboot.

Brücken über den Kanal

Bonzijbrug

600 m südlich der Schleuse Wemeldinge: Durchfahrtshöhe geschlossen: 3,6 m. Bedienungszeiten:
werktags: 06.00 bis 22.00 h,
sonntags: geschlossen.

Postbrug

2,5 km südlich der Schleuse Wemeldinge. Durchfahrtshöhe 1,5/3,6 m.
Bedienung an allen Tagen 00.00 − 24.00 h.

Eisenbahn- und Verkeersbrug in Vlake

Beide Brücken werden gleichzeitig, abhängig vom Fahrplan, bedient; siehe ANWB-Broschüre „Openingstijden van spoorwegbruggen". Evtl. Nachfrage bei der Schleuse Hansweert, UKW-Kanal 22.

Schleuse Hansweert

Sportboote werden in der Ostschleuse geschleust. Zu beiden Seiten der Schleuse befindet sich am Ostufer je ein langes Bollwerk. An den Landseiten dieser Bollwerke sind Anleger für Yachten und eine Gegensprechanlage zum Schleusenmeister vorhanden. Es wird zu jeder Zeit kostenlos geschleust.
Auf der Schleuse befindet sich ein Zollposten, bei dem man in/aus Richtung Belgien aus- oder einklarieren muß. Durch diese Schleuse erreicht man das Tidenrevier der Oosterschelde mit einem Tidenhub von 3,7 m und beachtlichen Stromgeschwindigkeiten bei Ebbe und Flut.
UKW-Kanal 22, Ruf: Sluis Hansweert. Es wird empfohlen, rechtzeitig Kontakt aufzunehmen.

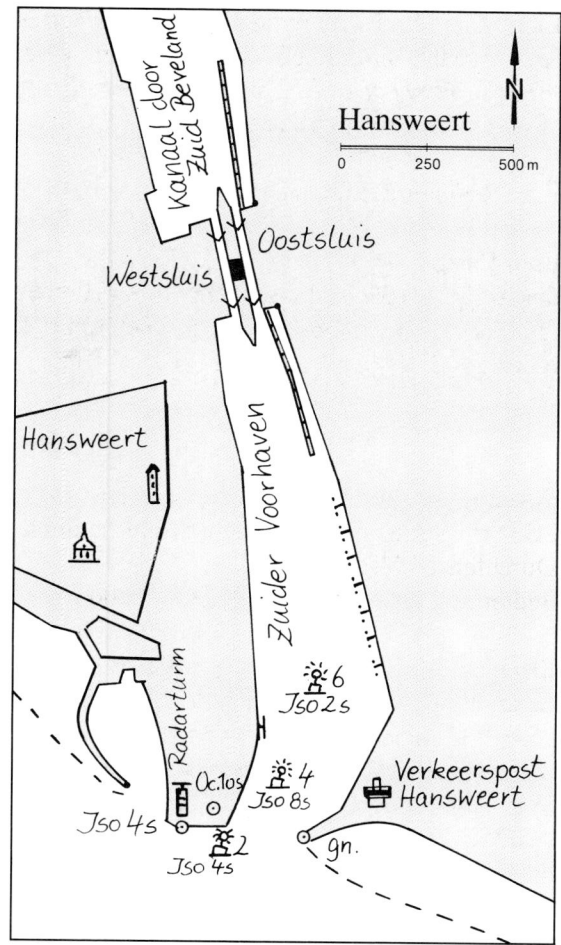

Verkeerspost Hansweert

Bei Tag

Das moderne Gebäude des Verkeerspost auf der Ostmole und der alte Radarturm auf der Westmole markieren die Einfahrt zum Zuider Voorhaven unverwechselbar.

Bei Nacht

Auf dem Kopf der Westmole steht ein Sektoren-Leuchtfeuer mit der Kennung Oc. 10s. Die Ansteuerung erfolgt in einem der weißen Sektoren zwischen rot und grün bzw. grün und rot. Dort steht auch ein rotes Gleichtaktfeuer (Iso 4s). Einlaufend an Backbord sind drei rote Leuchttonnen ausgelegt: Nr. 2, 4 und 6. Kennungen: Nr. 2: Iso 4s, Nr. 4: Iso 8s, Nr. 6: Iso 6s. Auf dem Kopf der Ostmole steht ein festes grünes Licht.
Bei Nebel wird auf dem Kopf der Ostmole ein sehr helles, gelbes Licht (fest) gezeigt. Dort steht auch ein Nebelschallsender (4) 30s.

Der Kanaal door Walcheren

Karten 1805.2/1803.8

Der Kanaal door Walcheren verbindet das

Verkeerspost Hansweert

Das auffällige Gebäude des Verkeerspost Hansweert steht auf der Ostmole des Vorhafens. Mit UKW ausgerüstete Schiffe müssen sich vor der Ausfahrt auf die Westerschelde melden und Schiffsname, Position, Kurs und Ziel angeben. UKW-Kanal 71, Ruf: „Post Hansweert".

Ansteuerung von der
Westerschelde   Karten 1803.3/1805.4

Vor der Einfahrt zum Zuider Voorhaven steht, besonders bei Ebbe, ein starker Querstrom.

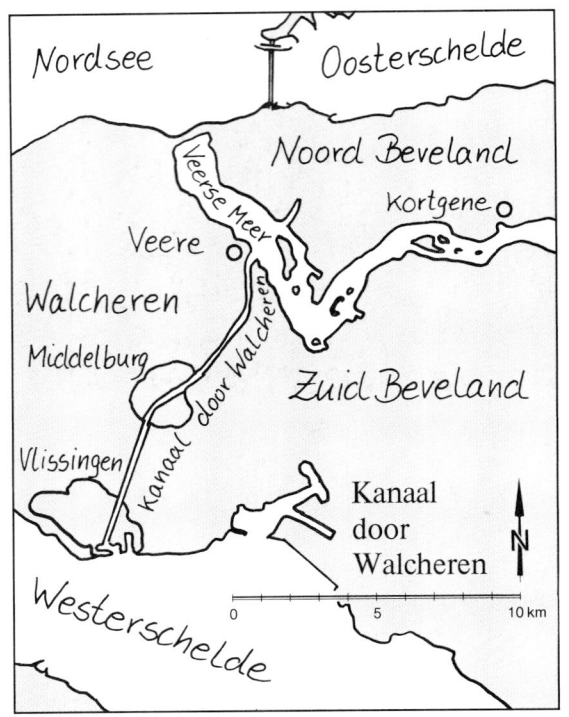

Schleuse in Veere

Veerse Meer (und damit auch die Ooster-schelde) mit der Westerschelde. Von Veere am Veerse Meer bis nach Vlissingen an der Wester-schelde sind es 14,5 km, die mit stehendem Mast bis zu einem Tiefgang von 3,7 m zu fahren sind.

Gesetzliche Bestimmungen

Die Fahrgeschwindigkeit ist begrenzt und rich-tet sich nach der Fläche (Länge x Breite in der Wasserlinie): Bis 20 qm = 15 km/h, bis 30 qm = 12 km/h, darüber 8 km/h.
Die Zufahrt zum Kanaal door Walcheren im Veerse Meer liegt unmittelbar südlich der Stadt Veere. Sie ist mit je einem roten und grünen festen Licht befeuert. Nach 2,7 km erreicht man die Schleusen von Veere.
Bedienungszeiten:
Mo – Sa: 05.00 – 23.30 h
So u. Ftg. 05.00 – 23.00 h.

Über dem Kanal liegen fünf bewegliche Brük-ken. Sie werden zu folgenden Zeiten bedient:
Mo – Sa: 07.00 – 22.00 h
So u. Ftg.: 07.00 – 11.00 h
(vom 1.7. – 16.9. von 09.00 – 21.00 h).

Für die Schroebrug in Middelburg gilt:
Für Sportboote wird die Brücke in der Zeit von 08.00 – 22.00 h jeweils 22 Minuten nach der vollen Stunde, oder wenn mehr als fünf Fahr-zeuge warten, bedient.
Sportboote dürfen mit der Berufsschiffahrt durchfahren.

Middelburg   Karte 1803.8

Middelburg, die Hauptstadt Zeelands, wurde 1940 durch einen Luftangriff weitgehend zer-stört und in mehr als 20jähriger Arbeit nach den alten Plänen und Vorbildern originalgetreu wie-der aufgebaut oder restauriert.
Das Raadhuis mit seinem 55 m hohen Middel-turm wurde im 15. und 16. Jahrhundert im spät-gotischen Stil erbaut und zeigt sich wieder in sei-ner ursprünglichen Pracht. Auch die Abtei, an der Prämonstratenser Mönche fast vier Jahrhun-

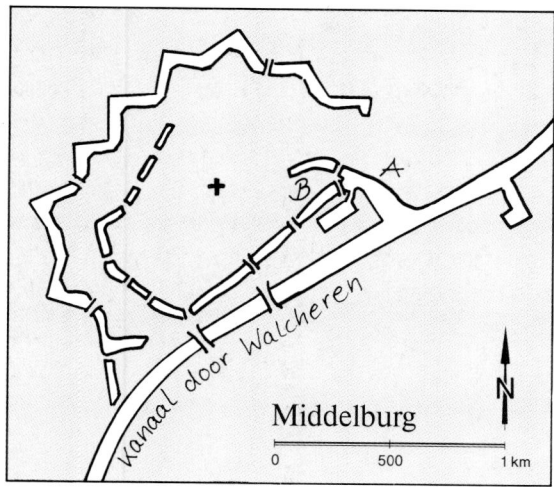

Middelburg

0   500   1 km

N

Voorhaven

Der Voorhaven liegt am Kanaal door Walcheren und ist deshalb nicht ganz schwellfrei. Liegeplätze findet man in Boxen, zum Teil auch an der Pier. Vom Voorhaven gelangt man durch eine schmiedeeiserne Klappbrücke in den Binnenhaven. Die Brücke wird durch den Hafenmeister zu jeder halben Stunde bedient.
Mo–Sa: von 08.30–21.30 h
So: von 8.30–11.30 und 17.30–21.30 h.

Binnenhaven

Im Binnenhaven liegt man sehr schön und ruhig in Boxen beim W.V. Arne.

Einrichtungen

WC, Duschen, Waschräume, Waschsalon, Elektro-Anschluß, Diesel, Benzin, Trailer-Slipbahn.

Im Kanaal door Walcheren liegt vor der Stationsbrug das Ramschip „Schorpioen". Es wurde 1867 als eisernes Rammschiff gebaut, hat bis zu 15 cm dicke Panzerplatten, einen gepanzerten Rammsteven und wurde von Segeln und einer Dampfmaschine angetrieben. Das Schiff kann täglich von 10.00 – 17.00 h besichtigt werden.
Folgt man dem Kanal weiter nach Südwesten, erreicht man nach 7 km Vlissingen (siehe unter

derte gebaut haben, wurde verwüstet und originalgetreu wieder aufgebaut. Sie beherbergt heute das Verwaltungszentrum von Zeeland, das zeeländische Provinzparlament, ein Kulturzentrum und das Zeeländische Museum für Kunst und Wissenschaft. Es zeigt die Geschichte Zeelands sowie Sammlungen römischer und mittelalterlicher Funde.
Die Abtei kann unter sachkundiger Führung besichtigt werden (Mo – Sa 13.30 und 15.30 h, im Juli und August auch Di – Sa um 11.00 h).
Einen Überblick über die Insel Walcheren bieten der „Lange Jan", der fast 90 m hohe Turm der Abtei, und „Miniatur Walcheren", ein 7000 qm großes Modell der Insel Walcheren: Patriziergebäude, Mühlen, Kirchen, Wasserbauwerke, Brücken und Schiffe, ein Nordseemodell mit Ebbe und Flut, Leuchttürme und der Hafen von Vlissingen. Alles ist detailgetreu im Maßstab 1:20 dargestellt.
Öffnungszeiten: täglich 09.30 – 17.00, im Juli und August bis 18.00 h.

Häfen

Liegeplätze werden im Voorhaven und im Binnenhaven angeboten.

Der Binnenhaven in Middelburg

Westerschelde/Vlissingen). Unterwegs kann man die einzig sinnvolle Verwendung von Kanonenrohren bewundern: Man hat sie in regelmäßigen Abständen in die Kanalböschung gerammt — als Poller, zum Festmachen der Schiffe!

Das Zoommeer   Karten 1803.9, 1807.2 — 4

Durch den Bau des Philipsdam und des Oesterdam wurden das Volkerak und der Schelde-Rijn-Kanaal dem Einfluß der Gezeiten entzogen und formal zum „Zoommeer" zusammengefaßt. Es ist Teil der „Schelde-Rijn-Verbindung", die von der Berufsschiffahrt sehr stark befahren wird und stellt eine vom Wetter unabhängige Verbindung vom südöstlichen Teil der Oosterschelde

zum Volkerak her. Diese ist interessant für Motoryachten und kleine Fahrzeuge, wenn anhaltende Starkwinde aus NW die Rückfahrt über die Oosterschelde erschweren.

Das Zoommeer enthält Süßwasser. Der Pegel wird auf NAP gehalten. Es steht über die Bergse Diepsluis mit der Oosterschelde in Verbindung und kann bis zu einer Gesamthöhe von 9,5 m befahren werden.

Bergse Diepsluis   Karte 1805.9

Die Schleuse ist bis 2 m Tiefgang zugelassen. Der Vorhafen an der Oosterschelde ist sehr großzügig angelegt und mit rot/fest und grün/fest befeuert.

Bedienungszeiten: täglich von 07.00 — 21.00 h. UKW-Kanal 18. Ruf: „Bergse Diepsluis".

Bergse Diepsluis an der Oosterschelde

Tholen

Detailkarte 1807.2

Die Stadt Tholen stammt aus dem 12. Jahrhundert und ist auch heute noch von ihrem alten, sternförmigen Wall umgeben. Sehenswert sind das Rathaus (1460), die Windmühle „de Hoop" (1736), die große Kirche, eine gotische Kreuzbasilika, eine Gasthauskapelle aus dem 15. Jahrhundert und Giebelhäuser aus dem 17. Jahrhundert.

Gemeindehafen und Yachthafen in Tholen

Ansteuerung

Von der Oosterschelde kann man durch die Bergse Diepsluis bis nach Tholen mit stehendem Mast fahren. Die Einfahrt ist betonnt, aber nicht befeuert.

Hafen

Tholen besitzt einen sehr schön und ruhig gelegenen Yachthafen, der vom W. V. De Kogge betrieben wird.

Einrichtungen

WC, Duschen, Waschräume, Elektro-Anschluß, Kran bis 35 t, Waschsalon, Trailer-Slipbahn, Reparaturen aller Art, Diesel vom Bunkerboot.

Ankerplatz

500 m nördlich des Yachthafens liegt ein geschützter Ankerplatz mit einer Wassertiefe von 2 – 3 m.

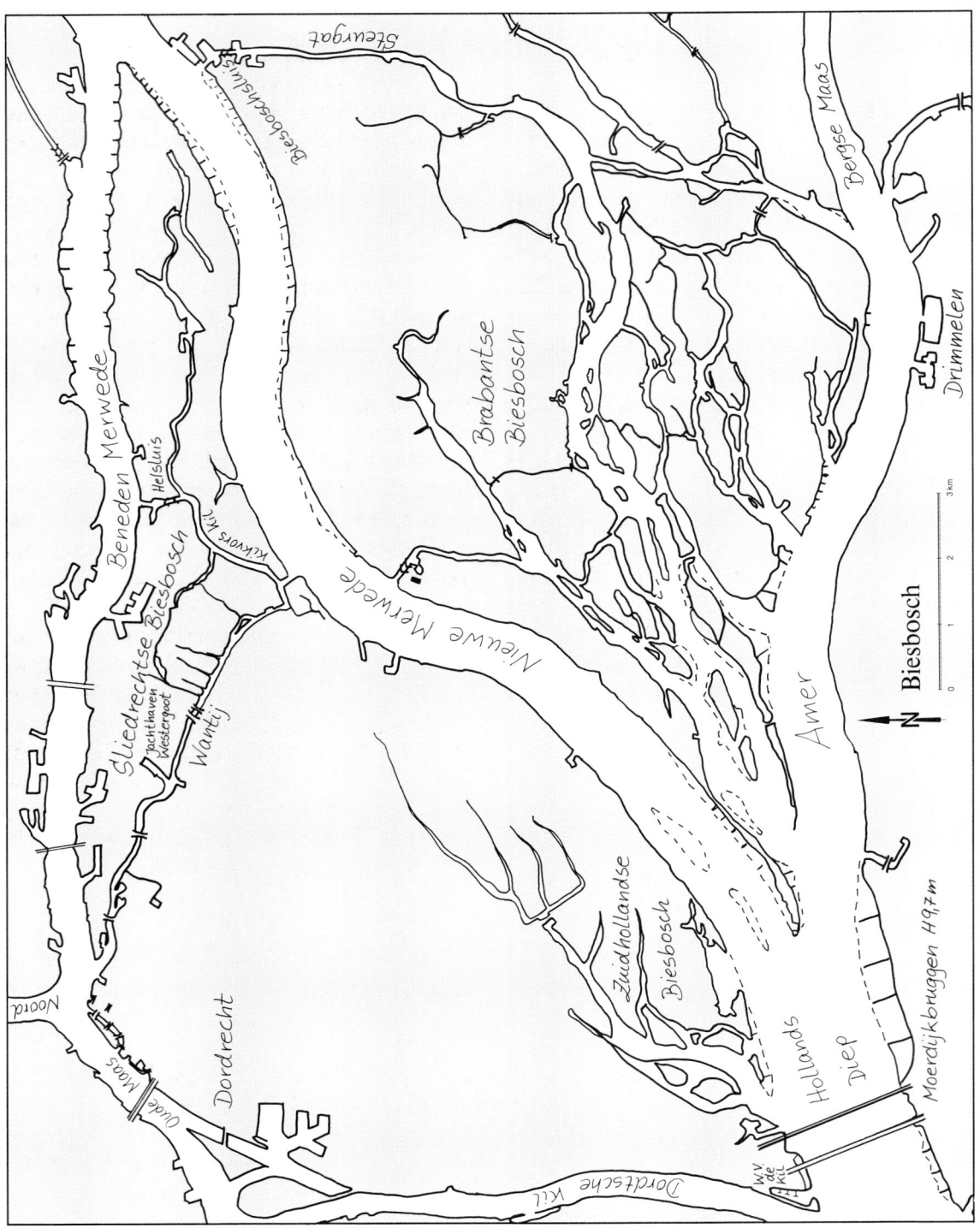

Die Reviere im Delta

Der Biesbosch   ANWB-Karte „N"

Im November 1421 verwüstete die Sint Elisabethsflut die Zuidhollandse Waard, den damals größten niederländischen Polder. Die Deiche brachen an vielen Stellen, Menschen und Tiere, Dörfer und Felder, alles versank in der Flut. Zwischen Dordrecht, Gorkum und dem Unterlauf der Maas entstand ein großer, flacher Binnensee. Schlick und Sand, von Waal und Maas herangetragen, füllten den See langsam auf, und die Gezeiten formten Wasserläufe und Priele. Es entstanden ausgedehnte Sand- und Schlickbänke, die langsam immer höher herauswuchsen und von einer üppigen Vegetation überwuchert wurden. Große Teile dieser Süßwasserwattenlandschaft wurden im Laufe der Zeit wieder eingepoldert und trockengelegt. Übrig geblieben sind der Sliedrechtse Biesbosch, der Zuidhollandse Biesbosch und der Brabandse Biesbosch.

Seit im Jahre 1970 der Haringvlietdamm geschlossen wurde, gibt es im Biesbosch praktisch keine Gezeiten mehr. Lediglich im Sliedrechtse Biesbosch zeigt sich anfangs noch ein Tidenhub von 0,7 m, der weiter nach binnen immer schwächer wird und sich schließlich fast ganz verliert.

Der Biesbosch ist eine wildromantische Landschaft und hat für den Wassersport einen ganz besonderen Reiz: ein Naturreservat, das nur über das Wasser zugänglich ist. Nur mit dem Boot kann man diese einzigartige, verwunschene Landschaft erkunden. Im Biesbosch gibt es Wasserläufe, Schilfgürtel und Binsenfelder, Grasinseln, Bäume, Buschwerk und Weidenbrüche.

Man sieht zwar vereinzelt einige Häuser, aber keine Industrie. Hinter hohen, dicht zugewachsenen Deichen liegen einige große Trinkwasserspeicherbecken, die nicht zugänglich sind. Das Boot fährt auf schmalen, gewundenen Wasserläufen durch eine urwaldähnliche Landschaft. Anlegestellen und romantische, ruhige Ankerplätze finden sich in großer Zahl. Je tiefer man in den Biesbosch hineinfährt, um so sauberer wird das Wasser, so daß man mit Genuß baden kann.

Der gesamte Biesbosch ist mit stehendem Mast zugänglich. Die größeren Wasserläufe erlauben einen Tiefgang bis zu 2 m. Jollenkreuzer, Kielschwerter, Plattbodenschiffe und Hubkieler, auch Motoryachten, sind natürlich im Vorteil, denn sie können fast den ganzen Biesbosch befahren. Die kleinen, flachen Priele, die für motorgetriebene Fahrzeuge nicht zugänglich sind, lassen sich mit dem Beiboot, unter Ruder und Segel, erkunden.

Der Sliedrechtse und der Brabantse Biesbosch haben natürliche Grenzen, die das Eindringen der modernen technischen „Kultur" recht zuverlässig verhindern. Es gibt somit auch keinerlei Versorgungseinrichtungen! Das Schiff muß also entsprechend ausgerüstet sein. Dazu gehören neben dem notwendigen Proviant, Wasser- und Treibstoffvorrat auch Mückennetze (Gardinen-Reste genügen). Die Fahrgeschwindigkeit ist auf 6 km/h, auf durchgehenden Gewässern auf 9 km/h, begrenzt.

Der Sliedrechtse Biesbosch   ANWB-Karte „N"

ist mit dem Boot bis 12 m Höhe vom Wantij, für höhere Boote über die Beneden Merwede (durch die Helsluis) und die Nieuwe Merwede (durch die Ottersluis) zu erreichen. Er liegt zwischen diesen Gewässern praktisch auf einer Insel.

Sliedrechtse Biesbosch: In der Kikvorskil

Wantij

ANWB-Karte „N"

Bei Dordrecht, bei km 976,3, zweigt an der Südseite der Beneden Merwede ein Fahrwasser ab: das Wantij. Es ist 6,5 km lang und verbindet die Beneden Merwede mit der Nieuwe Merwede. Das Wantij kann mit stehendem Mast bis zu 12 m Gesamthöhe und 1,8 m Tiefgang bis zur Ottersluis befahren werden. Die Fahrgeschwindigkeit ist auf 9 km/h begrenzt. Der Tidenhub liegt bei 0,7 m, weiter binnen weniger. Die Tidenströmung ist sehr gering.

An der Einfahrt zum Wantij steht an der Südseite der Beneden Merwede eine Bake mit einem West-Topp-Zeichen (oben rot, unten grün) und einem Feuer (ISO, weiß, 2s). Über das Wantij führen 4 bewegliche Brücken:

Prins Hendrikbrug
bei km 0,9. Durchfahrtshöhe geschlossen: 3,6 m bei HW. Tel.(078) 133673
Bedienungszeiten:
Mo – Sa: 09.00 – 12.00, 14.00 – 19.00 h
So u. Ftg.:   09.00 – 12.00, 15.00 – 19.00 h.

Die Wantijbrug

Wantijbrug

bei km 2,1. Durchfahrtshöhe geschlossen: 5,5 m
bei HW. Tel. (078) 161105.
Bedienungszeiten:
Mo – Sa: 06.00 – 22.00 h
So u. Ftg.:   08.00 – 11-00, 16.00 – 20.00 h.

Eisenbahnhubbrücke

bei km 3,8. Durchfahrtshöhe geschlossen: 4,3 m
bei HW, gehoben: 12,2 m bei HW. Diese Brücke
wird nur nach vorheriger Absprache geöffnet.
Anmeldung: Verkeerspost Dordrecht.
UKW-Kanal 19, Ruf: Post Dordrecht (Tel. (078)
132421).

Wantijfietsbrug

bei km 3,9. Durchfahrtshöhe geschlossen: 4,3 m
bei HW, gehoben: 12,2 m bei HW. Öffnung
zusammen mit der Eisenbahnbrücke.

Wantijfietsbrug vor der Eisenbahnbrücke

Yachthäfen im Wantij   ANWB-Karte „N"

Jachthaven v.d. Heuvel

der erste Hafen östlich der Prins Hendrikbrug,
1,5 m tief bei NW.

Einrichtungen

WC, Duschen, Kran bis 3 t, Bootslift bis 40 t.
Diesel, Benzin.

Jachthaven W.V. de Biesbosch

der zweite Hafen östlich der Prins Hendrikbrug,
1,5 m tief bei NW.

Einrichtungen

WC, Duschen, Diesel, Benzin, Kran bis 5 t.

Vlijhaven

750 m östlich der Prins Hendrikbrug. Sehr
schmale und flache Einfahrt, bei NW 1 m tief.
Club-Anlagen der V.W. Drechtstad und W.V.
Kievit ohne spezielle Einrichtungen, jedoch
sehr billig (0,5 hfl pro Meter Länge).

Jachthaven Westergoot

bei km 3,1 an der Nordseite des Wantij. Tiefe in
der Einfahrt 2 m, NW, im Hafen tiefer.

Einrichtungen

WC, Duschen, Elektro-Anschluß, Diesel, Benzin, Kran bis 25 t.

T'Vissertje

gegenüber der Einfahrt zum Jachthaven Wester-
goot. Ein einfacher, kleiner Hafen. Es gibt eine
Pier zum Festmachen und eine Slipbahn für
Trailerboote.

Wantij: Haven „T'Vissertje"

Östlich der Wantijfietsbrug zweigt an der Nordseite die „Sionssloot" ab, über die man, mit 2 m Tiefgang, das „Bezoekerscentrum" am Moldiep erreicht. Dort sollte man sich informieren. Es gibt einen Weidenbruch-Museumspfad, der zu einem Freilicht-Museum führt, und eine Kanu-Vermietung. Das Kanu ist das ideale Fahrzeug für den Biesbosch! Die Helsloot – Dode Kikvorskil – Zoetemelkskil führen, bis 1,4 m Tiefgang, weit in die urige Landschaft hinein und über die Helsluis zur Beneden Merwede oder, bis 1 m Tiefgang, über die Kikvorskil zur Ottersluis/Nieuwe Merwede.

Im Brabantse Biesbosch

Ottersluis   ANWB-Karte „N"

Die Ottersluis liegt zwischen der Nieuwe Merwede und dem Hollandse Biesbosch. Über der Schleuse liegt eine bewegliche Brücke. Die Drempeltiefe beträgt 1,8 m bei NW.
Bedienungszeiten:
Mo – Do: 08.00 – 13.00, 14.00 – 17.00 h
               vom 15.5 – 1.9. bis 21.00 h
Fr – So u. Ftg.: 08.00 – 13.00, 14.00 – 21.00 h
               vom 15.5. – 1.9. ab 07.00 h.

Der Brabantse Biesbosch   ANWB-Karte „N"

Dies ist das größte und interessanteste Teilgebiet und nur mit dem Boot zu erreichen. Es wird im Süden von der Amer und dem Hollands Diep, im Westen und Norden von der Nieuwe Merwede und im Osten vom Steurgat – Bovernste Gat van het Zand – Spijkerboor begrenzt.
Den Brabantse Biesbosch erreicht man mit stehendem Mast über die Nieuwe Merwede durch die Biesboschsluis in Werkendam, die Spieringsluis an der Nieuwe Merwede und

(ohne Schleusen) vom Hollands Diep und der Amer.
Die Biesboschsluis in Werkendam ermöglicht mit stehendem Mast die Fahrt über das mehr als 3 m tiefe Steurgat in den Brabantse Biesbosch und nach Süden bis zur Amer.

Bedienungszeiten:
Mo – Do: 08.00 – 13.00, 14.00 – 17.00 h
Fr – So u. Ftg.: 08.00 – 13.00, 14.00 – 21.00.
Südlich der Biesboschsluis liegt an der Ostseite der

Jachthaven W.V. Werkendam

Einrichtungen

WC, Duschen, Elektro-Anschluß, Trailer-Slipbahn, Diesel im Biesboschhaven. Kran bis 15 t und Reparaturen bei der Werft „De Scheepsbouwers" am Steuergat.
Der Biesboschhaven an der Merwede ist für Yachten nicht geeignet.
Die **Spieringsluis,** bei km 971,5, am Ostufer der Nieuwe Merwede öffnet den Zugang in den schönsten Teil des Biesbosch mit stehendem Mast bis zu einem Tiefgang von 3,4 m (Drempel – 3,7 m).

Spieringsluis an der Nieuwe Merwede

Bedienungszeiten:
Mo — Do: 08.00 — 13.00, 14.00 — 17.00 h
               vom 15.5 — 1.9. bis 21.00 h
Fr — So u. Ftg.: 08.00 — 13.00, 14.00 — 21.00 h
               vom 15.5. — 1.9. ab 07.00 h.
Gleich hinter der Spieringsluis liegt an der Süd-
seite das Biesbosch-Museum. Besucher können
an der Pier am Nordufer anlegen.
Der **Jachthaven Spieringsluis** liegt ebenfalls süd-
lich der Schleuse sehr schön im Grünen. Gäste,

die nur das Biesbosch-Museum besuchen wollen, sind hier nicht erwünscht.

Einrichtungen: WC, Duschen.

Vom Hollands Diep ist der Biesbosch durch die
Moerdijkbruggen nur bis zu einer Gesamthöhe
von 9,7 m zu erreichen. Diese Brücken können
über Dordtse Kil, Dordrecht — Beneden Merwede umgangen werden.

Drimmelen   ANWB-Karte „N"

Am Südufer der Amer liegt die Gemeinde Drim-
melen. Hier gibt es im Gemeindehafen und im
großen Yachthafen alle notwendigen Einrichtungen:
Im Gemeindehafen befindet sich neben Gastlie-
geplätzen und Werften auch der Stützpunkt der
Wasserschutzpolizei. Im Yachthafen: WC,
Duschen, Diesel, Benzin im Hafen und außerhalb beim Bunkerboot, Kran bis 7 t, Bootslift

Jachthaven Spieringsluis am Gat van de Hardenhoek

bis 25 und 40 t (Heben mit stehendem Mast möglich), Waschsalon, Entsorgung für Chemietoiletten und Abwassertanks, Segelmacher, alle Arten von Reparaturen, Trailer-Slipbahn.

Der Zuidhollandse Biesbosch ANWB-Karte „N"

Der Zuidhollandse Biesbosch ist Natur- und Vogelschutzgebiet und nur von Süden, von der Amer, zu erreichen. Zugänglich ist nur das Zuidmaartensgat, das jedoch nicht bezeichnet ist. An seinem Ende, beim „Prinsenheuvel", gibt es eine Pier, jedoch keinerlei Versorgung.

Im Biesbosch sollte man unbedingt die ANWB-Karte „N" verwenden, denn diese Spezialkarte im Maßstab von 1:25000 enthält auch die gesetzlichen Bestimmungen in der jeweils aktuellen Fassung.

Das Brielse Meer Karten 1809.10/1809.3

Das Brielse Meer liegt zwischen der Insel Voorne-Putten und dem langgezogenen Hafen von Rotterdam/Europoort. Es war ursprünglich der Unterlauf der Brielse Maas und wurde durch den Brielsegatdam und den 4 km landeinwärts liegenden Brielsemaasdam von der Nordsee abgetrennt. Das zwischen den beiden Dämmen entstandene „Oostvoornse Meer" ist auf dem Wasserweg nicht erreichbar.

Das Brielse Meer ist 14 km lang, zwischen 200 und 800 m breit und auch für kleine, trailerbare Boote sowie für Familien mit Kleinkindern geeignet. Insgesamt acht Inseln mit kleinen, atollförmigen Häfen und unzählige Anleger ermöglichen einen kostenlosen Aufenthalt. Die

Ufer und Inseln des Brielse Meer sind mit hohen Bäumen und dichtem Buschwerk bewachsen. Es gibt keine Beeinträchtigungen durch Industrie, Berufsschiffahrt, industrielle oder kommunale Abwassereinleitungen. Deshalb ist das Wasser klar und sauber, so daß auch das Schwimmen Vergnügen bereitet. Die große Super-Marina wird man nicht finden, dafür aber viele kleinere, gut eingerichtete Yachthäfen.

Der Wasserstand des Brielse Meer wird im Sommer auf NAP gehalten. Dabei sind aber kleine Schwankungen möglich. Die bezeichneten Fahrwasser sind zwischen 2,5 und 11 m tief. Außerhalb des Fahrwassers ist die 1,5-m-Linie durchgehend mit Baken bezeichnet. Für Boote, die den Mast nicht legen können, ist durch die feste Brielse Brug die maximale Durchfahrtshöhe auf 12 Meter begrenzt.

Gesetzliche Bestimmungen

Für Fahrzeuge mit Motor ist eine besondere Erlaubnis erforderlich, die man beim Schleusenmeister der Voornse Sluis erhält (pro Monat 10,- Gulden).

Die Höchstgeschwindigkeit ist generell auf 12 km/h, zwischen der Insel Middenplaat und dem Molenhaven auf 6 km/h begrenzt.

Für die kleinen Inselhäfen und die Anleger gilt: Man darf drei Tage auf demselben Platz kostenlos liegen, muß dann mindestens 500 m verholen und darf erst nach fünf Tagen an den ursprünglichen Platz zurückkehren.

Im folgenden werden die Brücken, Häfen, Liegeplätze und Inseln des Brielse Meer von Ost nach West beschrieben.

Anfahrt zum Brielse Meer Karte 1809.3

Das Brielse Meer kann nur von der Oude Maas bei km 1005,3 durch die Voornse Sluis erreicht werden.

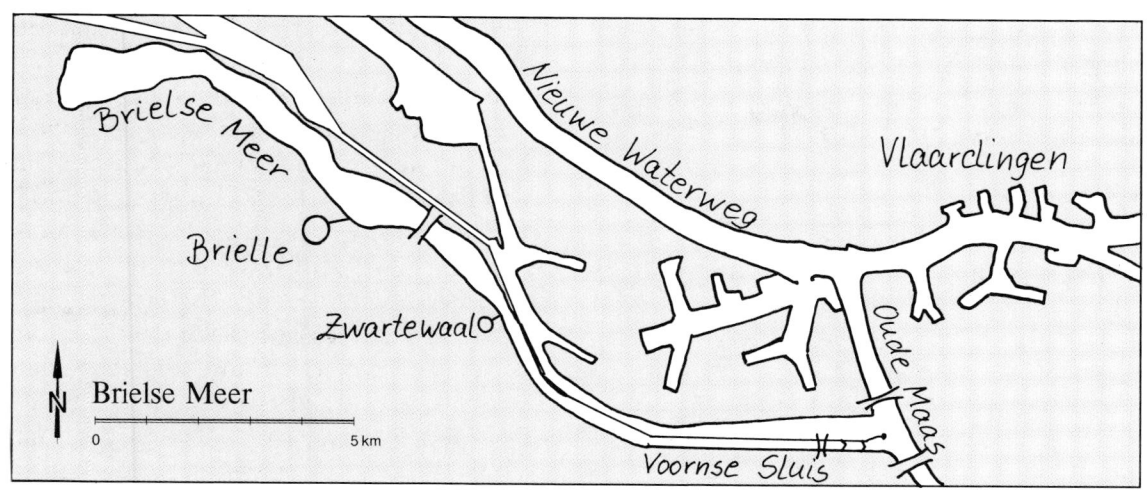

Voornse Sluis

Karte 1809.3

Zu beiden Seiten der Schleuse sind Anleger vorhanden.
Bedienungszeiten:
Mo bis Do: 08.00 − 18.00 h
Fr: 08.00 − 21.00 h
Sa: 06.00 − 21.00 h
So: 06.00 − 22.00 h.
Nach der Voornse Sluis folgt man dem Voedingskanaal Brielse Meer nach Westen. Bis zum Anfang des Brielse Meer sind es noch 8,5 km. Nach 1250 m erreicht man die

Warteplätze vor der Voornse Sluis

Hartelbrug

Karte 1809.3

Die Brücke hat eine Durchfahrtshöhe von 9,3 m und wird auf Anforderung vom Schleusenmeister der Voornse Sluis fernbedient. Auf der Fahrt nach Westen soll die Öffnung der Brücke mit dem Schleusenmeister abgesprochen werden. Auf der Fahrt von Osten legt man am Bollwerk westlich der Brücke an. Dort ist eine Gegensprechanlage angebracht.
Bedienungszeiten:
Mo − Do: 08.30 − 16.00 h
Fr: 08.30 − 16.00, 18.30 − 21.00 h
Sa: 06.00 − 21.00 h
So u. Ftg.: 06.00 − 22.00 h.

Hafen Hairt Hille

Karte 1809.3

Hairt Hille ist ein kleiner, aber gut ausgebauter Hafen am Südufer des Voedingskanaal Brielse Meer, 2,7 km westlich der Voornse Sluis. Wassertiefe 1,9 m.

Einrichtungen: WC, Duschen, Clubhaus.

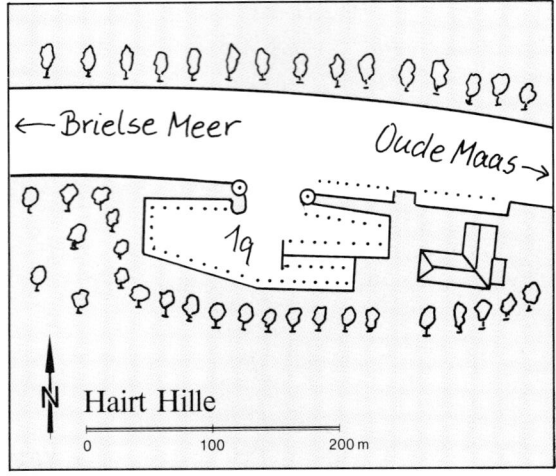

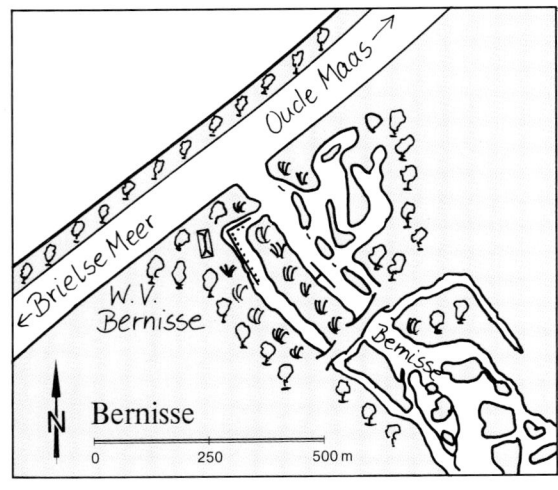

Der kleine Hafen Hairt Hille

Hafen Bernisse   Karte 1809.3

Dieser Yachthafen der W.V. Bernisse ist 2,5 km südöstlich von Zwartewaal gelegen. Der Hafen liegt sehr schön im Grünen, hat aber nur wenig Platz für Gastyachten.
Die Wassertiefe beträgt etwa 1,5 m.

Einrichtungen: WC, Duschen, Trailer-Slipbahn.

Südlich des Hafens schließt sich das „Recreatie-gebied Bernisse" an, das bis an das Spui heranreicht. Dort ist es aber durch einen Deich abgetrennt. Hier ist durch die Verbreiterung der Bernisse und einer großzügigen, natürlichen Gestaltung der Uferlandschaft ein Erholungsgebiet entstanden, das auf dem Wasser jedoch nur bis zu einer Gesamthöhe von 2,5 m erreichbar ist. Schwimmen, Rudern, Surfen und Segeln sind erlaubt. Motorfahrt ist verboten.

Zwartewaal   Karte 1809.3

Zwartewaal ist ein kleines, ländliches Dorf ohne besondere Sehenswürdigkeiten. Es gibt drei Häfen:

Heenvliet

Eben südlich des Dorfes gelegen. Sehr ordentlich und gut eingerichtet: WC, Duschen, Kran bis 6 t.

Gemeindehaven

Sehr schmaler, langer Hafen, der für Boote über 10 m Länge kaum geeignet ist. Am Ende des

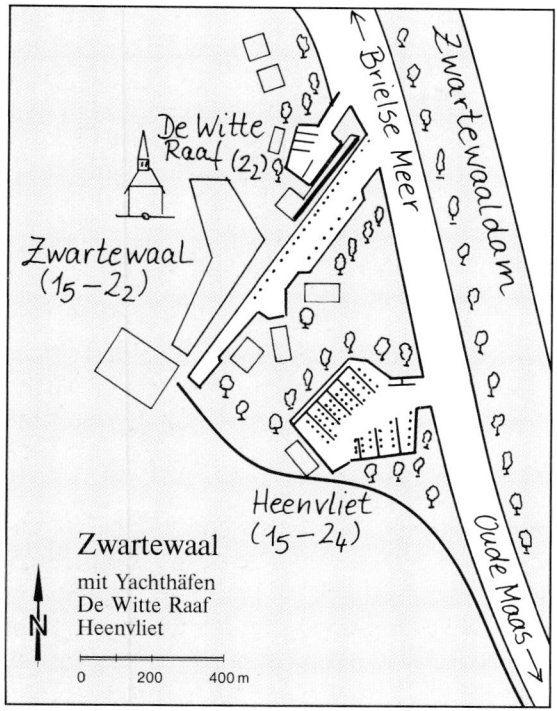

Zwartewaal
mit Yachthäfen
De Witte Raaf
Heenvliet

0   200   400 m

Hafenbeckens gibt es eine kleine Werft, die alle Reparaturen ausführen kann.

De Witte Raaf

Kleiner, gut eingerichteter Hafen, westlich des Gemeindehaven.
Einrichtungen: WC, Duschen, Diesel, Benzin, Slipanlage bis 8 t.

Blankenburgse Rak   Karte 1809.3

Hier verbreitet sich der Voedingskanaal zum Brielse Meer. An beiden Ufern sind mehrere Anleger vorhanden. Am Nordufer liegen zwei Yachthäfen:

Blankenburgerkreek

Dieser Hafen ist für Yachten bis 10 m Länge

Jachthaven „De Witte Raaf" am Blankenburgse Rak

85

Gastplätze vor dem Hafen WV Nautica
geeignet und dicht von Bäumen und Buschwerk
umschlossen. Wassertiefe 1,4 − 1,8 m.

Einrichtungen: WC, Duschen.

Hafen WV Nautica

Auch für größere Boote geeignet. Von West bis

Ost geschützt. Nach Süden offener gelegen.
Außerhalb des Hafenbeckens befinden sich für
heiße Tage luftige Plätze an einem Anleger. Wassertiefe im Hafen über 2 m.
Einrichtungen: WC, Duschen.

Brielse Brug   Karten 1809.3 + 10

Die Brielse Brug ist eine feste Brücke mit einer
Durchfahrtshöhe von 12 m. Westlich der Brücke
liegt das Brielse Rak mit der Inselgruppe Middenplaat.

Middenplaat   Karte 1809.10

Middenplaat ist die größte Insel des Brielse
Meer. Sie ist mit hohen Bäumen dicht bewaldet
und hat drei kleine Häfen, in denen man kostenlos liegt (s.o.).

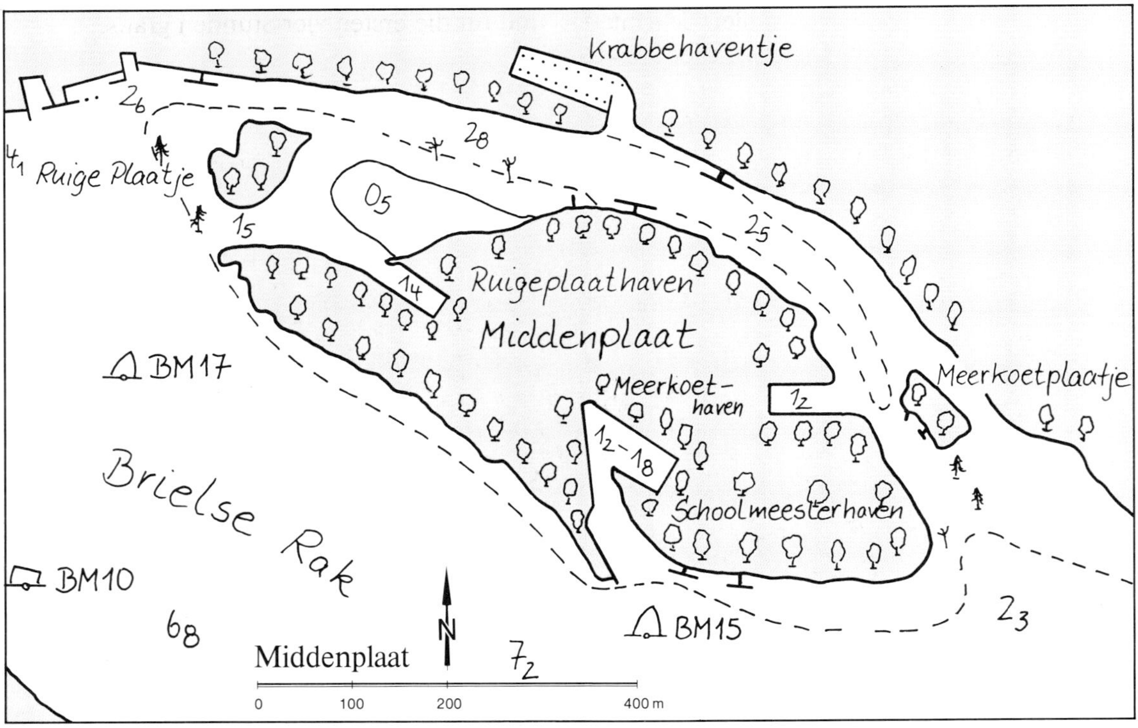

Krabbehaventje

26

4₁ Ruige Plaatje

28

0₅

15

Ruigeplaathaven

14

Middenplaat

25

△ BM17

Meerkoet-
haven

12

Meerkoetplaatje

Brielse Rak

12-18

□ BM10

Schoolmeesterhaven

6₈

△ BM15

2₃

Middenplaat   N   7₂

0   100   200   400 m

Die kleinen Inseln Meerkoetplaatje und Ruige Plaatje haben befestigte Ufer zum Anlegen.

Krabbehaventje

nördlich der Middenplaat liegt sehr geschützt inmitten hoher und dichtgewachsener Bäume.

Brielle

Karte 1809.10

Schon der sternförmige Grundriß der Stadt zeigt, daß Brielle eine außergewöhnliche Stadt sein muß. „Libertatis primitae" – die Erste in Freiheit, so steht es auf dem Giebel des Rathauses. Brielle bekam 1330 die Stadtrechte und acht Jahre später die Erlaubnis, sich mit Wällen und Gräben zu befestigen. Die Stadt lag an der Mündung der Maas. Sie wurde häufig von Kriegsschiffen angegriffen und 1567 von den Spaniern besetzt.

Die Watergeusen, Männer aus allen Schichten der niederländischen Bevölkerung, trieben Seeräuberei und bekämpften die Spanier von der See her. Am 1. April 1572 rammten sie mit einem Schiffsmast ein Stadttor ein und befreiten Brielle als erste Stadt von den Spaniern. Die heute noch vorhandenen Befestigungsanlagen und der Hafen mit seiner Verbindung zum Brielse Meer stammen aus dem 17. Jahrhundert. Sehenswert sind neben den alten Wallanlagen die Catharijnenkerk, das Rathaus (1390/1793), die Hauptwache (1789) und das Trompmuseum (ursprünglich die Waage und bis 1877 das Gefängnis). Man sollte sich Zeit lassen – auf der Liste der Denkmalpfleger stehen über 400 Objekte.

Die Ansteuerung von Brielle erfolgt bei Tag und Nacht nach Sicht. Die Einfahrt ist mit grün/fest und rot/fest befeuert und erlaubt einen Tiefgang bis 2,2 m.

Liegeplätze bieten die Yachthäfen M.H. Tromp (Zufahrt eben nördlich der Hafeneinfahrt zur Stadt), Brielle Yachting (sehr komfortabel), De Meuw (eher für kleinere Boote).

Besucher sollten im Noord Spuihafen festmachen. Dort liegt man innerhalb der Wallanlagen und für die ersten vier Stunden gratis.

Einrichtungen

WC, Duschen, Diesel, Benzin, Trailer-Slipbahn,

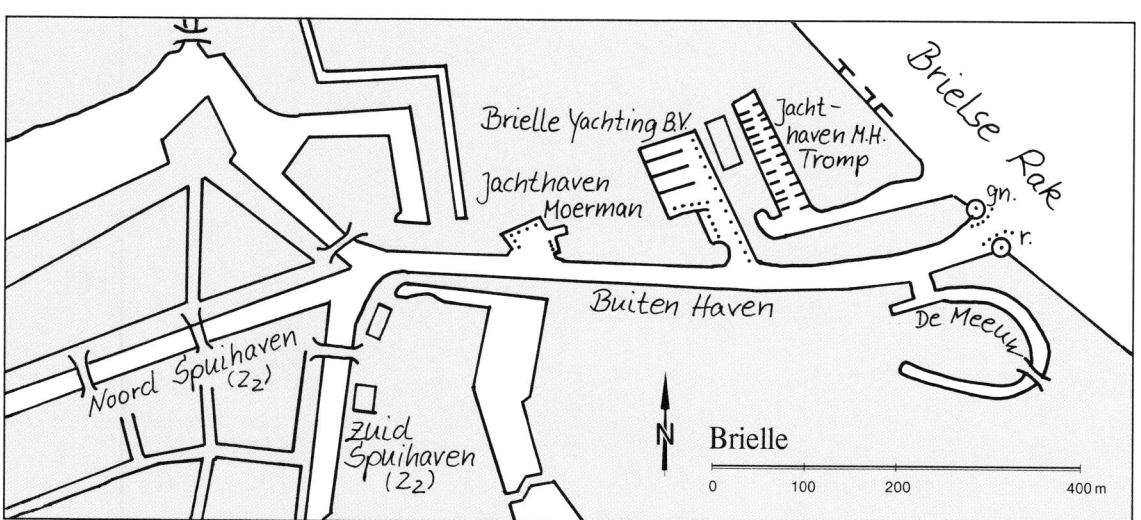

Kran bis 20 t (Brielle Yachting), Waschsalon und Entsorgung von Chemietoiletten (Haven De Meuw). Die Brücken in Brielle werden an Werktagen nach Anforderung beim Hafenmeister von 08.00 — 16.30 h kostenlos bedient (Tel. 01810) 15315.

Westlich der Hafeneinfahrt von Brielle liegen acht weitere Yachthäfen, die jedoch meist von Dauerliegern besetzt sind. Es lohnt sich kaum, hier zu bleiben. Besser ist es, man segelt in den westlichen Teil des Brielse Meer. Es sind nur 3,5 km bis zum

Kruininger Rak
Karte 1809.10

Dieser Teil des Brielse Meer bietet besonders schöne Liegeplätze: In der

Krimsloot sind zu beiden Seiten solide Holzstege vorhanden. Die Wassertiefen nehmen von der Einfahrt (1,9 m) nach binnen auf 1,4 m ab. Auch im

Vogelkreek sind an der Ostseite zwei lange Holzstege vorhanden. Die Wassertiefen liegen zwischen 1,7 m an der Einfahrt und 1,3 m binnen. Der Vogelkreek ist vom 1.4.—1.7. gesperrt (Vogelschutzgebiet).

Die Inseln Krimplaat, Vogelplaat und Ganzenplaat sind atollförmig angelegt und bieten sehr geschützte, außergewöhnlich schöne Liegeplätze, jedoch außer Abfallbehältern keine weiteren Einrichtungen. Die Wassertiefe beträgt auf Ganzenplaat: 0,9 — 1,4 m; Vogelplaat: 0,9 — 1,4 m; Krimplaat: 1,1 — 2,2 m. Die Inseln Bereplaat und Dijkplaat sind mit Anlegern (Holzstege) versehen.

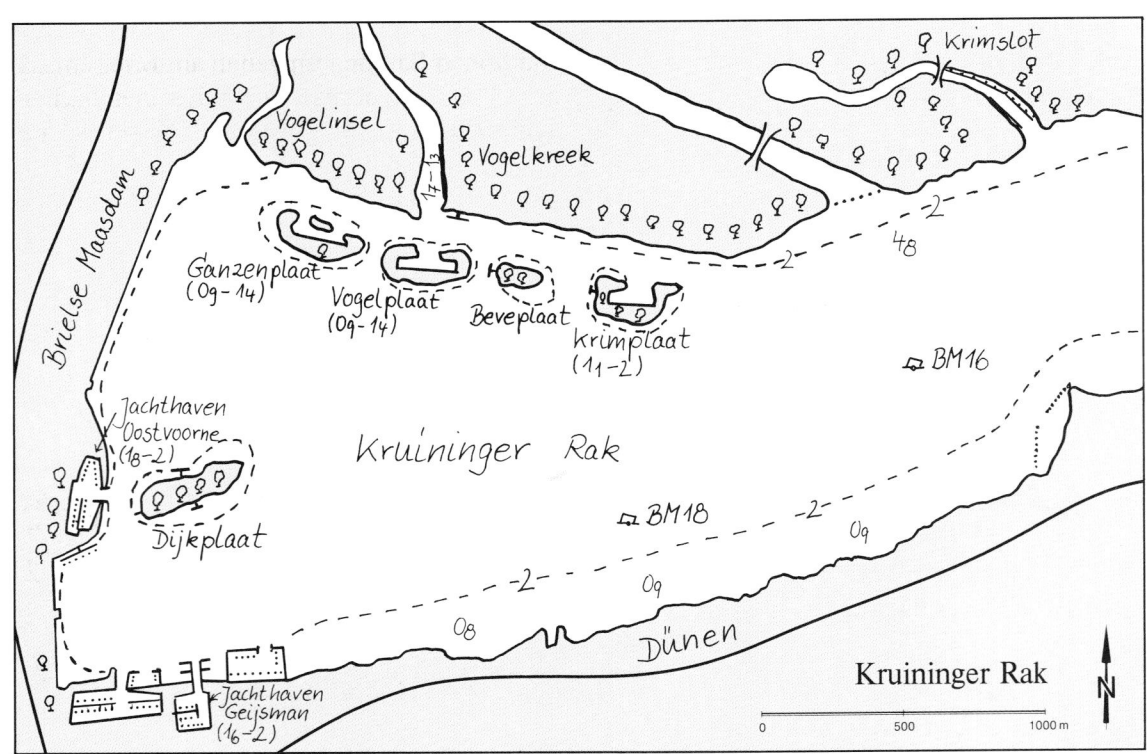

88

Die Insel Ruige Plaatje im Brielse Rak

Yachthäfen am Kruininger Rak

Karte 1809.10

Geijsman

Das ist eine moderne Hafenanlage in der Süd-westecke des Kruininger Rak, ein guter, technischer Stützpunkt, der alles bietet. Wassertiefe 1,6 – 2 m.

Einrichtungen

WC, Duschen, Elektro-Anschluß, Trailer-Slip-bahn, Entsorgung für Chemietoiletten, Bootslift bis 25 t (Heben mit stehendem Mast möglich). Werftbetrieb für Reparaturen.

Oostvoorne

Der Yachthafen Oostvoorne liegt sehr geschützt, von hohen Bäumen umgeben am Brielsemaas-dam. Das Oostvoornse Meer mit seinen flachen Sandstränden und dem klaren Wasser ist nur einen halben Kilometer entfernt.

Einrichtungen

WC, Duschen, Waschräume, Elektro-Anschluß, Kran bis 1 t.

Jachthaven Oostvoorne

Das Haringvliet Karten 1807.5/6/7

Das Haringvliet ist nicht der größte, doch wohl der bedeutendste Mündungsarm in dem zusammenhängenden Deltagebiet von Rhein, Maas und Schelde. Vor der Absperrung durch den Haringvlietdamm war das Hinterland für die Gezeiten und vor allem für die immer wiederkehrenden Sturmfluten völlig offen. Sie konnten weit ins Land eindringen und immer wieder schwere Schäden anrichten.

Der Haringvlietdamm ist 4,5 km lang und wurde nach vierzehnjähriger Bauzeit 1970 fertiggestellt. Er sperrt das Haringvliet zur Nordsee ab und regelt mit siebzehn riesigen Entwässerungsschleusen den Wasserhaushalt von Haringvliet, Hollands Diep, Biesbosch und Dordtse Kil, von Nieuwe Waterweg, Spui, Nieuwe und Oude Maas, von Noord, Merwede, Amer und Lek.

Die Entwässerungsschleusen haben Durchlaßöffnungen mit einer Gesamtbreite von einem Kilometer! Bei Tidenniedrigwasser wird überschüssiges Flußwasser in die Nordsee abgelassen, wenn der Rhein bei Lobith pro Sekunde mehr als 1700 Kubikmeter Wasser führt. Bei geringerer Wasserführung fließt das Wasser von Rhein und Maas über den Nieuwe Waterweg in die Nordsee.

Der Haringvlietdamm verhindert das Eindringen von Salzwasser aus der Nordsee und schützt das gesamte nördliche Deltabecken vor Sturmfluten und Überschwemmungen. Die Niederländer nennen den Haringvlietdamm mit seinen Entwässerungsschleusen „den größten Wasserhahn der Welt".

Ansteuerung des Haringvliet

Das Haringvliet ist auf dem Wasserwege ohne

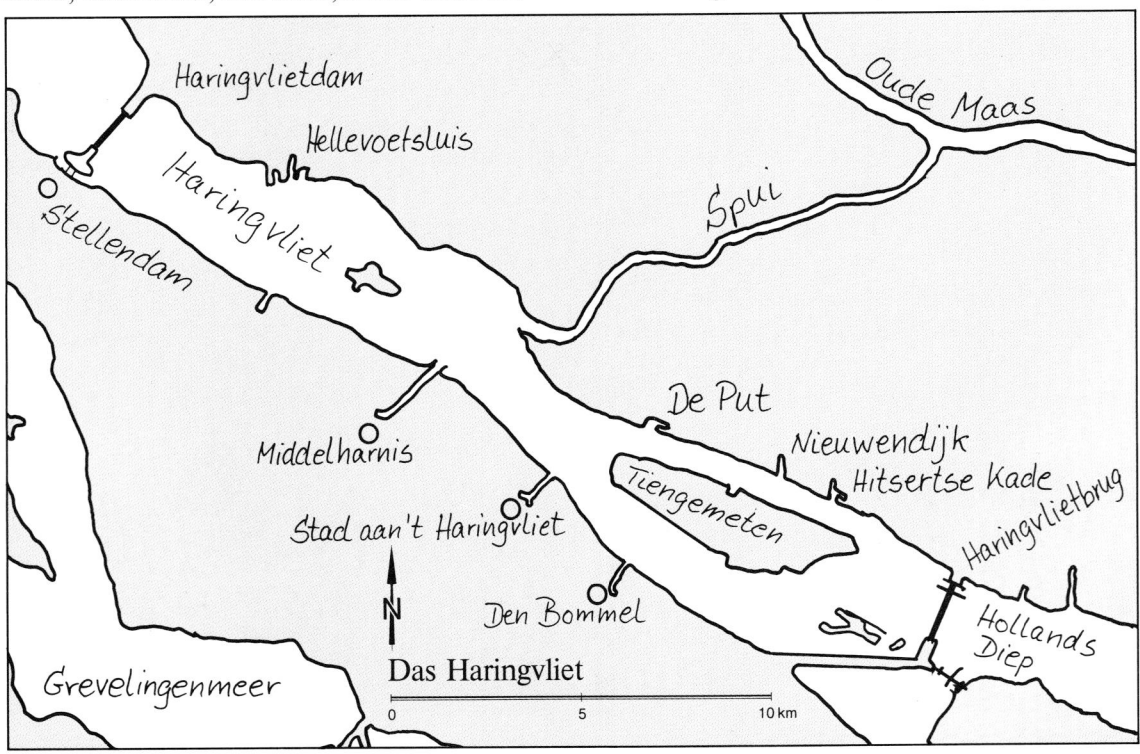

Das Haringvliet

90

Höhenbegrenzung mit stehendem Mast erreichbar:

- Von der Nordsee durch die Goereese Sluis (siehe unter „Von der Nordsee in das Haringvliet").

- Vom Nieuwe Waterweg über die Oude Maas – Spui (siehe „Verbindungswege im Delta – Das Spui").

- Von Dordrecht über die Dordtsche Kil – Hollands Diep (siehe „Verbindungswege im Delta – Dordtsche Kil" und „Hollands Diep".)

- Von der Oosterschelde über das Volkerak durch die Schleusen im Volkerakdamm (siehe unter „Hollands Diep").

- Von der Merwede / Amer (Unterlauf der Maas) bis zu einer Gesamthöhe von 9,7 m durch die Moerdijkbrug – Hollands Diep (siehe unter „Biesbosch" und „Hollands Diep").)

Gezeiten-Einfluß im Haringvliet

Ursprünglich war das Haringvliet ein ruppiges Gezeitenrevier. Es wird heute noch durch das Spui und die Dordtsche Kil von den Ausläufern der Gezeiten erreicht. Wenn bei Tidenniedrigwasser durch die Haringvlietsluizen überschüssiges Flußwasser in die Nordsee abgelassen wird, entsteht eine schwache Strömung (bis

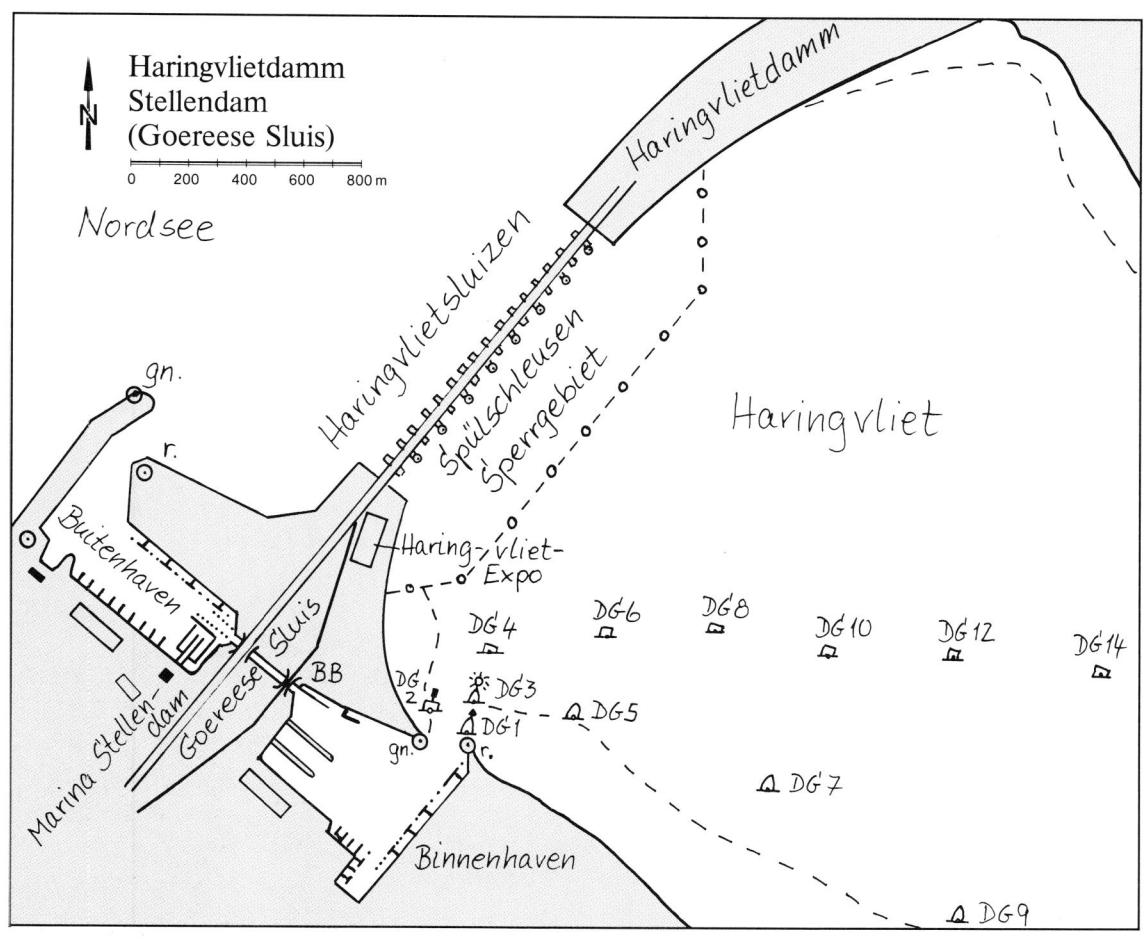

3 km/h) in Richtung Nordwest, und der Wasserstand fällt. Nach dem Schließen der Schleusen steigt der Wasserstand, und das Wasser fließt dann über das Spui bzw. die Dordtse Kil zum Nieuwe Waterweg. Da im Rhythmus der Gezeiten gespült wird, können „Scheingezeiten" mit einem „Tidenhub" bis zu 0,25 m auftreten.

Vor und während des Spülens werden auf den Spülschleusen rote Warnlichter gezeigt. Bei hoher Wasserabfuhr können unmittelbar vor den Spülschleusen Stromgeschwindigkeiten bis zu 10 km/h entstehen. Vor den Spülschleusen befindet sich ein Sperrgebiet, das mit gelben Tonnen markiert und mit Fangseilen dazwischen abgesichert wird.

Manövrierunfähige Fahrzeuge sollen den Anker etwa 10 m fieren und die Kette stoppen bzw. die Leine belegen. Der Anker wird sich dann in einem Fangseil verhaken und das Boot halten.

Notruf: UKW-Kanal 20, Ruf: „PAN PAN — Goereesesluis".

Gesetzliche Bestimmungen

Am gesamten Südufer, vor dem Haringvlietdamm, westlich von Hellevoetsluis, vor der Mündung des Spui westlich der Insel Tiengemeten und rund um die Insel Slijkplaat ist die zulässige Fahrgeschwindigkeit auf 9 km/h begrenzt.

Betonnung

Neben der üblichen Betonnung der Fahrwasser ist die 2-m-Linie durchgehend mit rot/weißen bzw. grün/weißen Baken oder Tonnen bezeichnet.

Wasserqualität

Das Flußwasser aus Rhein, Maas und deren Nebenflüssen läuft zu mehr als 80% über den Nieuwe Waterweg in die Nordsee. Der Biesbosch und das Hollandsch Diep wirken zudem als riesige, natürliche Kläranlagen. Das Wasser, besonders im westlichen Teil des Haringvliet, ist so sauber, daß die Badewasserqualität von den Gesundheitsbehörden mit „gut" bezeichnet wird.

Inseln im Haringvliet

Slijkplaat   Karte 1807.6

Die Insel Slijkplaat ist Naturschutzgebiet. Das Betreten ist nicht gestattet.

Tiengemeten   Karte 1807.7

Die Insel Tiengemeten ist 7 km lang und fast 2 km breit. Das eingedeichte Binnenland wird landwirtschaftlich genutzt. Die großen Rietflächen außerhalb des Deiches sind Naturschutzgebiet und dürfen nicht betreten werden.

Die beiden kleinen Häfen auf der Insel sind für Yachten nicht freigegeben. Es gibt eine Fährverbindung von Nieuwendijk zur Insel.

Ventjagersplaat   Karte 1807.7

Die Insel Ventjagersplaat ist Naturschutzgebiet. Das Betreten ist nicht gestattet.

Haringvlietbrug   Karte 1807.7, 1807.8

Die Haringvlietbrug verbindet die Inseln Hoeksche Waard und Goeree-Overflakkee und bildet gleichzeitig die Abgrenzung zwischen dem Haringvliet und dem Hollandsch Diep. Die Brücke steht auf zehn Pfeilern und ist 1200 m lang.

An der Südseite und an der Nordseite ist je eine Durchfahrt für den ostgehenden und den west-

gehenden Verkehr bezeichnet. Die Durchfahrtshöhen sind:
Südseite:
Westgehend 11,8 m, ostgehend 10,8 m
Nordseite:
Westgehend 9,4 m, ostgehend 10,8 m.
Zwischen den Pfeilern 5 und 6 findet man die größte Durchfahrtshöhe: bis zu 13,5 m je nach Wasserstand. Die Pegel an den Pfeilern enthalten eine Sicherheitsmarge: Die Mitte des Brükkenbogens ist 0,5 m höher. Vor allem bei westlichen Winden kann sich unter der Brücke ein beträchtlicher Seegang aufbauen. Deshalb sollte man in jedem Falle den Brückenpegel ablesen und die Wellenhöhe berücksichtigen.
Im Nordteil der Haringvlietbrug ist eine bewegliche Brücke eingebaut, die zu folgenden Zeiten bedient wird:
Täglich um 09.00, 10.00, 11.00, 12.00, 14.00, 15.00, 16.00, 18.00, 19.00 h.
UKW-Kanal 20, Ruf: „Haringvlietbrug".
Telefon: Im Veerhaven Numansdorp (östliche der Brücke am Nordufer) und auf dem Anleger an der Ostspitze der Insel Tiengemeten steht jeweils eine Telefonzelle mit einer Direktverbindung zum Brückenwärter.

Städte und Häfen am Haringvliet

Hitsertse Kade   Detailkarte 1807.7

Der recht einsam im Deichvorland gelegene Hafen wird von der W.V. De Hitsert betrieben und kann bis zu einem Tiefgang von 1,8 m angelaufen werden. Die nächste Ortschaft, Zuid Beijerland, liegt 1,5 km landeinwärts. Die Hafeneinfahrt ist nur 8 m breit und mit Baken (rot bzw. grün) bezeichnet, jedoch nicht befeuert.
Der östliche Damm der Hafeneinfahrt ist meist

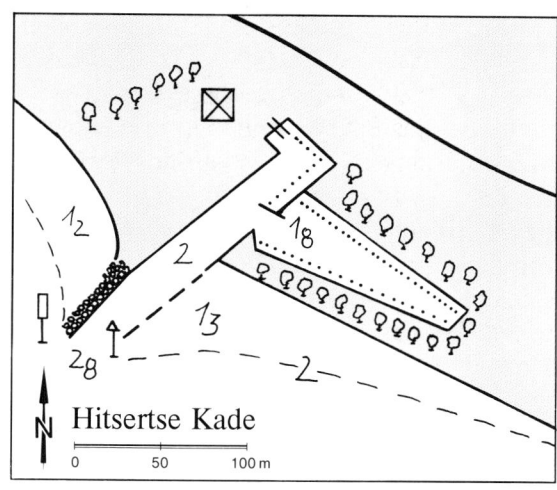

Hitsertse Kade

Hitsertse Kade: Hafeneinfahrt

überflutet und deshalb zusätzlich mit Pfählen und Tauwerk markiert.

Einrichtungen

WC, Duschen, Trailer-Slipbahn, Clubhaus.

Nieuwendijk   Karte 1807.7

Der kleine Sielhafen Nieuwendijk liegt im Deichvorland und ist einschließlich der Zufahrt etwa 300 m lang. Der eigentliche Hafen mißt jedoch nur etwa 70 x 30 m und ist bis 1,6 m Tiefgang zugänglich.

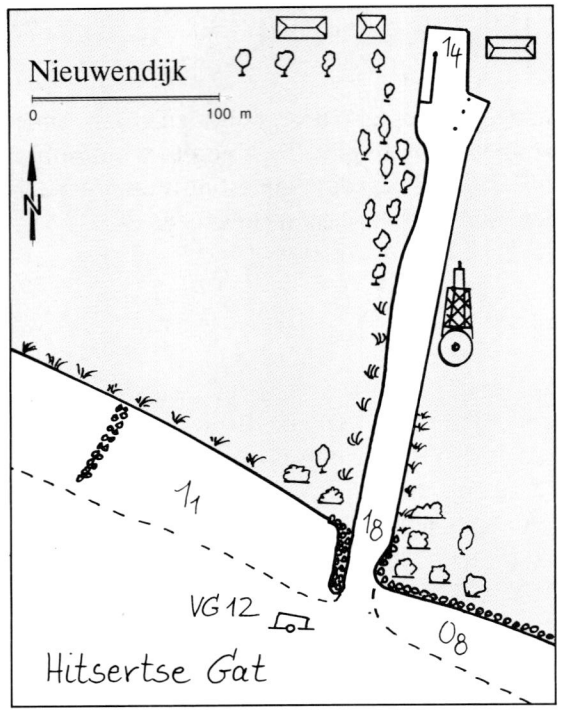

Das Leuchtfeuer östlich des Hafens ist das Ober-feuer der Richtfeuerlinie Vuile Gat (Unterfeuer ISO 6 s / 303,5 Grad rw) und hat zur Ansteuerung dieses Hafens keinen Bezug. Direkt vor der Einfahrt liegt die unbeleuchtete rote Tonne VG 12.

Zu beiden Seiten der Hafeneinfahrt liegen unbezeichnete Steindämme unter Wasser! Es wird kein Liegegeld verlangt, aber auch nichts geboten.

Zur Insel Tiengemeten besteht eine Fährverbindung.

De Put   Karte 1807.7

Der Yachthafen der W.V. De Put liegt im grünen Deichvorland, östlich des Naturschutzgebietes „Korendijksche Slikken" und ist bis 1,9 m Tiefgang erreichbar. Die Einfahrt zum Hafen ist

mit gelben, unbeleuchteten Tonnen (P2 und P1) markiert, jedoch nicht befeuert.

Einrichtungen

WC, Duschen, Trailer-Slipbahn.

Den Bommel   Karte 1807.7

Den Bommel ist ein kleines, ehemaliges Fischerdorf am südlichen Ufer des Haringvliet, das außer einer alten Windmühle aus dem Jahre 1735 nichts Aufregendes zu bieten hat.

Ansteuerung

Die Hafeneinfahrt ist mit einer rot/weißen Bake auf dem Kopf des Ost-Hafendammes und einem grünen festen Licht auf dem Kopf des West-Hafendammes bezeichnet. Der Ost-Hafendamm steht meist knapp unter Wasser.

Das westliche Ufer der Einfahrt neigt zur Versandung. Deshalb sollte man beim Einlaufen mehr zur Mitte des Fahrwassers und dann auf die Pier an der Ostseite halten. Im hinteren Teil des Hafens nimmt die Wassertiefe ab bis auf 1,3 m.

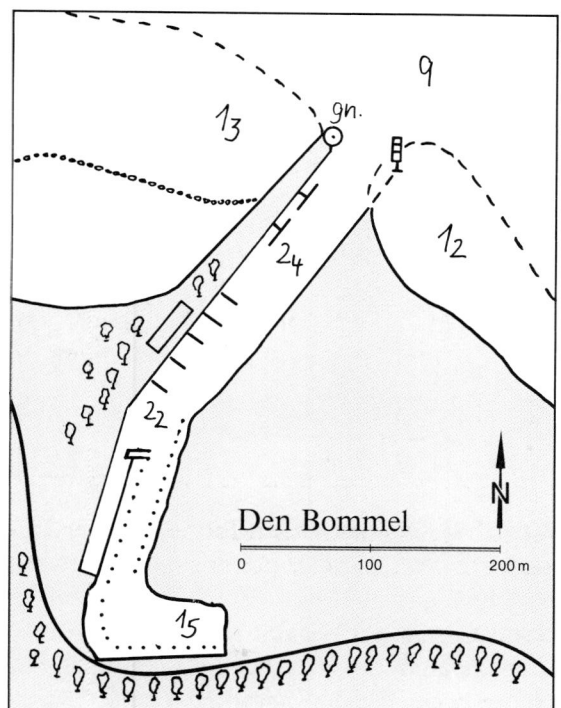

Stad aan't Haringvliet   Karte 1807.7

Stad aan't Haringvliet gehört zur Gemeinde Middelharnis. Es gibt dort eine alte Windmühle, „de Korenaer" aus dem Jahre 1746 und einen kleinen, aber urgemütlichen Hafen, der bis zu 1,5 m Tiefgang zugänglich ist.

Ansteuerung

Auf dem Ende des Ost-Hafendammes steht eine rote Bake, die jedoch nicht befeuert ist. Lediglich die Westmole ist mit einem festen grünen Licht befeuert. Die Hafeneinfahrt ist zwar 25 m breit, jedoch nur auf etwa 10 m nutzbar, da an der Ostseite Steine und an der Westseite ein Pfahl-Bollwerk die Breite auf etwa 10 m einschränken.

Die Schleuse steht normalerweise offen. Der

Einrichtungen

WC, Duschen, Waschräume, Elektro-Anschluß, Trailer-Slipbahn, Diesel und Benzin nahe beim Hafen.

Im Hafen von Den Bommel

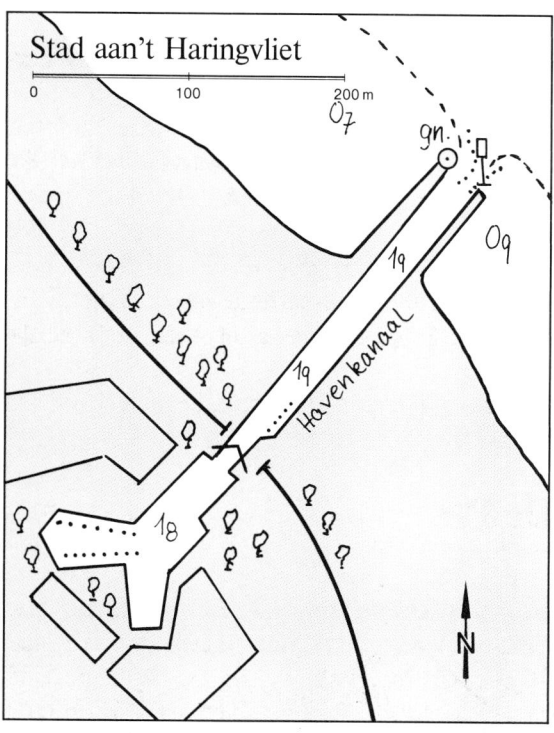

95

Binnenhaven ist 2,4 − 1,4 m tief und bietet geschützte Liegeplätze hinter dem Deich, fast im Zentrum des Städtchens, jedoch keine besonderen Einrichtungen.

Middelharnis

Karte 1807.6

Genaugenommen sind dies zwei Dörfer, die zusammen eine Gemeinde bilden: Das Bauerndorf Sommelsdijk und das alte Fischerdorf Middelharnis, das im 15. Jahrhundert seine Blüte erlebte. Zur Erinnerung an diese Zeit steht am Hafen ein kleines Denkmal: Het „Kofjekokertje", der kleine, zum ewigen Kaffeekochen verdammte Schiffsjunge.

Daneben gibt es sehenswerte Gebäude wie das „Gemeentehuis" (1639), „de Doelen" (1660), die alte Kornmühle „de Korenbloem" (1705) und das Streekmuseum, das den alten Berufen wie dem „Wagenmaker", dem „Smid" (Schmied) und dem „Klompenmaker" (Holzschuhmacher) gewidmet ist.

Ansteuerung und Häfen   Detailkarten 1807.6

Middelharnis ist problemlos anzusteuern. Die

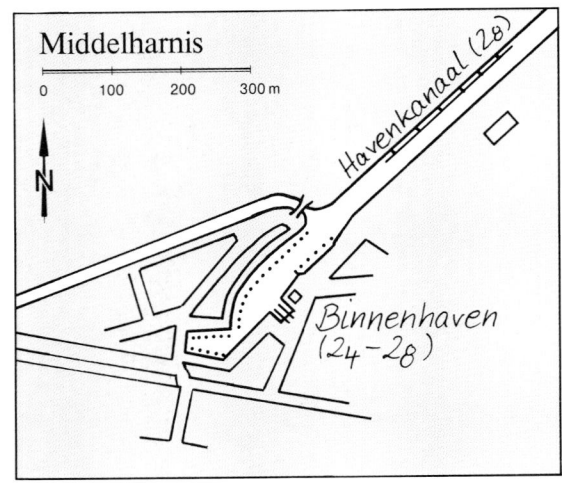

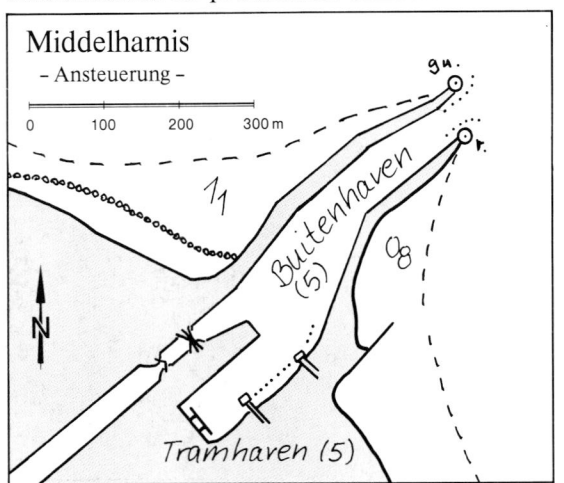

Molen des Vorhafens sind gut zu sehen und nachts befeuert: An Steuerbord grün/fest mit einem weißen und roten Sektor nach Nordwesten. An Backbord rot/fest. Der vor der Schleuse gelegene Buitenhaven ist so groß und geräumig, daß man unter Segel einlaufen und im Hafen die Segel bergen kann.

Die an seiner Südwestseite gelegene Schleuse steht normalerweise offen. Die Brücke über der Schleuse wird werktags von 07.00 – 22.00, sonntags von 08.00 – 22.00 Uhr bedient. Der Schleusenmeister kassiert auch das Hafengeld. In der Zeit von 09.00 – 16.00 Uhr wird kein Hafengeld erhoben.

Middelharnis: Buitenhaven

Häfen

Im Buitenhaven: Im südlichen Teil des Buiten-
havens, dem „Tramhaven", findet man an der
Süd- und Südostseite Liegeplätze an der Pier
bzw. an einem Bollwerk. Da dieser Hafen aber
2,5 km vom Stadtzentrum entfernt ist und keine
weiteren Einrichtungen bietet, kommt er wohl
nur in Frage, wenn die Schleuse oder die Brücke
geschlossen sein sollten.
Im Binnenhaven findet man sehr schöne Liegeplätze an den Ufern des „Havenkanaal" und an
dessen Ende im Gemeinde-Yachthafen.

Einrichtungen

WC, Waschräume, Duschen, Diesel Benzin,
Reparaturen aller Art, Kran bis 25 t, Waschsalon,
Entsorgung für Chemietoiletten.

Hellevoetsluis   Karte 1807.6

Schon ein flüchtiger Blick auf den Stadtplan
zeigt, daß Hellevoetsluis eine alte Festungsstadt
gewesen sein muß. Sie war die bedeutendste
Marinebasis der Niederlande. Die Marine ist
zwar verschwunden, die alten Festungsanlagen
sind aber noch vorhanden und verleihen dem
innerhalb der Festungswälle gelegenen Hafen
„Het groote Dok" seine einzigartige Atmosphäre. Schon die Hafeneinfahrt mit den wuchtigen Mauern und den soliden Holzbollwerken,
dem 1822 erbauten Leuchtturm und der eiser-
nen Drehbrücke (1881) machen den Besucher
neugierig. Die Schleusen und Kaianlagen sind
fast 200 Jahre alt. Die Festungsanlagen wurden
in der heutigen Form in den Jahren 1696 – 1715
erbaut und sind, wie auch das „Fort Haarlem",

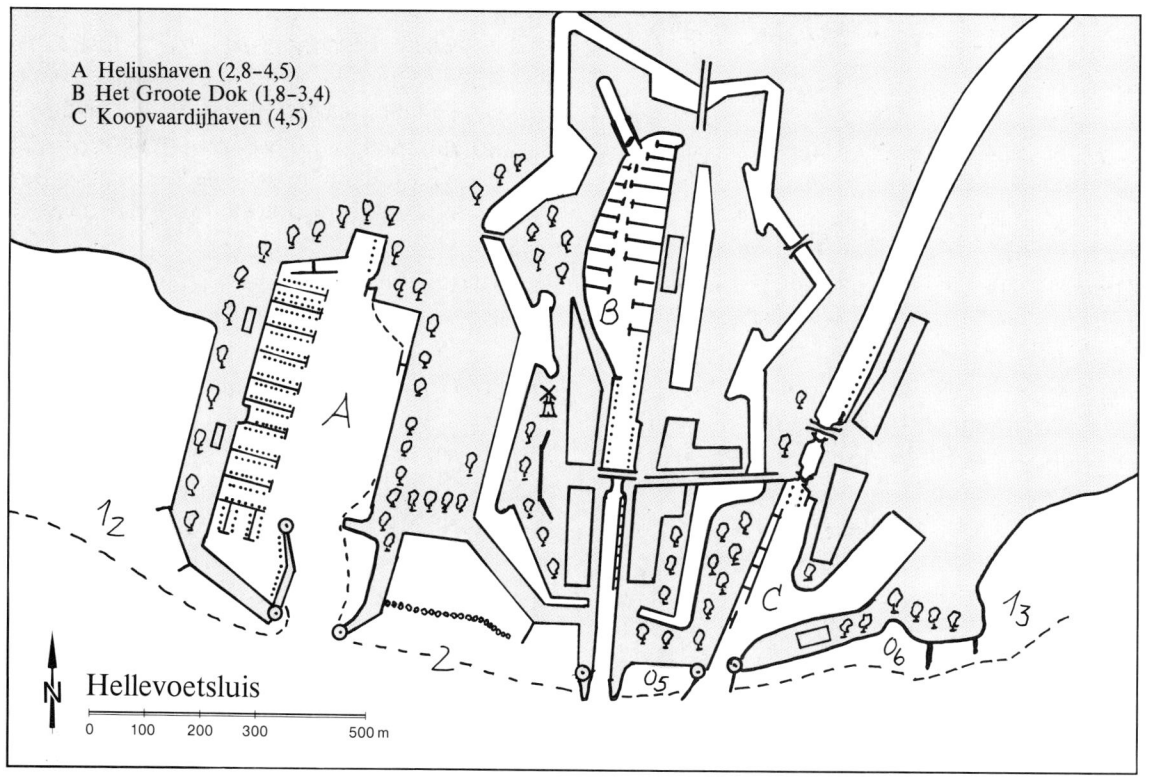

A Heliushaven (2,8-4,5)
B Het Groote Dok (1,8-3,4)
C Koopvaardijhaven (4,5)

Hellevoetsluis

N

0   100   200   300   500 m

Der Leuchtturm Hellevoetsluis

fast vollständig erhalten. Auch das steinerne „Zündschnurhäuschen" und das Pulverhaus (1660) sind noch vorhanden.

Ganz hinten im Hafen wurde in den Jahren 1798 — 1806 auf 5000 eichenen Rammpfählen das erste Trockendock der Niederlande gebaut. Hätte man nicht das Maschinenhaus und die dampfbetriebenen Pumpen abgerissen, so wäre es noch heute funktionsfähig. Das Dock bestand aus zwei Kammern, deren Böden 2 bzw. 4 m unter Tidenniedrigwasser lagen.

Auf dem Platz, wo sich das Dock befindet, stand einst die Kornmühle „De Hoop". Sie wurde auf den Festungswall versetzt und wird jeden Sonnabend in Betrieb genommen. Die Festungswälle sind noch mit den dichten Weißdornhecken bewachsen, die man als natürlichen „Stacheldraht" angepflanzt hatte. Auch viele alte Festungsgebäude sind noch erhalten.

Sehenswert sind auch die Museen „Gesigt van t'Dok" und das „Nationaal Brandweermuseum". Im „Gesigt van t'Dok" ist unter anderem ein Modell der Festung und des Hafens zu sehen, das nach 10jähriger Bauzeit 1891 geschaffen wurde. Vom historischen Dock werden die Entstehung in Bildern und das Dock im Modell gezeigt. Das Museum ist täglich, außer montags, von 13.00 bis 16.00 Uhr geöffnet.

Das Brandweermuseum (Feuerwehrmuseum) befand sich bis 1943 in Utrecht. Die ganze Sammlung wurde, um sie über den Krieg zu retten, versteckt. Zum Teil so gründlich, daß man einiges bis heute noch nicht wiedergefunden hat. Die Exponate stammen aus der Zeit von 1500 — 1968 und vermitteln einen Überblick über die Feuerlöschtechnik vergangener Zeiten. Öffnungszeiten: täglich, außer montags, von 13.00 bis 16.00 Uhr.

Ansteuerung bei Tag

Der Leuchtturm an der Einfahrt ist schon von weitem gut zu sehen. Zu beachten ist lediglich die Untiefe südöstlich von Hellevoetsluis, die aber mit Sportbootbaken gut bezeichnet ist.

Ansteuerung bei Nacht

Von Osten kommend, hilft das Sektoren-Leuchtfeuer „Hoornse Hoofden" (Oc. 5s) bis zur grünen Leuchttonne HV9 (LFl.5s), von der man bis in den nördlichen weißen Sektor des Leuchtfeuers (ISO 10s) von Hellevoetsluis läuft. Danach segelt man mit rw 270° bis in den weißen Sektor (zwischen rot und grün) und läuft dann nach Sicht in einen der Häfen.

Die Ansteuerung von Osten durch das am Südufer verlaufende „Aardappelengat" ist nicht zu empfehlen, da auf diesem Weg alle Tonnen, auch die im weißen Sektor des Leuchtfeuers, nicht befeuert sind.

Von Westen kommend, hält man gleich auf den weißen westlichen Sektor des o.a. Leuchtfeuers. Die Einfahrten zum Heliushaven und zum Koopvaardijhaven sind mit je einem roten festen und grünen festen Licht befeuert. UKW-Kanal 74, Ruf: „Havenmeester Hellevoetsluis".

Häfen

In Hellevoetsluis gibt es drei große Hafenanlagen mit insgesamt mehr als 2000 Liegeplätzen.

Hafen Het Groote Dok   Detailkarte 1807.6

Das ist der alte Festungshafen mit dem schlanken, weißen Leuchtturm an der Hafeneinfahrt. In der Hafeneinfahrt kann man an beiden Sei-

Hellevoetsluis: Einfahrt Heliushaven

ten gut anlegen. Die Pier ist sauber und glatt und für Yachten eingerichtet. Vor der Drehbrücke gibt es an der Ostseite einen soliden, für Yachten bestimmten Anleger. Bei südlichem Starkwind steht in der Einfahrt ein beträchtlicher Schwell. In den Hafen gelangt man nur durch die Drehbrücke am Ende der Einfahrt, die zu folgenden Zeiten bedient wird:

Mo – Do: 08.15, 09.10, 11.30, 13.15, 1630, 18.30 h
Fr – So: 08.15, 09.10, 11.00, 11.30, 13.15, 14.00, 15.00, 16.00, 16.30, 18.30, 19.30, 20.30 h, im Juni, Juli, August auch 21.00, 21.30 h.

Im Hafen „Het Groote Dok" sind mehrere Yachthafen-Anlagen untergebracht. Hier gibt es alles: Vom einfachen Liegeplatz bis zum Super-Service einer modernen Marina.

Einrichtungen

WC, Duschen, Diesel, Benzin, Sauna, Reparaturen aller Art, Kran bis 30 t, Bootslift bis 30 t, Entsorgung für Chemietoiletten.

Heliushaven   Detailkarte 1807.6

Die Einfahrt zum Heliushaven liegt 500 m westlich des Leuchtturmes. Der Hafen ist sehr großzügig angelegt, so daß man bei jeder Wetterlage, selbst bei auflandigem Sturm, unter Segeln einlaufen kann. Im Hafenbecken sind mehrere Yachthäfen eingerichtet, die alles bieten. Insgesamt wirkt der Hafen eher technisch-steril.

Einrichtungen

WC, Duschen, Waschräume, Waschmaschinen, Trailer-Slipbahn, Diesel, Benzin, Kran bis 10 t.

Koopvaardijhaven   Detailkarte 1807.6

Die Einfahrt zum Koopvaardijhaven liegt 250 m

östlich des Leuchtturmes. An der Westseite gibt es einen langen Anleger für Yachten. Weitere Liegeplätze findet man hinter der Schleuse, die kostenlos zu folgenden Zeiten bedient wird:

Mo − Do: 08.15, 09.10, 11.30, 13.15, 16.30, 18.30 h
Fr − So: 08.15, 09.10, 11.00, 11.30, 13.15, 14.00 h,
im Juni, Juli, August auch
21.00, 21.30 h.

Einrichtungen

WC, Duschen, Waschräume, Entsorgung für Chemietoiletten.

Hellevoetsluis: Koopvaardijhaven

Stellendam   Karte 1807.6

Stellendam ist der Heimathafen einer großen und sehr modernen Fischereiflotte.

Die „Haringvliet-Expo" zeigt eine interessante Übersicht über den Bau des Haringvlietdammes und die wasserbautechnische Sicherung des gesamten Deltas. Ein großes, funktionsfähiges Modell zeigt den Zusammenhang der „Deltawerke" im Kampf gegen die Sturmfluten. Besucher werden in eine der mächtigen Schleusen hinuntergeführt und können auch einen der 36 Maschinenräume besichtigen. Öffnungszeiten: täglich von 10.00 − 17.00 h.

Das „Subtropisch zwemparadijs t'zuiderdiep" ist ein modernes Freizeitbad mit allen nur denkbaren Einrichtungen von der 40-m-Rutsche über Wildwasserbahn, Unterwasser-Verglasung, Jetstreamer, Sonnenbank und Bar bis zum Whirlpool mit 37,5 Grad Wassertemperatur.

Ansteuerung vom Haringvliet   Karte 1807.6

Bei Tag

Als Landmarke bietet sich das hohe, klobige Gebäude auf dem Haringvlietdamm, südlich der Entwässerungsschleusen, an.

Die Ansteuerung und die Hafeneinfahrt sind sehr gut betonnt. Es empfiehlt sich, südlich der roten Fahrwassertonnen DG 4 − DG 12 zu bleiben.

Bei Nacht

hilft zunächst (achteraus) das Leuchtfeuer von Hellevoetsluis (ISO 10s). Man segelt in seinem weißen Sektor nach Westen und muß dann die grüne Leuchttonne (DG 3, LFl 8s) vor der Hafeneinfahrt ansteuern. Diese Leuchttonne ist im Gegenlicht des Binnenhafens und der Schleuse aus dem Cockpit schwer auszumachen. Verschafft man sich eine etwas höhere Sichthöhe (Kajütdach), so sieht man sie vor der dunklen Landzunge. Mit Ausnahme der grünen Leuchttonne DG 3 LFl.8s sind alle anderen Tonnen der Ansteuerung nicht befeuert!

Ansteuerung von der Nordsee

Siehe „Die Wege zum Delta − von der Nordsee in das Haringvliet".

Goereese Sluis   Detailkarte 1801.4

Diese Schleuse ist der einzige Weg vom Haringvliet zur Nordsee und die Verbindung zwischen dem Binnenhaven und dem Buitenhaven, in dem auch der Yachthafen von Stellendam untergebracht ist.

Über der Schleuse liegen zwei bewegliche Brükken, die bei Windstärken von mehr als Bft 9 nicht bedient werden.

Bedienungszeiten:

Mo – Fr: 00.00 – 24.00 h (Fr bis 22.00 h)
Sa: 08.00 – 20.00 h
So u. Ftg.: 08.00 – 20.00 h.

Die erste Schleusung nach See beginnt um 08.00 Uhr, die letzte Schleusung nach binnen beginnt 30 Min. vor Schluß.

UKW-Kanal 20, Ruf: „Goereese Sluis". Es wird empfohlen, die Schleuse rechtzeitig über UKW anzusprechen.

Zoll: Auf der Schleuse und im Haringvliet ist Ein- oder Ausklarieren nicht möglich.

Häfen in Stellendam

Binnenhaven

Der sehr große Binnenhaven liegt an der Bin-

nenseite der Goereese Sluis und ist für die Fischerei eingerichtet. Notfalls kann man an einem Fischereifahrzeug längsseits gehen.

Buitenhaven   Karte 1807.6

Auch der an der Seeseite des Haringvlietdammes gelegene Buitenhaven ist primär für die Fischerei eingerichtet. In der Südostecke befindet sich die Marina Stellendam, ein sehr moderner und gut geführter Yachthafen. Neben Liegeplätzen in Boxen an schwimmenden Stegen (Tidenrevier) werden auch Plätze an Land („een box op de wal") angeboten, wobei die Boote mit einem speziellen Liftwagen an Land gestellt werden.

Einrichtungen

WC, Duschen, Elektro-Anschluß am Steg, Clubhaus, Waschmaschine, Yachtausrüster, Trailer-Slipbahn, Fahrradvermietung, Diesel, Benzin, Hydraulischer Hubwagen bis 20 t (Heben mit stehendem Mast möglich).

Die Marina Stellendam im Buitenhaven am Haringvliet

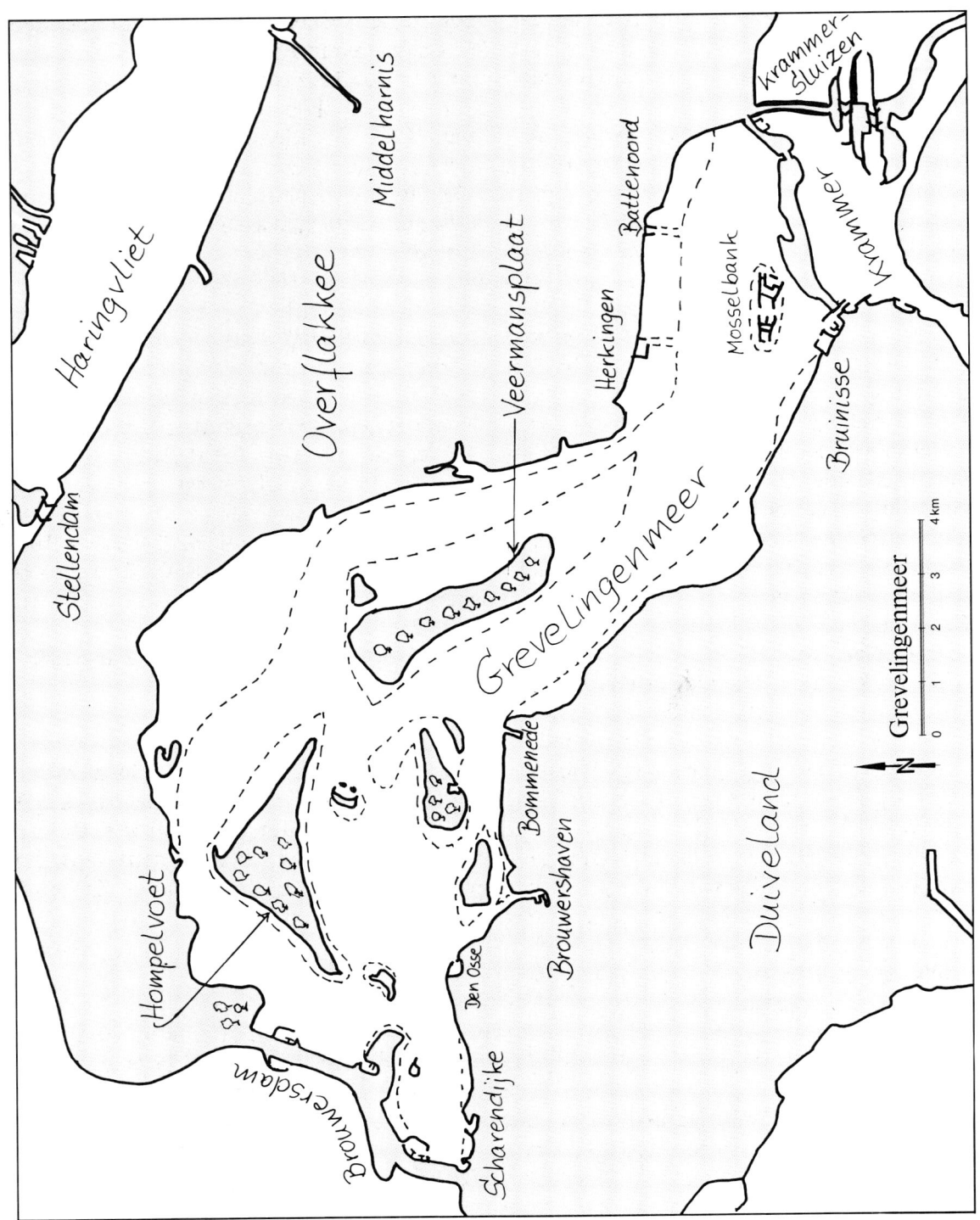

Das Grevelingenmeer

Karte 1805.7

Das Grevelingenmeer wurde 1965 durch den Grevelingendamm vom Krammer, einem Nebenarm der Oosterschelde, und 1971 durch den Brouwersdamm von der Nordsee abgetrennt. Es enstand ein Salzwassersee mit einer Gesamtfläche von ca. 14000 ha einschließlich der Inseln. Die reine Wasserfläche umfaßt etwa 11000 ha. Davon sind ca. 7000 ha tiefer als 1,5 m und für Sportboote befahrbar.

Das Grevelingenmeer steht über eine Spülschleuse mit der Nordsee in Verbindung. Da industrielle oder kommunale Abwässer in das Grevelingenmeer nicht eingeleitet werden, ist auch das Wasser sauber geblieben. Man kann Fische und Muscheln unbedenklich verzehren und mit Genuß baden.

Große Teile des Grevelingenmeers sind Naturschutzgebiet. Dadurch wird aber die Sportschiffahrt kaum behindert, da es sich ohnehin um Flachwassergebiete handelt. Hier wurden nicht nur Verbote ausgesprochen, sondern durch einsehbare Regelungen und künstlich angelegte Inseln mit kleinen Häfen und Anlegern ein Ausgleich geschaffen.

Es gibt keine Gezeiten mehr und keine nennenswerte Berufsschiffahrt.

Neben der üblichen und sehr sorgfältig ausgelegten Betonnung der Fahrwasser ist die 1,5 m-Linie durchgehend mit kleinen „Recreatiebaken" bzw. Pricken bezeichnet.

Gesetzliche Bestimmungen

Die Fahrgeschwindigkeit ist praktisch auf dem gesamten Grevelingenmeer auf 9 km/h begrenzt. In den Häfen der Inseln Mosselbank, Stampersplaat, Archipel und Ossehoek, am Brouwersdamm in den Häfen Middelplaat und Springersdiep an den zahlreichen Anlegern darf man jeweils 3 x 24 Stunden kostenlos liegen.

UKW: Rijkspolitie te Water (Wasserschutzpolizei) Kanal 10. Rijkswaterstaat (Wasser- und Schiffahrtsamt) Kanal 10.

Das Grevelingenmeer ist nur bei Bruinisse, vom Krammer her, durch die Grevelingensluis zu erreichen.

Grevelingensluis

Karte 1805.6

Diese Schleuse verbindet das tidenfreie Grevelingenmeer mit dem Tidenrevier der Oosterschelde. Der Tidenhub beträgt hier bis zu 2,9 m. Betriebszeiten: Vom 1.9. - 15.6.: täglich von 08.00 - 20.00 h. Vom 15.6. - 1.9.: täglich von 0.00 - 22.00 h. UKW-Kanal 20. Ruf: „Grevelingensluis".

Ansteuerung vom Krammer

Karte 1805.6

Bei Tag

Die Zufahrt ist sehr gut betonnt. Man verläßt das Fahrwasser im „Krammer" bei der Leuchttonne K2/ZG 1 und fährt nach Sicht zur Schleuse. In diesem Bereich setzt zeitweise, besonders bei ablaufendem Wasser, ein starker Strom quer zur Einfahrt.

Bei Nacht

Die Ansteuerung bei Nacht ist schwierig, weil die Tonnen in der Zufahrt nicht befeuert sind und der zeitweise sehr starke Ebbstrom genau auf die unbeleuchtete Tonne ZG 2 versetzt. Hilfe bieten nur die Leuchttonne KG2/ZG1 (Q rot) und das Sektorenleuchtfeuer gegenüber Bruinisse (Oc. 4s.).

Wenn die Fahrwassertonnen der Zufahrt nicht wenigstens im Gegenlicht der Stadt oder der Schleuse zu erkennen sind, sollte das Einlaufen besser unterbleiben und stattdessen der Vluchthaven Bruinisse angelaufen werden, der etwa 900 Meter südwestlich liegt und dessen Einfahrt gut befeuert ist.

Von der unbeleuchteten Tonne ZG 4/Bru 1 führen zwei Feuer (Oc) in Linie zwischen den Festfeuern rot und grün in den Visserhaven und den Vorhafen der Schleuse.

Der Visserhaven und der Raparatiehaven sind für Yachten kaum geeignet und eigentlich nur im Notfall akzeptabel. Man liegt bei einem Tidenhub von bis zu 2,9 m an der Pier und ist auch noch dem Schwell aus dem Krammer ausgesetzt.

Nordöstlich der Schleuseneinfahrt gibt es einen sicheren, jedoch nicht ganz schwellfreien Ankerplatz mit etwa 6 m Wasser bei NW.

Ansteuerung vom
Grevelingenmeer   Detailkarte 1805.6

Bei Tag

Der große Binnen-Schleusenvorhafen ist durch hohe Molen geschützt und so großzügig angelegt, daß man bei jedem Wetter in den Vorhafen hineinsegeln und im ruhigen Wasser die Segel

bergen kann. An der Nordostmole befindet sich ein 200 m langer Steg, an dem man auf die Schleusenbedienung warten kann. Gegenüber liegt der Yachthafen der W.V. Bruinisse (siehe unter Bruinisse).

Bei Nacht

Die Einfahrt zum Schleusenvorhafen ist mit je einem festen roten bzw. grünen Licht befeuert. Zusätzlich steht auf dem südwestlichen Kopf der Südmole ein rotes Gleichtaktfeuer (ISO 4s). Nördlich der Einfahrt liegt die unbeleuchtete Tonne G2, die man im Gegenlicht der Schleusen- und Yachthafenbeleuchtung leicht übersehen kann. Deshalb empfiehlt es sich, so weit nach Südosten zu laufen, bis man das grüne Festfeuer der Hafeneinfahrt mindestens in rw 230 Grad peilt.

Im folgenden werden die Ortschaften, Häfen, Inseln und Anlegeplätze des Grevelingenmeeres von Ost nach West beschrieben.

Bruinisse   Karte 1805.7

Bruinisse ist ein freundliches Fischerdorf und noch immer der Heimathafen einer stattlichen

Einfahrt vor der Grevelingensluis

Bruinisse: Marina Aqua Delta

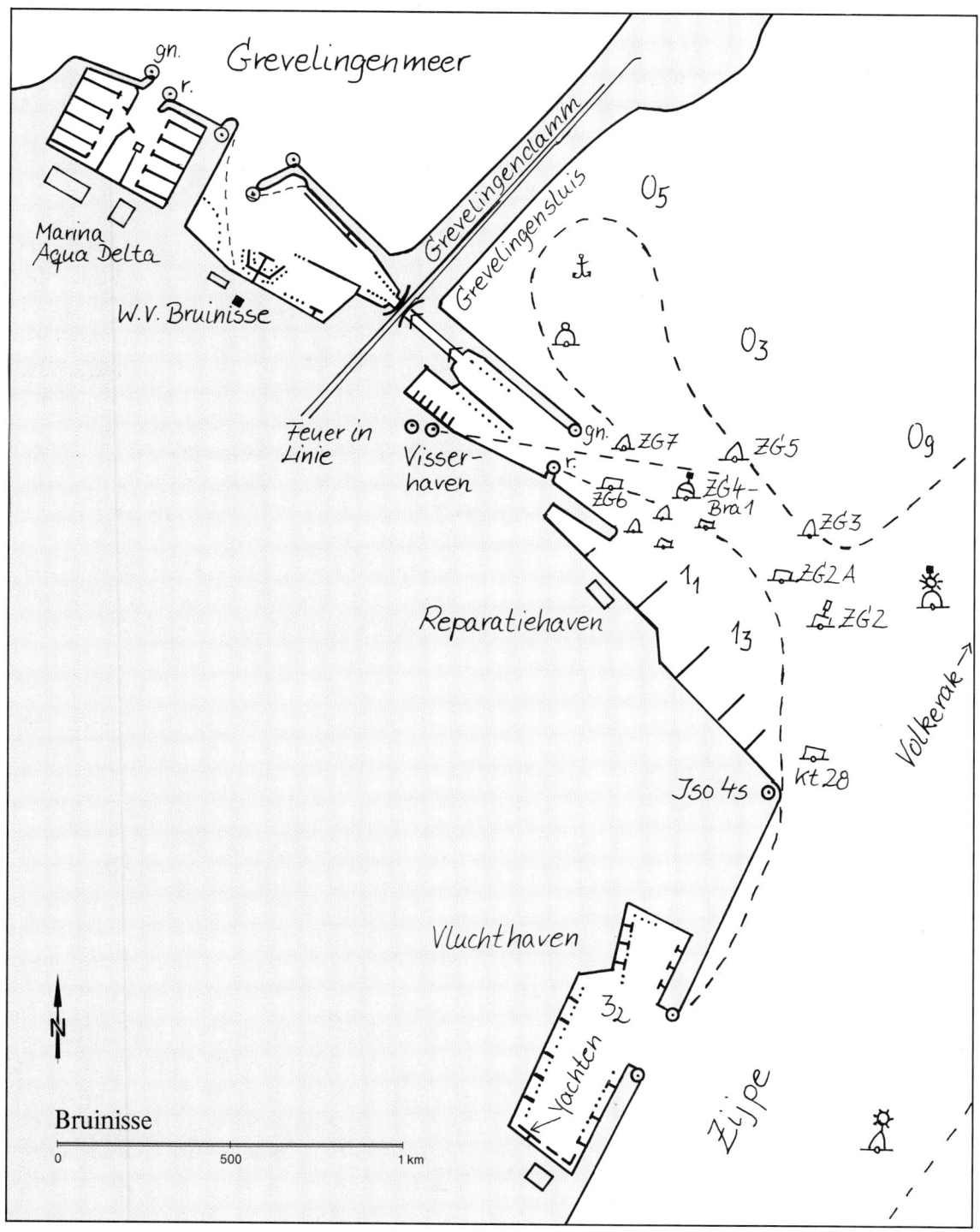

Grevelingenmeer

gn.

r.

Marina
Aqua Delta

W.V. Bruinisse

Grevelingendamm

Grevelingensluis

O5

O3

Og

Feuer in
Linie

Visser-
haven

gn.

r.

ZG7

ZG5

ZG6

ZG4-
Bra 1

ZG3

ZG2A

ZG2

Reparatiehaven

1₁

1₃

Volkerak

Jso 4s

kt 28

N

Bruinisse

0   500   1 km

Vluchthaven

3₂

Yachten

Zijpe

Muschel- und Austernfischerflotte. Neben der „Oudheidskamer", einem Museum, welches das alte Bruinisse und das Leben seiner früheren Bewohner zeigt, ist auch das „Visserijmuseum" einen Besuch wert. Es zeigt speziell die Entwicklung der Muschel- und Austernfischerei. Die Oudheidskamer ist montags und donnerstags von 14.00 bis 16.00 Uhr, das Visserijmuseum werktags von 13.00 bis 16.00 Uhr geöffnet.

Häfen in Bruinisse

W.V. Bruinisse

Der Yachthafen der W.V. Bruinisse liegt gleich an der Binnenseite, im Vorhafen der Grevelingensluis. Deshalb ist er recht unruhig und auch fast immer stark belegt.

Ansteuerung

Siehe Grevelingensluis, Ansteuerung vom Grevelingenmeer.

Einrichtungen

WC, Duschen, Clubhaus, Kran bis 16 t, Waschsalon, Entsorgung für Chemietoiletten, Trailer-Slipbahn.

Aqua Delta

Das ist eine technisch perfekte, gemütliche Marina, die keine Wünsche offen läßt.

Ansteuerung

Die Marina liegt unmittelbar neben dem Binnen-Schleusenvorhafen und ist nach Sicht problemlos anzusteuern. Die Hafeneinfahrt ist mit je einem festen roten bzw. grünen Licht befeuert.

Einrichtungen

WC, Duschen, Waschmaschinen, Sauna, Supermarkt, Solarium, Yachtausrüster, Drogerie, Slipbahn, Kran bis 20 t, Elektro-Anschluß, Diesel, Benzin, Motorenwerkstatt, Entsorgung für Chemietoiletten, Hallenschwimmbad (29 Grad).
In der Ferienzeit kann es vorkommen, daß die Marina Aqua Delta voll belegt ist. Ausweichmöglichkeiten bieten dann die gegenüberliegenden Inselhäfen auf der

Mosselbank   Karte 1805.7

Auf der Mosselbank wurden zwei Wassersportinseln künstlich angelegt. Sie wirkten im Sommer 1990 noch kahl, obwohl Bäume und Buschwerk bereits angepflanzt waren.
Die Liegeplätze in den beiden Häfen sind gegen Schwell gut geschützt, bieten jedoch außer Abfallbehältern keine weiteren Einrichtungen.

Battenoord   Karte 1805.7

Der Hafen von Battenoord ist einschließlich der Zufahrtsrinne sehr flach und eignet sich nur für kleine flachgehende Boote. Die 0,8 m tiefe Fahrrinne ist durch Pricken markiert. Es gibt dort keine besonderen Einrichtungen.

Herkingen   Karte 1805.7

Herkingen ist ein ehemaliges Fischerdorf, das heute überwiegend vom Tourismus lebt. Am westlichen Dorfrand liegt ein Bungalowpark mit Tennis- und Abenteuerspielplatz sowie einem beheizten Schwimmbad. Der Yachthafen liegt sehr schön im Grünen und ist von hohen Bäumen umgeben.

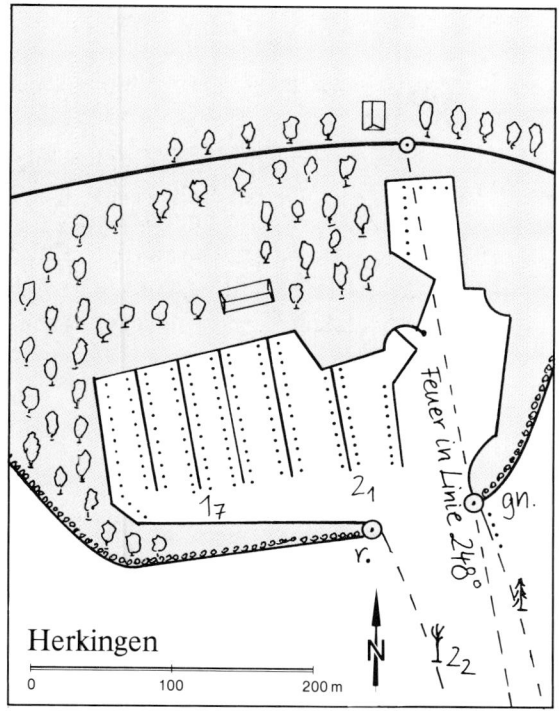

Herkingen

0   100   200 m

N

Ansteuerung bei Tag

Die 2 m tiefe Zufahrt ist mit je einer roten und grünen Bake und anschließend mit Pricken bezeichnet.

Ansteuerung bei Nacht

Die Hafeneinfahrt ist befeuert: Je ein festes rotes und grünes Licht. Das feste grüne Licht der Hafeneinfahrt und ein dahinter stehendes festes grünes Licht stehen in Linie und führen mit rw 348° in den Hafen.

Einrichtungen

WC, Duschen, Waschräume, Elektro-Anschluß, Trailer-Slipbahn, Reparaturen aller Art, Entsorgung für Chemietoiletten.

Der Yachthafen Herkingen

Werkhaven Bommenede Karte 1805.7

Der Werkhaven Bommenede ist tief in das Deichvorland gegraben und 4-6 m tief. Er wird überwiegend von staatlichen Baufahrzeugen benutzt. An der Westseite sind einige Liegeplätze für Yachten vorhanden.
Es gibt keine weiteren Einrichtungen. Die Hafeneinfahrt ist mit je einem festen roten bzw. grünen Licht befeuert.

Stampersplaat   Karte 1805.7

Die Insel Stampersplaat ist Naturschutzgebiet. An der Südseite befinden sich ein Anleger und ein kleiner Hafen.
Die Wasseriefe beträgt in der Einfahrt etwa 2,2 m und nimmt nach binnen ab auf etwa 1,6 m. Es gibt Abfallbehälter, jedoch keine weiteren Einrichtungen.

Brouwershaven   Karte 1805.7

Brouwershaven entstand um einen Hafen, der im Jahre 1285 durch Graf Floris V. angelegt wurde. In einer Urkunde aus dem Jahr 1477 wird

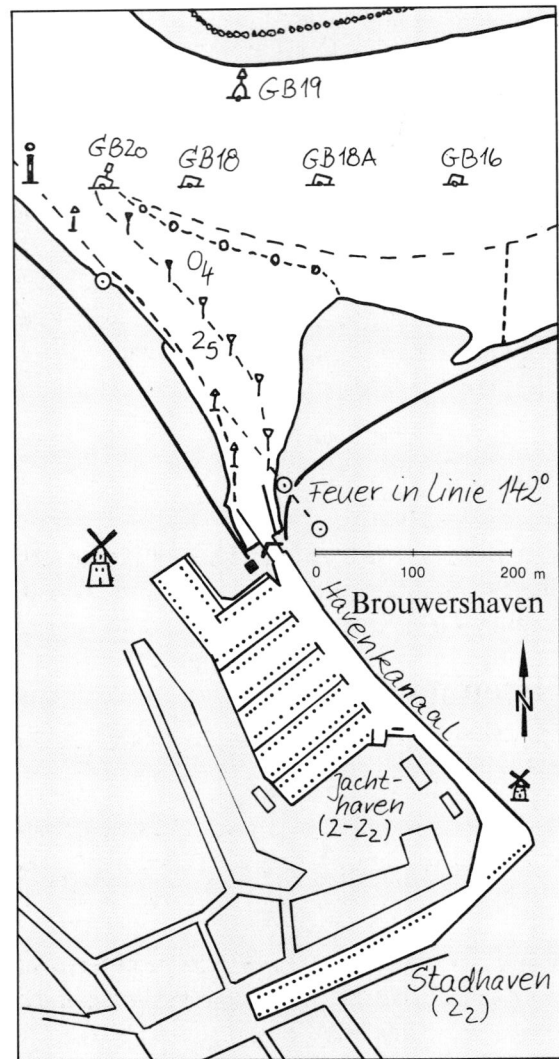

Brouwershaven: Yachthafen hinter der Schleuse

das Brouwerhavensche Gat, die Mündung des Grevelingen vertieft und ausgebaut wurde, erlebte Brouwershaven als Umschlaghafen für Rotterdam und Dordrecht eine neue Blüte. Doch 1870, als der „Nieuwe Waterweg" für Rotterdam den Zugang zur Nordsee eröffnete, verlor Brouwershaven seine Bedeutung.

Geblieben ist aber das schöne alte Städtchen mit vielen alten Giebelhäusern und dem Stadthuis. „Lex Republicae Conservatio" (Das Gesetz erhält den Staat), so steht es über dem Eingang in der 1599 im flämischen Renaissancestil erbauten Fassade.

Sehenswert sind auch die St. Nikolauskirche (1283), die vollständig restaurierte Mühle „de Haan" sowie die zu Brouwershaven gehörenden Ringdörfer Dreischor, Noordgouwe und Zonnmaire. Auf dem Marktplatz am alten Hafen wird donnerstags der Wochenmarkt abgehalten.

Ansteuerung bei Tag   Detailkarte 1805.7

Nördlich von Brouwershaven liegt die Insel „Dwars in den Weg". Von Osten führt das gut betonnte Fahrwasser „Geul van Bommenede" südlich der Insel bis vor den Hafen. Auch von Nordwesten ist das Fahrwasser gut betonnt. Die

Brouwershaven zu den „guten Städten" gezählt. 1582 erhielt die Stadt das Recht, sich zu befestigen. Es wurden Wälle angelegt, Stadttore gebaut, und der Hafen bekam eine Spülschleuse, mit der bei Ebbe der Schlick aus dem Hafen gespült wurde.

Die Stadt blühte auf, bis am 26. Januar 1682 große Teile der Stadt von einer Sturmflut verwüstet wurden. Nach einem Brand im Jahre 1822 zählte man noch 322 Einwohner. Nachdem 1838

eigentliche Hafeneinfahrt ist etwa 2,5 m tief, mit roten und grünen Baken bezeichnet und führt sehr dicht unter Land bis zur Schleuse. Im Hafen hat man durchgehend etwa 2 m Wasser.

Die Untiefe nordöstlich der Hafeneinfahrt ist durch Tonnen und Bojen, die durch Taue verbunden sind, bezeichnet. Sie kann auch mit flachgehenden Booten nicht überquert werden. Auf der Schleuse steht das Häuschen des Hafenmeisters. Beim Einlaufen legt man vor der Schleuse an Stb. an, meldet sich über Gegensprechanlage beim Hafenmeister und bekommt dann einen freien Platz im Yachthafen oder auf Wunsch im alten Hafen zugewiesen.

Ansteuerung bei Nacht

Die Tonnen im Geul van Bommenede sind nicht befeuert. Von Osten kommend helfen weiße Festfeuer in Linie auf rw 262° bis vor die Einfahrt. Man segelt hier zunächst im roten Sektor des Leuchtfeuers vor dem Hafen bis dicht an das Ufer und läuft dann im weißen Sektor (voraus zwei weiße Leuchtfeuer in Linie rw 142°) bis kurz vor die beleuchtete Schleuse. Die Baken in der Einfahrt sind nicht befeuert. Von Nordwesten läuft man im weißen Sektor bzw. gleich auf 142° (weiße Feuer in Linie).

Einrichtungen

WC, Duschen, Waschsalon, Elektro-Anschluß, Diesel, Benzin, Trailer-Slipbahn bis 16 t, Kran bis 10 t (Heben mit stehendem Mast möglich), Entsorgung für Chemietoiletten, Yachtausrüster, Reparaturen aller Art.

Den Osse Karte 1805.7

Das große Hafenbecken von Den Osse wird zum Teil als Yachthafen genutzt und ist kaum

ein Hafen für Urlaubsgäste. Der Hafen liegt vor dem Deich und ist durch Molen geschützt.

Scharendijke Karte 1805.7

Das Dorf Scharendijke hat keine besonderen Sehenswürdigkeiten zu bieten, wohl aber einen hinter hohen Molen geschützt angelegten und sehr gut eingerichteten Yachthafen. Der Hafen ist mit je einem festen roten bzw. grünen Licht befeuert.

Einrichtungen

WC, Duschen, Waschräume, Diesel, Benzin, Reparaturen aller Art einschließlich Rigg und Segel, Trailer-Slipbahn bis 5 t, Kran bis 20 t, Entsorgung für Chemietoiletten.

Häfen am Brouwersdam Karte 1805.7

Die ehemaligen Bauhäfen am Brouwersdam: West Repart, Middelplaat, Kabbelaarsbank und Springersdiep liegen in idealer Lage direkt am Deich.

Man braucht nur über den Deich zu gehen und ist am Nordseestrand, in den Dünen, die hier vor dem Damm entstanden sind.

Haven West Repart

Dies ist der kleinste der ehemaligen Bauhäfen, 3,0 m tief und für den Wassersport freigegeben. Im Nordteil liegt ein schwimmendes Restaurant mit einem See-Aquarium. Die Liegeplätze an der Pier und an einem hohen Steiger sind für 2 x 24 Stunden kostenlos. Die Hafeneinfahrt ist mit rot/fest und grün/fest befeuert. Es gibt keine besonderen Service-Einrichtungen.

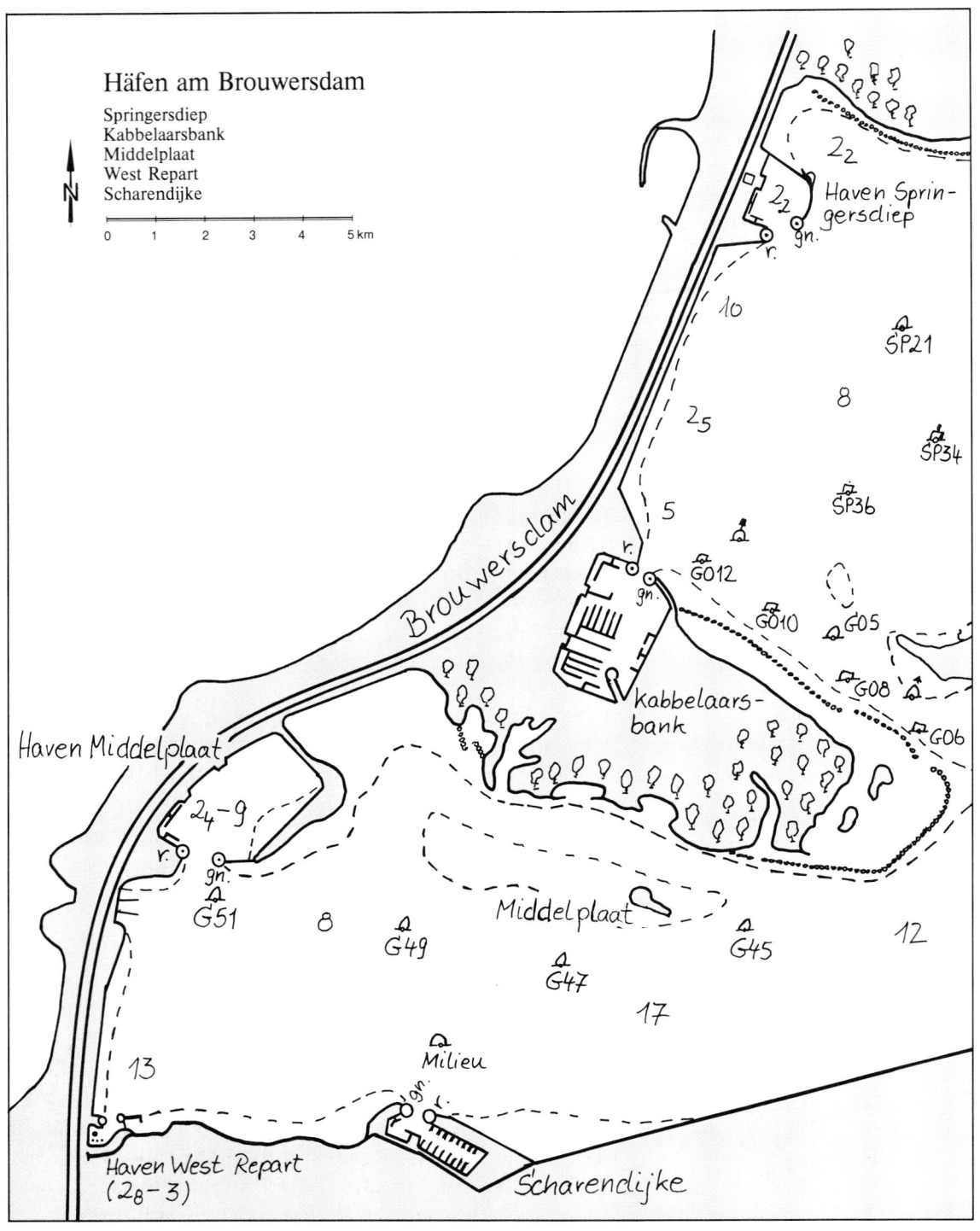

Häfen am Brouwersdam

Springersdiep
Kabbelaarsbank
Middelplaat
West Repart
Scharendijke

0 1 2 3 4 5 km

Werkhaven am Brouwersdam

Haven Middelplaat

Der größte Hafen am Brouwersdam ist 2,4 – 9 m tief und wird teilweise noch als „Werkhaven" benutzt. Er ist für die Sportschiffahrt freigegeben. Liegeplätze sind an der Westseite eingerichtet. Man liegt bis 2 x 24 Stunden kostenlos. Besondere Einrichtungen sind nicht vorhanden. Die Einfahrt des Hafens ist mit je einem roten/festen bzw. grünen/festen Licht befeuert.

Einfahrt zum Werkhaven Middelplaat

Haven Kabbelaarsbank

Hier wurde mit großem Aufwand die entsprechend teure Marina „Port Zeelande" errichtet. Sie verfügt über jeden nur denkbaren Komfort - bis hin zum tropischen Freizeitbad. Es gibt Ferienwohnungen und jede Menge Beton. Die Anleger des Bauhafens sind zwar noch vorhanden, gehören aber auch zur Marina. Die Einfahrt ist mit grün/fest und rot/fest befeuert.

Haven Springersdiep

Der ehemalige Bauhafen ist freigegeben und verfügt über eine Pier und einen Anleger für Yachten in der NW-Ecke. In der Nähe liegen das „Bezoekers Centrum Grevelingenmeer", und das Tram-Museum mit seiner historischen Schmalspur-Bahnlinie von De Punt über den Brouwersdam nach Port Zeelande.

Einrichtungen: WC, Abfallbehälter.

Ossehoek Karte 1805.7

Ossehoek ist eine künstlich angelegte Wassersportinsel mit je einem Hafen an der Nordseite und an der Südseite. Die Häfen haben Wasser-

Werkhaven Springersdiep

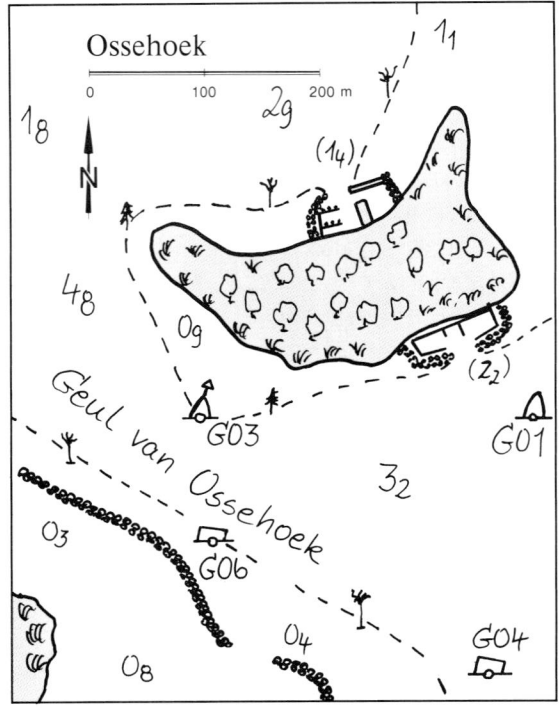

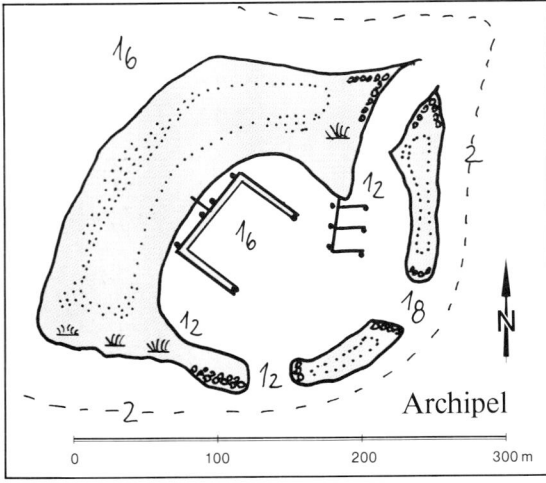

angelegten Inseln. Ein richtiges kleines Atoll mit Dünen und einem sehr schön angelegten Hafen. Auch hier gibt es keine besonderen Einrichtungen. Man darf 3 x 24 Stunden kostenlos liegen.

tiefen von etwa 2 m und dürfen 3 x 24 Stunden kostenlos benutzt werden. Es gibt keine besonderen Einrichtungen.

Ouddorp   Karte 1805.7

Ouddorp ist ein kleines Dorf im Norden des Grevelingenmeer. Es hat ein kleines Museum

Archipel   Karte 1805.7

Archipel ist wohl die schönste der künstlich

Inselhafen Archipel

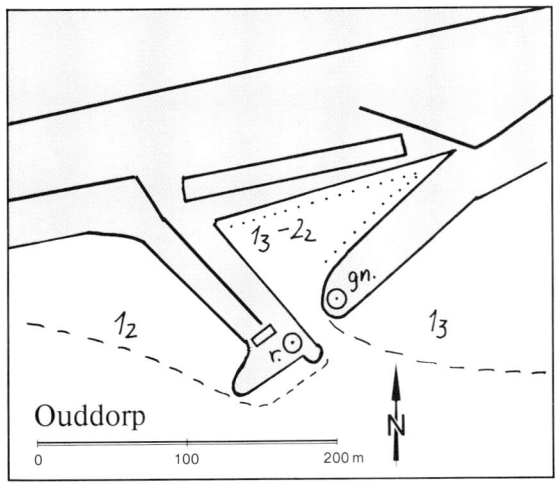

im alten Raadhuis. Es zeigt Funde aus der Umgebung bis zurück zur Römerzeit. Im alten Turm aus dem 14. Jahrhundert befinden sich noch einige Gefängniszellen aus dem Mittelalter und die „Soldatenkamer". Der Hafen von Ouddorp ist 1,6 m tief und liegt sehr geschützt hinter den hohen Molen. Die Hafeneinfahrt ist befeuert: Grün an Stb., rot an Bb.

Einrichtungen

WC, Duschen, Elektro-Anschluß, Kran bis 6 t.

Hafeneinfahrt Ouddorp

Das Hollands Diep   Karten 1807.8/9

Das Hollands Diep ist 1 km lang und bis zu 2,5 km breit. Es schließt sich im Osten an das Haringvliet an und verbindet es mit der Amer, dem Unterlauf der Maas und mit der Dordtsche Kil. Bis zur Vollendung des Volkerakdammes 1969 stand das Hollands Diep mit dem Volkerak, einem Teil der Oosterschelde, in direkter Verbindung. Es wird von der Dordtsche Kil bis zu den Volkeraksluizen von der Binnenschiffahrt sehr stark frequentiert und mit voller Geschwindigkeit befahren.

Das durchgehende Fahrwasser ist betonnt und befeuert, so daß auch eine Nachtfahrt möglich ist. Die 2-m-Linie ist mit rot/weißen und grün/weißen Sportboottonnen bezeichnet.

Das Hollands Diep ist mit stehendem Mast (ohne Höhenbegrenzung) erreichbar:
— Von Dordrecht über die Dordtsche Kil (siehe unter Dordtsche Kil).
— Vom Haringvliet durch die Haringvlietbrug (siehe unter Haringvliet).
— Von der Oosterschelde - Volkerak durch die Volkeraksluizen (siehe unter Volkerak).
Bis zu einer Gesamthöhe von 9,7 m auch von der Merwede/Amer (Unterlauf der Maas) und dem Biesbosch durch die Moerdijkbruggen.
Höhere Schiffe aus diesem Bereich nehmen die Route über die Merwede — Beneden Merwede — Dordrecht (siehe unter „Vom Ijsselmeer zum Delta" — Route A).

Gesetzliche Bestimmungen

— Kleine Fahrzeuge müssen nachts und bei schlechter Sicht einen Radarreflektor führen.
— Das Zuidhollandsch Diep, das Fahrwasser südlich der Insel Sassenplaat, ist für Sportfahrzeuge verboten.
— Zwischen den Häfen Strijensas und Numansdorp ist die Fahrgeschwindigkeit vor dem Nord-

Bruggehof: Jachthaven „WV De Kil"

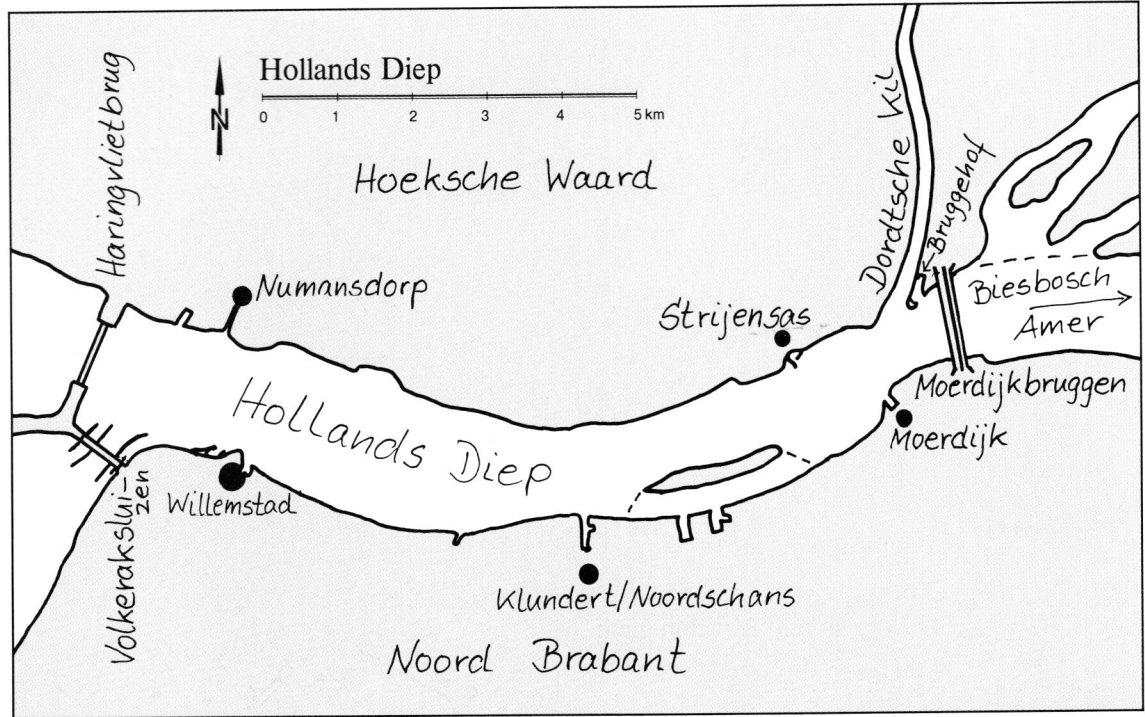

ufer auf einer Breite von 100 m auf 9 km/h begrenzt.

Gezeiten und Wasserstände

Die Gezeiten wirken sich im Hollands Diep nicht mehr aus. Sie beeinflussen aber, wie im Haringvliet, im Zusammenhang mit den Spülschleusen den Wasserstand bis zu +/-0,2 m. Die Strömung fließt bei ablaufendem Wasser in Richtung Dordtsche Kil und im westlichen Teil zum Haringvliet/Spui.

Bruggehof   Karte 1807.9

An der Einmündung der Dordtsche Kil in das Hollands Diep liegt ein tief eingeschnittenes Hafenbecken, in dem die Marina Bruggehof und der W.V. De Kil untergebracht sind. Die Wassertiefe liegt in der Einfahrt bei 3 m, nach hinten abnehmend auf 1,8 m.

Ansteuerung bei Tag
Der Windgenerator, westlich der Hafeneinfahrt, ist schon von weitem gut zu sehen. Die Einfahrt zum Hafenbecken liegt zwischen hohen Steinböschungen und ist gut einzusehen.

Ansteuerung bei Nacht
Man navigiert auf einen der weißen Sektoren des Leuchtfeuers (ISO.6s) an der Einmündung zur Dordtse Kil. Die Hafeneinfahrt ist mit rot/fest und grün/fest befeuert.

Yachthäfen

Einlaufend an Steuerbord liegt zunächst die Marina Bruggehof.

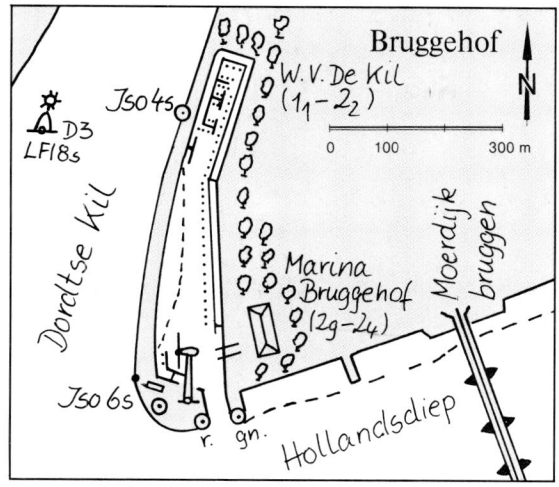

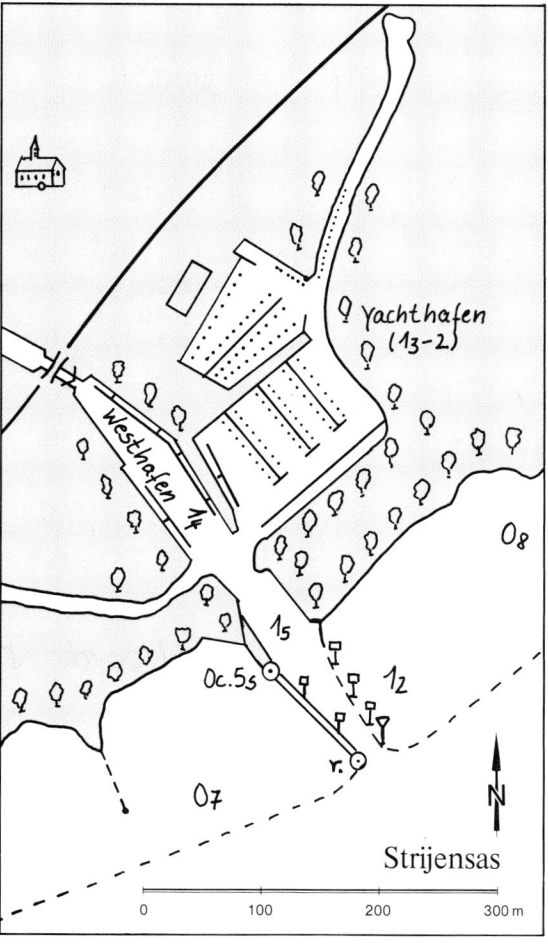

Einrichtungen

WC, Duschen, Slipanlage, Elektro-Anschluß. Die Anleger am Westufer sind für Yachten nicht zugelassen. Im hinteren Teil des Hafenbeckens liegt der Yachthafen der W.V. de Kil.

Einrichtungen

WC, Duschen, Mastkran.

Strijensas

Karte 1807.9

Das Dorf Strijensas hat nichts Besonderes zu bieten. Der Yachthafen liegt jedoch sehr schön im Grünen. Er ist sehr gut eingerichtet, wird vorbildlich betreut und kann bis 1,6 m Tiefgang angelaufen werden.

Ansteuerung bei Tag

Als Landmarke bietet sich der kleine Leuchtturm auf dem westlichen Hafendamm an. Der östliche Hafendamm liegt unter Wasser. Beide Dämme sind mit Baken markiert.

Hafeneinfahrt Strijensas

Ansteuerung bei Nacht

Etwa 400 m östlich der Hafeneinfahrt liegt die Leuchttonne HD 42 (LFl.8s). Das Leuchtfeuer auf dem westlichen Hafendamm hat zwei rote Sektoren, die nach West und Ost die Hafendämme abdecken. Zur Ansteuerung hält man das weiße Licht des Leuchtfeuers (Oc.5s) über dem roten Hafenlicht auf dem westlichen Hafendamm ein wenig nach Steuerbord offen.

Häfen

Westhaven

Nach dem Einlaufen gelangt man zunächst in den Westhaven, in dem einfache Gastliegeplätze vorhanden sind. Komfortabler liegt man im

Oostelijke Jachthaven
Einrichtungen

WC, Duschen, Benzin, Diesel, Kran bis 12 t (Heben mit stehendem Mast möglich), Yachtausrüster, Trailer-Slipbahn bis 2 t, Yachtwerft, Segelmacher, Restaurant, Propangas, Entsorgung der Chemietoiletten.

Moerdijk   Karte 1807.9

Der Hafen von Moerdijk ist zum Hollands Diep völlig offen und hat keinen Schwellschutz. Er wird hauptsächlich von der Berufsschiffahrt genutzt. Liegeplätze für Yachten, bis etwa 10 m Gesamtlänge, findet man im hinteren Teil des Hafens. Die Hafeneinfahrt ist mit je einem roten/festen und grünen/festen Licht befeuert. Bei Nebel wird in der Zeit von 06.00 - 23.00 h auf dem West-Hafendamm zusätzlich ein gelbes Licht gezeigt. Ein zweites rotes Licht, unter dem roten Hafenlicht, bedeutet, daß die sichere

Ein- oder Ausfahrt beeinträchtigt ist. Der Hafen hat keine besonderen Einrichtungen für Sportboote.

Moerdijkbruggen   Karte 1807.9

Das sind zwei feste Brücken mit einer Durchfahrtshöhe von 9,7 m. Von Süden gerechnet, ist die 5. Öffnung für den ostgehenden Verkehr, die 6. Öffnung für den westgehenden Verkehr bestimmt.
Die richtige Öffnung ist durch ein gelbes Licht, die falsche Öffnung durch ein rotes Licht bezeichnet. Brückenpegel sind vorhanden.

Haven van Klundert/ Noordschans   Detailkarte 1807.8

Die Geschichte des Städtchens Klundert geht auf das Jahr 1250 zurück. Man lebte damals vom Torfabbau und von der Salzgewinnung. 1357 bekam Klundert die Stadtrechte und wurde 1583 zur Festung ausgebaut. Klundert wurde 1420 durch einen Brand, 1421 durch die St. Elisabethsflut verwüstet. 1793 begannen die Franzosen, die Wälle zu schleifen. 1944 brannte die Stadt durch Kriegseinwirkungen wieder ab und wurde 1953 durch die große Sturmflut erneut verwüstet. 1957 begann die Restauration der Grachten und Festungswälle, die 1979 abgeschlossen und mit einem internationalen Preis ausgezeichnet wurde.
Sehenswert sind vor allem das Stadthuis (1621) und „de Stenen Poppen" (Teil der alten Befestigung).
Der Haven van Klundert ist etwa 750 m lang, 50 m breit und kann bis zu einem Tiefgang von 1,8 m angelaufen werden.

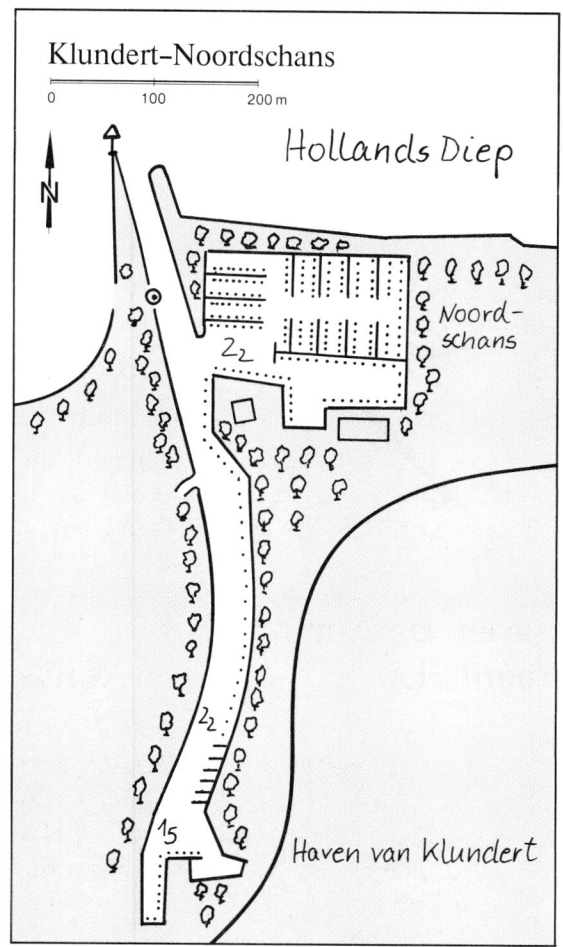

Jachthaven Noordschans

nicht auf dem Kopf des Hafendammes, sondern 150 m landeinwärts steht. Die beiden roten Sektoren decken bis zur 1,5-m-Linie den Hafendamm ab. Man navigiert auf einen der weißen Sektoren und läuft dann in dem schmalen weißen Sektor (zwischen rot und grün) in die Hafeneinfahrt.

Häfen
Jachthaven Noordschans

Die Einfahrt zu diesem sehr modernen und gepflegten Yachthafen liegt an der Ostseite des Havenkanaal.

Einrichtungen

WC, Duschen, Waschräume, Elektro-Anschluß, Bootslift bis 30 t, Reparaturen aller Art.

Haven van Klundert

Der Hafen van Klundert liegt am südlichen Ende des Hafenbeckens. Er ist sehr einfach eingerichtet, vor allem kleiner und ruhiger, hat aber nicht den Komfort wie der Hafen Noordschans. Er ist nur für Boote bis 10 m Länge zu empfehlen.

Ansteuerung bei Tag

Es gibt keine auffällige Landmarke. Die Ansteuerung erfolgt von der grünen Tonne HD 29 nach Sicht mit rw 195°. Der Hafendamm ist sehr niedrig und wird bei Seegang überspült. Er ist mit einer grünen Bake bezeichnet. Auf diesem Damm steht 150 m landeinwärts ein Leuchtfeuer.

Ansteuerung bei Nacht

Die Hafeneinfahrt ist nicht befeuert. Es gibt nur das o.a. Sektoren-Leuchtfeuer (ISO.4s), das

Willemstad

Detailkarte 1807.8

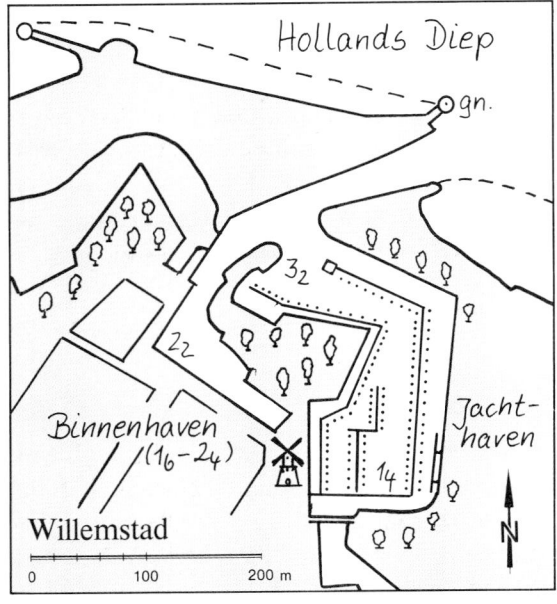

Willemstad, die alte, sternförmig angelegte Festungsstadt, wurde im 16. Jahrhundert als Vorposten zur Sicherung des Hollands Diep angelegt und sollte vor allem den Zugang nach Dordrecht kontrollieren. Die alten Befestigungen und der Wallgraben sind fast vollständig erhalten geblieben.

Im Zweiten Weltkrieg bekam Willemstad plötzlich wieder strategische Bedeutung. Es wurde erneut stark befestigt und sollte das damals noch offene Hollands Diep vor Angriffen über die Oosterschelde und das Haringvliet schützen. Dazu wurden in die alten Wälle zahlreiche Bunker und Geschützbatterien eingebaut, die ebenfalls noch vorhanden sind.

Besonders sehenswert sind das Mauritiushuis, ein ehemaliges Schloß, das heute als Rathaus dient, das Arsenal (Waffenlager) aus dem Jahre 1793, die achteckige Kirche und die Oranje-Mühle auf dem Wall.

Ansteuerung

Die für Yachten eingerichteten Häfen von Willemstad werden bei Tag und Nacht nach Sicht

Willemstad am Hollands Diep

angelaufen. Auffälligste Landmarke ist die auf dem Festungswall stehende weiße Windmühle, die schon von weitem zu sehen ist.

Die Hafeneinfahrt ist nur mit einem festen grünen Licht auf der Westmole versehen. Die Wassertiefe beträgt durchgehend über 2 m. Vor der Hafeneinfahrt ist Vorsicht geboten: Die aus den Volkeraksluizen kommenden Binnenfrachtschiffe fahren hier in dichter Folge und mit hoher Fahrt „um die Ecke".

Häfen

Im Voorhaven sind für Yachten keine Liegeplätze vorhanden. Einlaufend liegt an Backbord der Yachthafen, geradeaus der alte Binnenhaven. Der Binnenhaven liegt innerhalb der alten Festung, der Buitenhaven, der heutige Yachthafen liegt außerhalb und war Teil des Wallgrabens. Damit der Wallgraben bei Ebbe nicht trockenfiel und damit seine Schutzfunktion verlor, hat man ihn durch eine damals kaum zu überwindende Mauer vom Hafenbecken getrennt. Der westlich der Hafeneinfahrt gelegene Werkhaven ist für Yachten nicht zugelassen.

Jachthaven

Der Yachthafen von Willemstad ist gut eingerichtet, aber in der Saison meist sehr dicht belegt.

Binnenhaven

Im Binnenhaven liegt man sehr schön zwischen den alten Häusern am Hafen und den Bollwerken der alten Festung, jedoch an der Pier und meist in dicken Päckchen.

Einrichtungen

WC, Duschen, Waschräume, Elektro-Anschluß, Diesel, Benzin, Motorenwerkstatt, Yachtausrü-

Der Binnenhaven von Willemstad

ster, Trailer-Slipbahn, Kran bis 1,5 t, Entsorgung für Chemietoiletten, Propangas.

Numansdorp Karte 1807.8

Die Einfahrt zum Hafen Numansdorp liegt an der Nordseite des Hollands Diep, genau gegenüber von Willemstad, zwischen einem Wäldchen

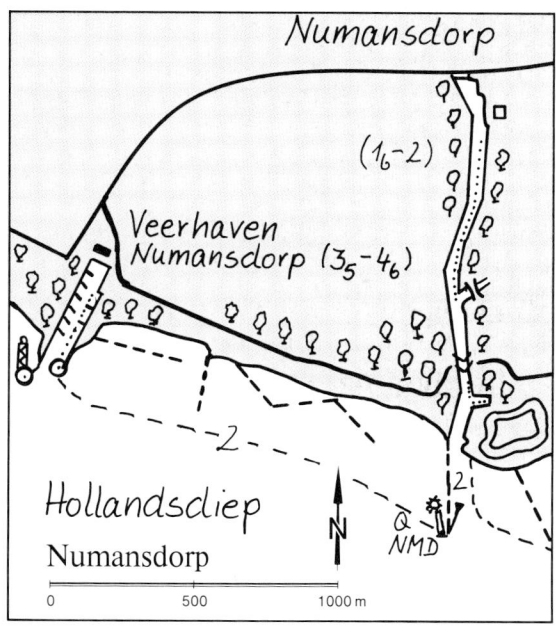

und einem mit Gras und Büschen überwachsenen, hügeligen Bunkergelände, das als Caravan-Platz genutzt wird.

An der Westseite liegt unter Wasser ein etwa 400 m langer Steindamm, der mit einer roten Bake und mit einigen Pricken bezeichnet ist. Unmittelbar vor dieser Bake liegt eine rote Spierenleuchttonne (NMD, Kennung „Q"). Im übrigen ist die Hafeneinfahrt nicht befeuert.

Die Schleuse steht normalerweise offen. Noch vor der Schleuse liegt an Stb. ein kleines Hafenbecken mit einigen Liegeplätzen. Auch im Gemeindehafen sind gute Liegeplätze an der Pier und in den Boxen des W.V. Numansdorp vorhanden.

Einrichtungen

WC, Duschen, Waschräume, Elektro-Anschluß, Kran bis 12 t, Bootslift bis 30 t, Trailer-Slipbahn, Reparaturen aller Art.

Veerhaven Numansdorp Karte 1807.8

Der alte Fährhafen liegt etwa 1400 m westlich der Hafeneinfahrt Numansdorp. Er bietet Liegeplätze an der Pier und an Dalben. Dieser Hafen ist mit rot/fest und grün/fest befeuert.

Einrichtungen

WC, Duschen, Waschräume, Diesel.

Volkeraksluizen Karte 1807.8

Der Volkerakdamm trennt seit 1969 das Hollands Diep vom Volkerak, einem ehemaligen Teil der Oosterschelde. In den Damm wurden an der Südostseite drei Schleusen für die Binnenschiffahrt, an der Nordwestseite eine Schleuse

Signalbake vor den Volkeraksluizen

für die Sportschiffahrt (140 x 16 m) und in der Mitte Spülschleusen eingebaut. Über der „Jachtensluis" liegt eine feste Brücke. Die aktuelle Durchfahrtshöhe (normalerweise 18,2 m) wird auf einer Leuchttafel über der Schleuse angezeigt.

Yachten werden normalerweise nur in der Jachtensluis, aber in Ausnahmefällen und in der Zeit vom 1. 11. – 1. 4. in der „Binnenvaartsluis" geschleust.

Auf dem Kopf der Mole des „Noorder Voorhaven" steht eine Leuchttafel mit der Aufschrift „Sport", auf der angezeigt wird, welche Schleuse benutzt werden soll.

UKW: Kanal 18, Ruf: „Volkeraksluizen" (Anmeldung). Kanal 69, Ruf: „Volkeraksluizen" (Abwicklung).

Yachten sollen diese Kanäle nur dann benutzen, wenn sie aus technischen Gründen (Masthöhe) die Jachtensluis nicht befahren können. Sie werden dann mit der Berufsschiffahrt in der südöstlichen Schleuse, über der eine bewegliche Brücke liegt, kostenlos geschleust.

Volkeraksluizen: W-Einfahrt der Jachtensluis

Vor der Jachtensluis sind in beiden Vorhäfen Anleger vorhanden, an denen man auf die Schleuse warten oder einmal übernachten darf. Über eine Gegensprechanlage kann man mit dem Schleusenmeister sprechen. In der Zeit von 22.00−06.00 h muß man sich melden und wird dann eventuell zur Berufsschiffahrtsschleuse verwiesen.

Der Bereich der Schleusentore wird unter Wasser ständig mit Preßluft freigeblasen. Dadurch entsteht eine Blasenbahn, die man flott durchfahren sollte.

Das Volkerak Karte 1807.4

Das Volkerak war ursprünglich die Fortsetzung des Krammer, eines Nebenarms der Oosterschelde, bis es im Jahre 1987 durch den Philipsdam vom Krammer abgetrennt wurde. Bis zu diesem Zeitpunkt war das Volkerak ein rauhes Tidenrevier mit einem Tidenhub von fast 4 Metern. Bis zum Bau des Volkerakdammes stand es mit dem Hollands Diep in direkter Verbindung.

Es ist Teil des neuentstandenen „Zoommeer" (siehe unter „Zoommeer"), dessen Pegel auf NAP gehalten wird und das durch den Philipsdam und den Oesterdam dem Tideneinfluß entzogen ist. Das Zoommeer enthält Süßwasser, dessen Qualität sich seit dem Abschluß erheblich verbessert hat. Es gibt keine Einleitungen von Schmutzwasser aus dem Rhein, ungeklärten kommunalen oder industriellen Abwässern.

Das Wasser, 1987 noch unglaublich verschmutzt, hat sich offensichtlich wieder regeneriert. Es ist heute sauber, klar und geruchsfrei - obwohl es als Teil der Rhein-Schelde-Verbindung von sehr vielen Yachten, Binnenmotorschiffen und Schubschiffverbänden befahren wird.

Das Volkerak ist der Beweis dafür, daß Sportboote und Binnenschiffe einem Gewässer nicht unbedingt schaden müssen.

Das Fahrwasser ist sehr gut betonnt und befeuert, so daß auch die Nachtfahrt möglich ist. Gefahr besteht dabei allerdings durch die von achtern ständig mit hoher Fahrt aufkommenden Binnenmotorschiffe. Die 1,5-m-Linie ist mit rot/weißen bzw. grün/weißen Sportboottonnen durchgehend markiert.

Gesetzliche Bestimmungen

— Kleine Fahrzeuge müssen nachts und bei schlechter Sicht einen Radar-Reflektor führen.

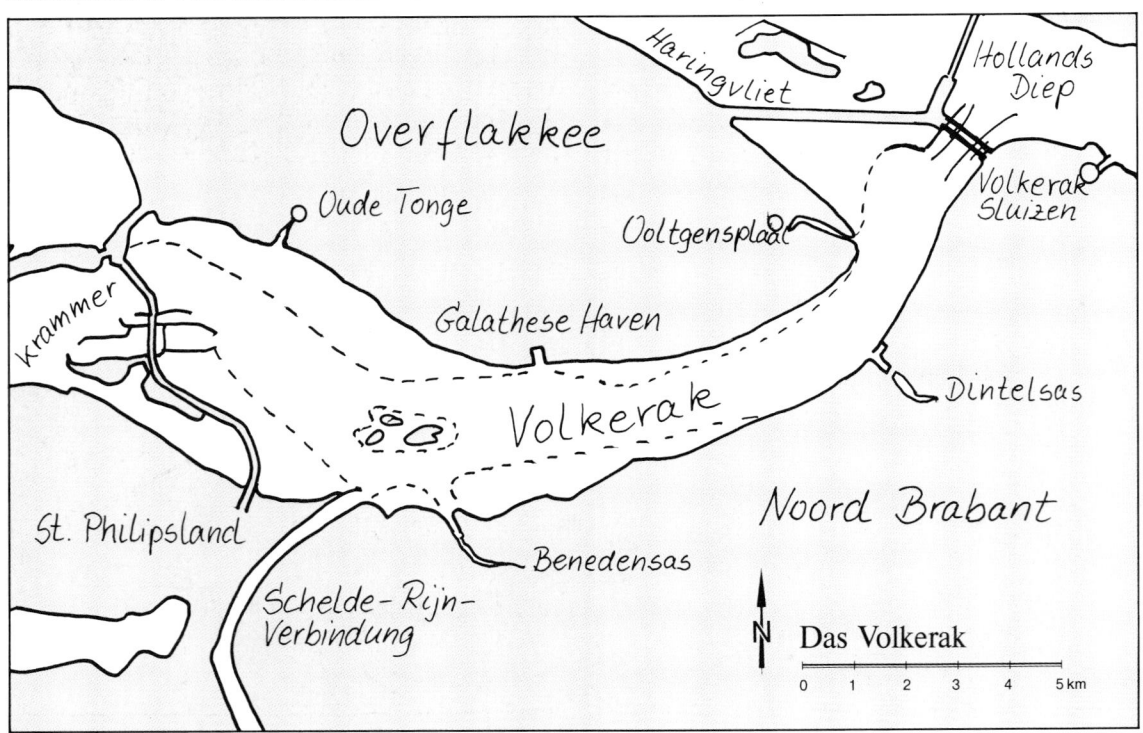

— Die Insel Noorderplaat, das gesamte Nordufer und der größte Teil des Südufers sind
Naturschutzgebiete und dürfen nicht betreten
werden.

Häfen am Volkerak

Ooltgensplaat
Detailkarte 1807.4

Das Städtchen Ooltgensplaat ist mit dem Volkerak durch einen 1 km langen Kanal verbunden.
Es hat einen sehr schön angelegten, ruhig und
geschützt gelegenen Hafen.
Sehenswert sind das alte Rathaus und das Fort
Prins Frederik aus dem Jahre 1600. Das Fort mit
seinem alten Festungstor, den Wällen und Kase-
matten kann besichtigt werden: Anmeldung Tel.
(0183)1625.

Ansteuerung

Vor der Einfahrt zum Havenkanaal liegen zwei
unbeleuchtete Tonnen: OP 1 (grün) und OP 2
(rot). An der Ostseite ist ein Steindamm, der
zum Teil unter Wasser liegt und bis zu der

grünen Tonne OP 1 reicht. Die Hafeneinfahrt ist
nicht befeuert, jedoch im Licht der Schleusen-
beleuchtung überschaubar.
Die Schleuse im Deich steht offen und ist mit
einem Pegel versehen, der die Drempeltiefe
(normalerweise 2 m) anzeigt. Der Hafen ist mit
einem Tiefgang von 1,75 m zu erreichen. Im
hinteren Teil des Hafens nimmt die Wassertiefe
langsam ab bis auf 1,5 m. Liegeplätze findet man
in Boxen beim W.V. Ooltgensplaat oder an der
Pier.

Einrichtungen

WC, Duschen, Waschräume, Yachtwerft.

Hafen Ooltgensplaat

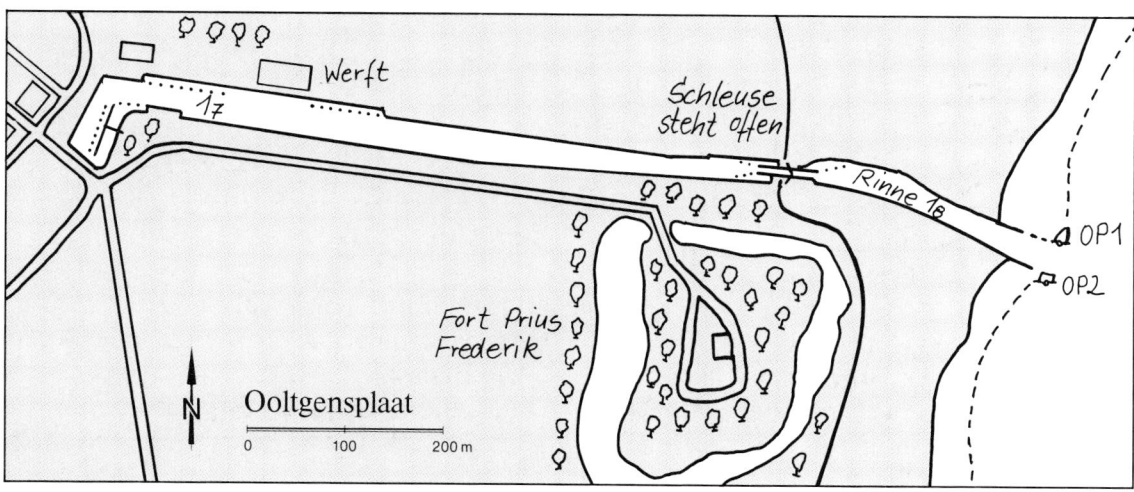

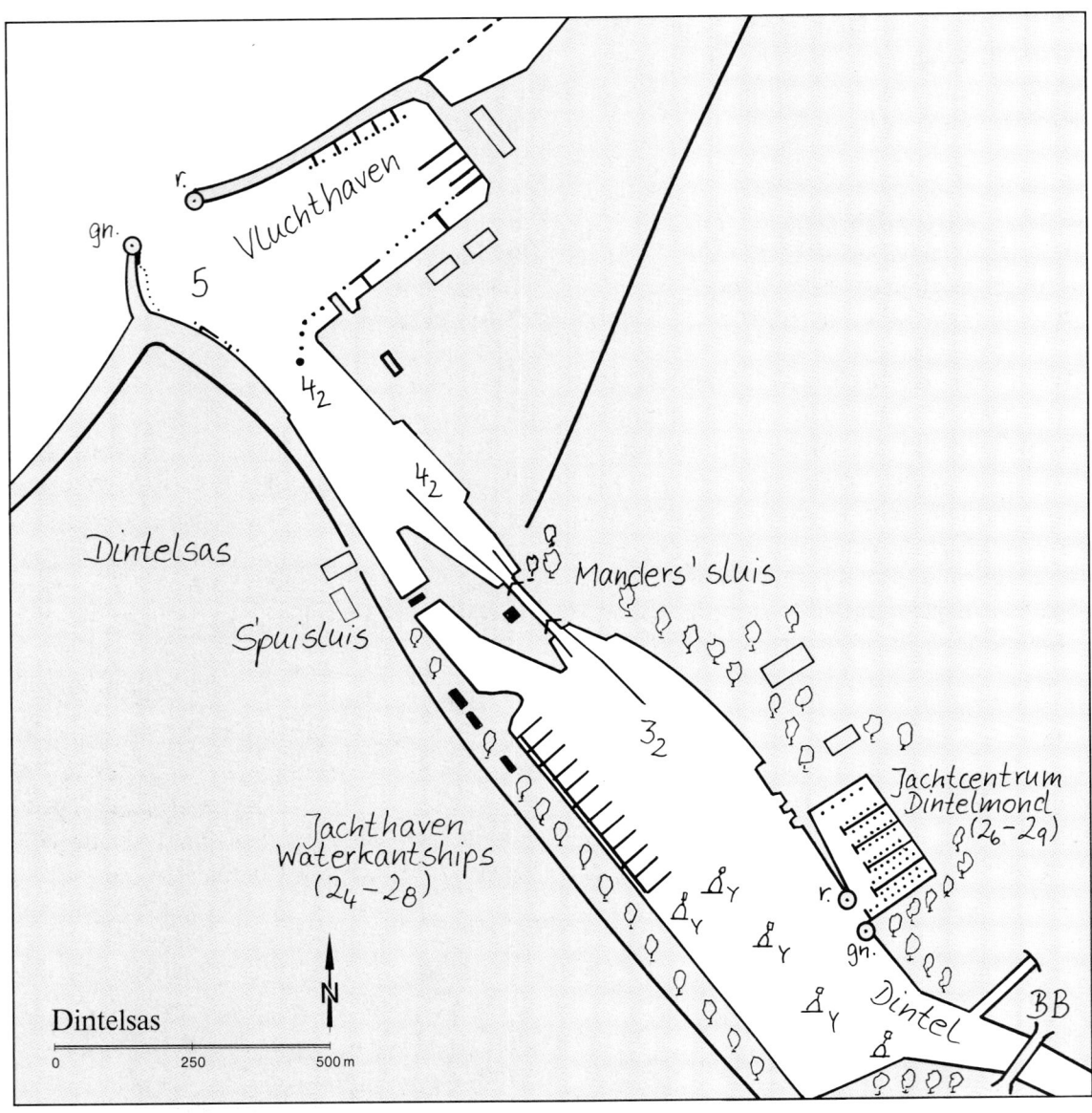

Dintelsas

Detailkarte 1807.4

Vluchthaven Dintelsas

Dintelsas

Die Hafenanlagen von Dintelsas liegen an der Mündung der Dintel, von der man in die Mark gelangt. Auf der Mark kann man bis nach Breda, mit 7 m Gesamthöhe und 2,5 m Tiefgang, 32 km in das Land hineinfahren.

Der große Buitenhaven, auf der Karte als Vluchthaven bezeichnet, hat für Yachten seine Bedeutung verloren.

Durch die Abdeichung des Volkerak steht die Manders'sluis ständig offen. Man kann also jederzeit durchfahren und findet dann hinter der Schleuse zwei komfortable Yachthäfen mit Wassertiefen über 2,2 m.

Ansteuerung bei Tag

Das vom Volkerak zwischen der grünen Leuchttonne NV 1/DS 2 (Kennung Q) und der unbefeuerten Spitztonne NV 15 nach Südosten abzweigende Fahrwasser ist über 5 m tief und betonnt (DS1/grün und DS4/rot).

Ansteuerung bei Nacht

Ausgehend von der grünen Leuchttonne NV 1/DS 2 (Kennung Q) läuft man mit rw 150° in die mit rot/fest und grün/fest befeuerte Hafeneinfahrt. Die Schleuse ist vorbildlich ausgeleuchtet. Die Einfahrt zu dem hinter der Schleuse liegenden Yachthafen „Jachtcentrum Dintelmond" ist ebenfalls mit rot/fest und grün/fest befeuert.

Manders' sluis

Die Schleuse steht ständig offen, ist aber mit einem Schleusenwärter besetzt. Sportboote dürfen auch dann durchfahren, wenn 2 feste rote Lichter übereinander gezeigt werden. Der zulässige Tiefgang ist 2,7 m. Das Anlegen an der Rückseite der Bollwerke vor und hinter der Schleuse ist verboten (Unterwasser-Hindernisse). UKW-Kanal 20, Ruf: Manders' sluis

Yachthäfen

Einlaufend liegt an Stb der zum Fahrwasser offene und deshalb etwas unruhige Yachthafen „Waterkantships".

Einrichtungen

WC, Duschen, Waschräume, Elektro-Anschluß, Diesel, Benzin, Bootslift bis 25 t, Waschmaschine, Entsorgung der Chemietoiletten, Propangas.
Einlaufend liegt an Bb der gegen Schwell gut geschützte Hafen des „Jachtcentrum Dintelmond".

Einrichtungen

WC, Duschen, Waschräume, Elektro-Anschluß, Diesel, Reparaturen aller Art, Trailer-Slipbahn, Mastkran bis 400 kg, Bootslift bis 20 t, Segelmacher, Entsorgung für Chemietoiletten.

Die Manders' sluis in Dintelsas

Dintelsas: Einfahrt Yachtcentrum Dintelmond

Galatheese Haven   Detailkarte 1807.4

Dies ist ein sehr kleiner Hafen am Nordufer des Volkerak, der bis 1,8 m Tiefgang zugänglich ist. Vor der Hafeneinfahrt liegen zwei unbeleuchtete Tonnen: GH 1 (grün) und GH 2 (rot). Auf dem Kopf der Westmole steht ein rotes festes Licht.

Es gibt Liegeplätze an der Pier (1,8 m Wasser) und an Pontons in der Südwestecke (1,2 m

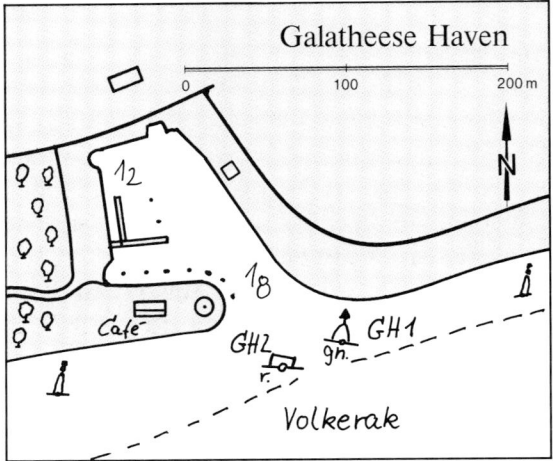

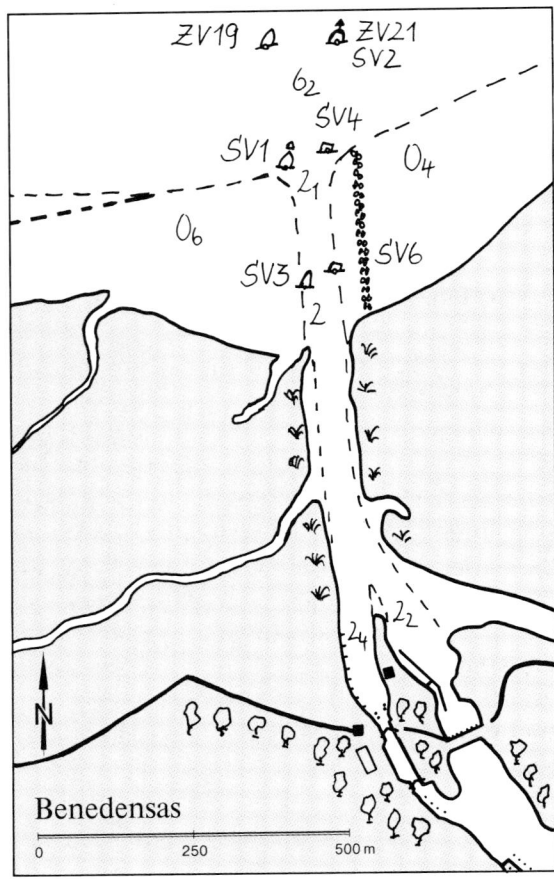

Wasser), jedoch keine speziellen Einrichtungen für Yachten.

Benedensas   Detailkarte 1807.4

Am Südufer des Volkerak, nahe der Einmündung des Kanals „Schelde-Rhein-Verbindung" (siehe Zoommeer), mündet das Steenbergsche Vliet, in das man durch die mit hohen Bäumen bewachsene Schleuse Benedensas einfahren kann. Hinter der Schleuse findet man in einer friedlichen Polderlandschaft einen gemütlichen Yachthafen und im Steenbergschen Vliet ruhige Ankerplätze.

Ansteuerung

Von der grün-roten Ansteuerungstonne ZV 21/SV 2 und der grünen Spitztonne ZV 19 im Volkerak führt eine 2 m tiefe Baggerrinne zur Schleuse. Die Fahrrinne ist betonnt (SV 1-3/grün und SV 4-6/rot) und weiter binnen mit Pricken bezeichnet.

Die Schleuse steht ständig offen. Sportboote dürfen auch dann durchfahren, wenn 2 feste rote Lichter übereinander gezeigt werden.

Häfen

Noch vor der Schleuse liegt an Bb im Altwasser der Yachthafen der W.V. Volkerak.

126

Einrichtungen

WC, Duschen, Waschräume, Elektro-Anschluß.

Gleich hinter der Schleuse liegt an Stb der Yachthafen der „Stichting Watersportbelangen de Vliet".

Einrichtungen

WC, Duschen, Trailer-Slipbahn, Schwimmdock.

Steenbergen
Karte 1807.4

Über das landschaftlich sehr schöne Steenbergsche Vliet kann man mit stehendem Mast und 2,2 m Tiefgang bis nach Steenbergen fahren, wo man mitten im Städtchen Liegeplätze findet.

Einrichtungen

WC, Diesel, Kran bis 1,5 t, alle Arten von Reparaturen.

Oude Tonge
Detailkarte 1807.4

Oude Tonge liegt hinter dem Deich, 3 km vom Fahrwasser des Volkerak entfernt. Das sollte jedoch von einem Besuch nicht abhalten. Es ist ein sehr altes und gepflegtes Städtchen mit einem schönen Hafen, der bis 1,8 m Tiefgang erreichbar ist.

Sehenswert sind die spätgotische Kirche aus dem Jahr 1499, das „oude Raadhuis" (Rathaus) und die Mühle „de Korenbloem" von 1748.

Ansteuerung

Vor der Einfahrt in das Fahrwasser zur Schleuse Oude Tonge liegen die unbeleuchteten Tonnen OT 1 (grün) und OT 2 (rot). Die anschließenden Fahrwassertonnen liegen auf 1,5 m Wasser. Die gebaggerte Rinne ist durchgehend über 2 m tief. An der Westseite liegt unter Wasser ein Steindamm, der sich bis zu der roten Tonne OT 4 erstreckt und mit einer roten Bake bezeichnet ist.

Die Einfahrt zum Hafen Oude Tonge

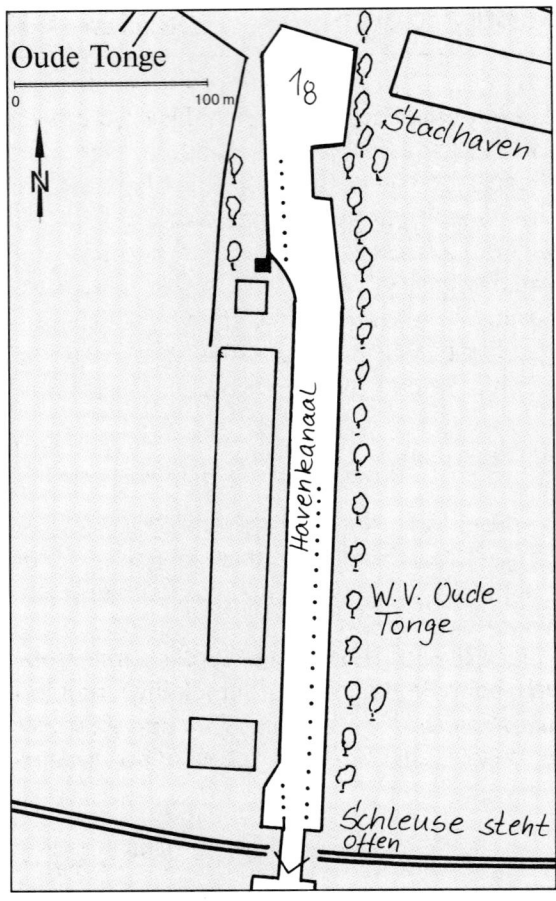

Oude Tonge

18

Stadhaven

N

0   100 m

Havenkanaal

W.V. Oude Tonge

Schleuse steht offen

Die Schleuse ist beleuchtet und steht offen. Sie hat eine Drempeltiefe von 2,1 m und wird nur in Ausnahmefällen geschlossen. Vor der Schleuse stehen an Stb mehrere Dalben zum Festmachen.

Die Fahrrinne bis zur Schleuse und die Hafeneinfahrt sind nicht befeuert.

Hafen

Unmittelbar nach der Schleuse liegen im Havenkanaal an Stb die Liegeplätze des W.V. Oude Tonge. Als Besucher fährt man besser bis in den alten Stadthafen, wo man an der Pier sehr gut liegt.

Einrichtungen

WC, Duschen, Waschräume, Elektro-Anschluß, Kran bis 10 t, (Heben mit stehendem Mast möglich) Reparaturen aller Art (Yachtwerft), Propangas.

Krammersluizen / Philipsdam

Karte 1807.4 (Ostseite), Karte 1805.6 (Westseite)

Der Philipsdam trennt das Süßwasser-Binnenrevier des Volkerak vom Salzwasser-Gezeitenrevier der Oosterschelde. In den Damm sind zwei Schleusen für die Berufsschiffahrt und eine Yachtschleuse (5 x 9 m) eingebaut. Über der Jachtensluis liegt eine feste Brücke mit einer Durchfahrtshöhe von 18,5 m. Die aktuelle Höhe wird durch eine Leuchttafel angezeigt. Die Drempeltiefe in der Jachtensluis beträgt an der Ostseite 2,7 m und an der Westseite 3,7 m bezogen auf NAP. Das bedeutet eine Drempeltiefe von 2,2 m bei NW und 5,2 m bei HW.

UKW-Kanal 22, Ruf: „Krammersluizen".

Yachten sollen auf diesem Kanal mithören, weil bei Störungen in der Jachtensluis oder bei zu hohem Verkehrsaufkommen Sportboote zur Binnenvaartsluis umgeleitet werden.

Auf Kanal 22 sollen Yachten nur dann Verbindung aufnehmen, wenn Masthöhe oder Tiefgang die Fahrt durch die Jachtensluis nicht zulassen. In diesen Fällen wird in der nördlichen Binnenvaartsluis geschleust. Diese Schleuse hat eine bewegliche Brücke und auf den Drempeln stehen zu beiden Seiten 6,25 m Wasser.

In den Vorhäfen der Jachtensluis sind lange Schwimmstege vorhanden, an denen man festmachen und über eine Gegensprechanlage mit dem Schleusenmeister sprechen kann.

In den Vorhäfen der Binnenvaartsluizen sind ebenfalls Anleger vorhanden, die aber keine

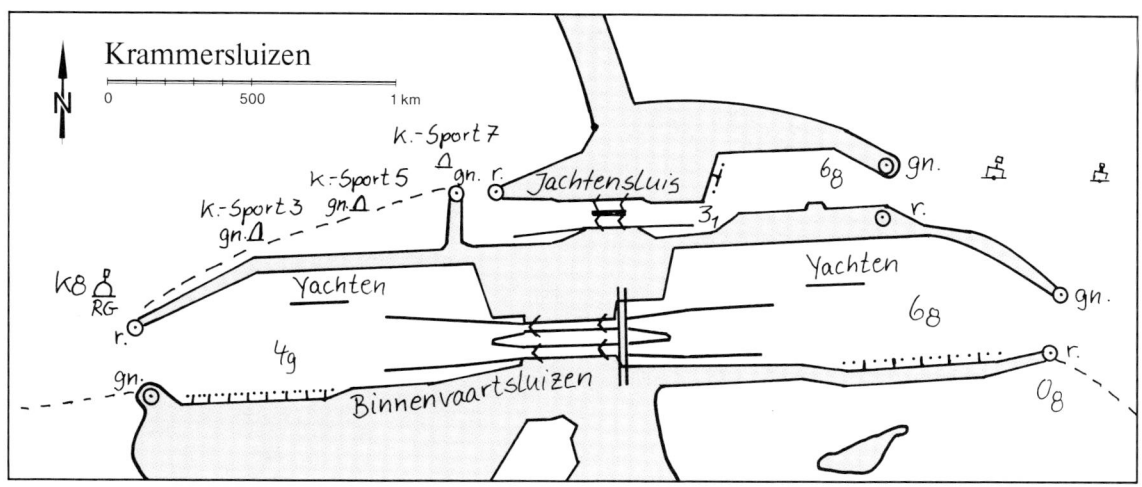

Landverbindung haben. Hier ist das Übernachten nicht erlaubt.

Bedienungszeiten

Die Jachtensluis wird vom 1. 4.-1. 10. täglich von 0.00–22.00 h kostenlos bedient. Die Schleusen für die Berufsschiffahrt werden das ganze Jahr über täglich von 00.00 - 24.00 h bedient.

Ansteuerung

Das Anlaufen der Schleusen ist bei Tag und Nacht ohne Probleme möglich. Die Zufahrten sind gut betonnt, die Einfahrten in die Vorhäfen sind befeuert und der gesamte Schleusenkomplex ist hell erleuchtet. Auf dem Kopf der nördlichen Mole des Vorhafens zur Berufsschiffahrtsschleuse stehen jeweils ein Nebelschallsender (Kennung: 2 Töne in 24 s) und eine Leuchttafel mit der Aufschrift „Sport". Hier wird angezeigt, zu welcher Schleuse die Sportboote fahren sollen. Um das Eindringen von Salzwasser aus der Oosterschelde in das Volkerak zu verhindern, wird das Wasser in den Schleusen jeweils vollständig ausgetauscht. Deshalb dauert ein Schleusengang etwa 25 Minuten.

Westlich der Krammersluizen beginnt das Gezeitenrevier der Oosterschelde mit einem Tidenhub von 3 Metern und beachtlichen Tidenströmungen.

Schiffe, die mit UKW ausgerüstet sind, müssen sich beim Verkeerspost Wemeldinge melden und Schiffsname, Position, Kurs und Fahrtziel nennen. UKW-Kanal 68, Ruf: „Post Wemeldinge".

Krammersluizen: Einfahrt Jachtensluis

129

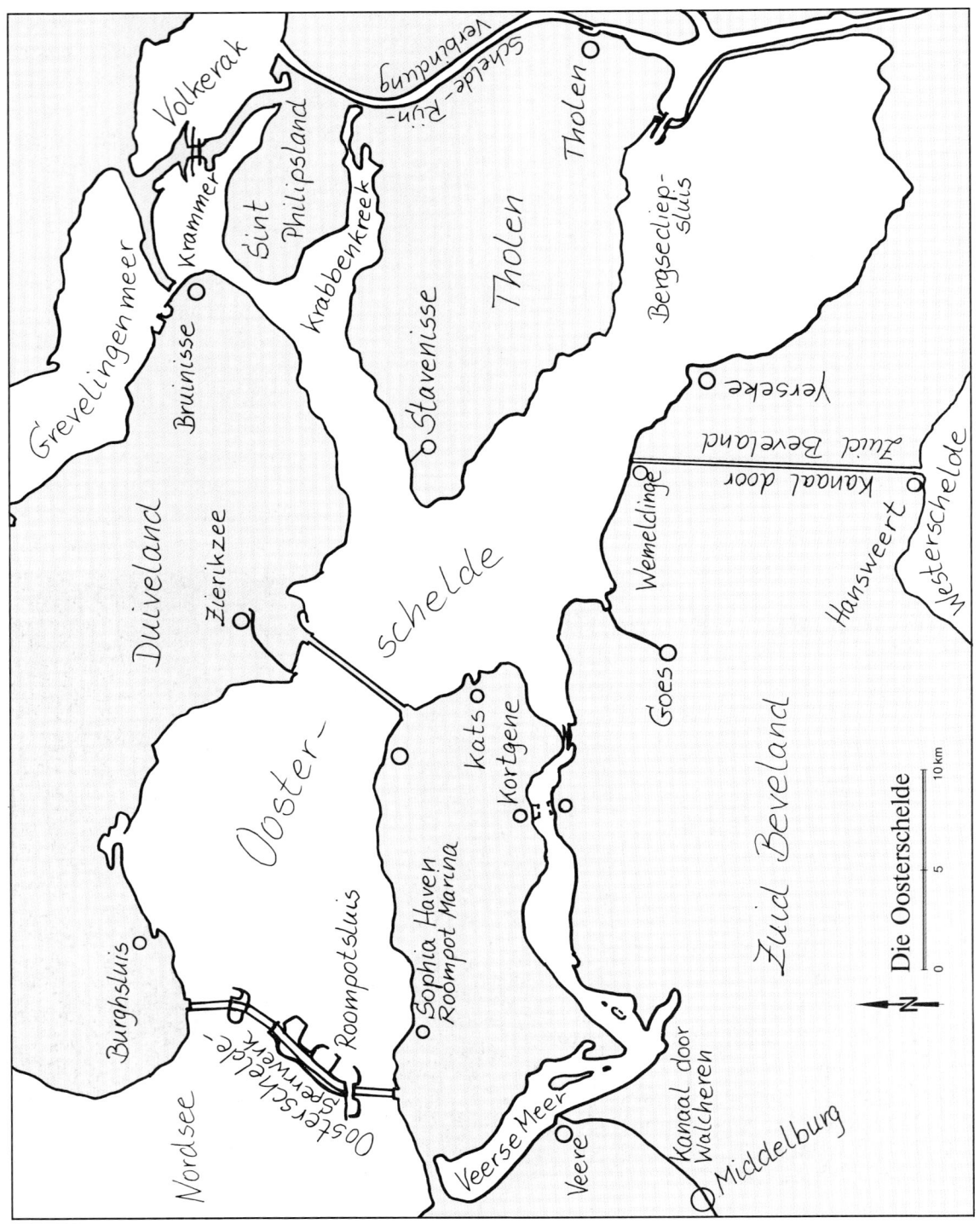

Die Oosterschelde

Die Oosterschelde

Karten 1805.4 – 9

Die Oosterschelde sollte ursprünglich, wie auch die übrigen Delta-Arme, durch einen gigantischen Deich von der Nordsee abgeschlossen werden. Dieser Deich hätte das gesamte ökologische System der Oosterschelde grundlegend verändert. Aus dem Salzwasser-Wattengebiet wäre ein riesiger Süßwasserbinnensee entstanden, in dem Flora und Fauna einschließlich der Muschel- und Austernkulturen abgestorben wären.

Obwohl die Arbeiten schon sehr weit fortgeschritten waren - die Fundamente waren schon fast fertig -, hat man sich eines Besseren besonnen und beschlossen, anstelle des geschlossenen Deiches ein riesiges Sturmflutsperrwerk zu bauen. Dieses Sperrwerk sollte normalerweise offenstehen und die Oosterschelde als Salzwasser-Gezeitenrevier erhalten. Es sollte die Schiffahrt nicht behindern, aber bei Sturmfluten einen optimalen Schutz bieten und somit die Belange des Küstenschutzes, der Schiffahrt und des Naturschutzes gleichermaßen berücksichtigen.

Dem Wassersport stellt sich die Oosterschelde als ein traumhaft schönes Gezeitenrevier dar. Es ist kein Revier für Anfänger und auch nicht für offene Boote geeignet. Erfahrenen Skippern dagegen läßt es kaum Wünsche offen. Große, tiefe und weite Wasserflächen, enge, navigatorisch interessante Wattenfahrwasser, große saubere Sände zum Trockenfallen, das faszinierende Spiel der Gezeiten, die Muschel- und Austernfischerei und die ursprüngliche Flora

Trockenfallen in der Oosterschelde

131

und Fauna bieten interessante Abwechslung und Erholung.

Dazu kommen die schönen, mittelalterlichen Städte mit gepflegter Gastronomie und geschützten Yachthäfen, das gigantische Sturmflutsperrwerk mit der Delta-Expo und vor allem: das saubere, warme Salzwasser.

Das Schmutzwasser von Rhein und Maas wird über den Nieuwe Waterweg abgeleitet. Über die Nordsee gelangen nur 2%, im ungünstigsten Falle 8% des Rheinwassers wieder in die Oosterschelde, da die Strömungen und vorherrschenden Winde vor der Küste die Schmutzfracht nach Nordosten abdrängen. Es gibt keine Einleitungen von ungeklärten kommunalen oder industriellen Abwässern. Das Wasser ist so sauber, daß sich wieder Seehunde angesiedelt haben. Die ausgedehnten Muschelkulturen gedeihen prächtig und werfen reiche Erträge ab. Die Oosterschelde ist natürlich ein ideales Revier für Plattbodenschiffe, Jollenkreuzer und Hubkieler. Aber auch mit einer Kielyacht oder Motoryacht kann man, mit Ausnahme des Trockenfallens, dieses Revier uneingeschränkt genießen. Die Wassertiefe in den Fahrwassern und Häfen ist überall ausreichend und im Schutze der Sandbänke bieten sich tagsüber ruhige Ankerplätze.

Die Oosterschelde ist mit stehendem Mast ohne Höhenbegrenzung erreichbar:
– Von der Nordsee durch die Roompotsluis im Oosterscheldesperrwerk (siehe „Von der Nordsee in die Oosterschelde").
– Von der Westerschelde durch den Kanaal door Walcheren – Veerse Meer (siehe „Kanaal door Walcheren" und „Veerse Meer").
– Durch den Kanaal door Zuid Beveland (siehe „Kanaal door Zuid Beveland").
– Vom Volkerak / Zoommeer durch die Krammersluizen (siehe „Volkerak").
– Vom Zoommeer durch die Bergsediepsluis (siehe „Zoommeer").

– Vom Grevelingenmeer durch die Grevelingensluis bei Bruinisse (siehe „Grevelingenmeer").

Gezeiten

Auch nach dem Bau des Oosterschelde-Sperrwerkes ist die Oosterschelde ein zur Nordsee offenes Tidenrevier geblieben. Bei geöffnetem Sperrwerk liegt der Tidenhub bei der Roompotsluis zwischen 2,8 m (Nipptide) und 3,5 m (Springtide). Die Stromgeschwindigkeiten sind sehr unterschiedlich. Sie sind bei ablaufendem Wasser, gegen Ende der Ebbe, wenn die Sände bereits trockengefallen sind, besonders hoch (bis zu 5 kn). Die Strömungen müssen besonders bei Nachtfahrt beachtet werden, weil ein Teil der Fahrwassertonnen nicht befeuert ist.

Gesetzliche Bestimmungen

Kleine Fahrzeuge müssen nachts und bei schlechter Sicht einen Radar-Reflektor führen. UKW-Kanal 68, Ruf: „Post Wemeldinge". Fahrzeuge, die mit UKW ausgerüstet sind, sollen sich melden und dabei Schiffsname, Position, Kurs und Ziel angeben.

Die Beschreibung der Oosterschelde mit ihren Städten, Häfen und nautischen Informationen erfolgt „links herum", beginnend im Nordosten bei den Krammersluizen.

Bruinisse
Karte 1805.6

siehe Grevelingenmeer.

Vluchthaven Zijpe
Karte 1805.6

Dieser Hafen ist eigentlich für die Berufsschiff-

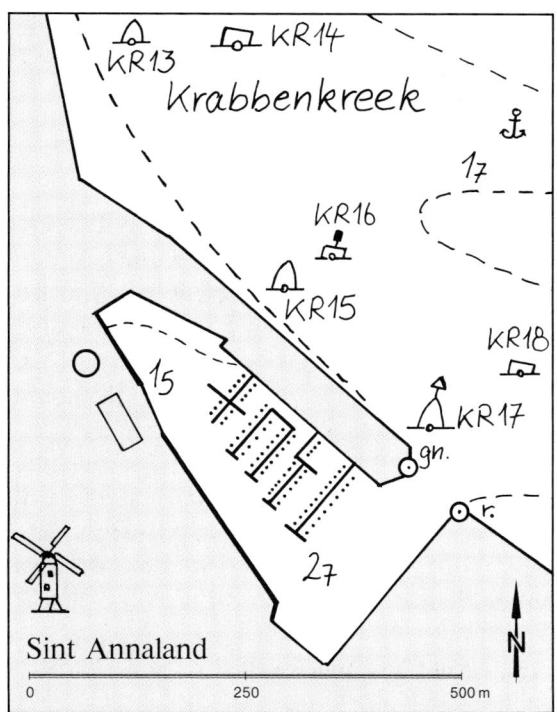

Innerhalb der Kartenskizze:

KR13 — KR14 — Krabbenkreek — KR16 — KR15 — KR18 — KR17 gn. — r. — Sint Annaland — 0 250 500 m — N

Veerhaven Zijpe   Karte 1805.6

Die Fährhäfen sind für jeden Verkehr gesperrt. Die Einfahrten sind durch Bojen und Taue geschlossen.

Krabbenkreek   Karte 1805.6

Etwa 2 sm südwestlich von Bruinisse mündet das Krabbenkreek - ein typisches Wattfahrwasser - in das Mastgat. Es ist betonnt, aber nicht befeuert und führt zwischen hohen, trockenfallenden Sänden mit über 2,5 m Wassertiefe bis nach Sint Philipsland.

Im Krabbenkreek findet man außerhalb des Fahrwassers gute Ankerplätze auf sandigem Schlick.

Häfen im Krabbenkreek

Sint Annaland

Dies ist ein großer Tidehafen, der hinter den hohen Steinmolen sehr geschützt liegt. Es ist mehr ein guter technischer Stützpunkt als ein Platz zum Verweilen.

Einrichtungen

WC, Duschen, Waschräume, Elektro-Anschluß, Waschsalon, Clubhaus mit Restaurant, Kran bis 25 t (Heben mit stehendem Mast möglich), Trailer-Slipbahn, alle Arten von Reparaturen, Entsorgung für Chemietoiletten.

Sint Philipsland

Der Hafen ist von Ost bis Süd völlig offen. Die Anfahrt ist nur bei Tageslicht möglich. Der Hafen fällt trocken, hat für Yachten keine Ein-

fahrt bestimmt. Er ist bei NW etwa 6 m tief. Der Tidenhub beträgt 3,1 m.

Ansteuerung

Die breite Hafeneinfahrt ist bei Tag und Nacht ohne Schwierigkeiten anzulaufen. Lediglich der vor der Einfahrt querlaufende Strom sollte beachtet werden. Die Hafeneinfahrt ist mit je einem roten bzw. grünen festen Licht befeuert.

Liegeplätze

In der Westecke wurde für Yachten ein 50 m langer Schwimmsteg mit Landgang angelegt. Hier darf man bis zu 3 x 24 Stunden kostenlos liegen, das Schiff jedoch nicht unbemannt zurücklassen. Es gibt Trinkwasser und Abfallbehälter, jedoch keine speziellen Einrichtungen für Yachten.

richtungen und wird deshalb nur selten angelaufen.

Stavenisse   Detailkarte 1805.5

Stavenisse ist ein kleines Dorf auf dem westlichen Zipfel der Insel Tholen. Die „Korenmolen", eine Windmühle aus dem Jahr 1801, ist regelmäßig in Betrieb und kann besichtigt werden. Auch ein Bauernhof mit Damwild- und Schafzucht kann nach vorheriger Anmeldung besichtigt werden (Tel. 01663-2362).

Ansteuerung

Das Einlaufen ist nur bei Tageslicht möglich. Das Leuchtfeuer auf der Ostmole ist für die Schiffahrt auf der Oosterschelde bestimmt. Die Hafeneinfahrt ist nicht befeuert. Der Drempel der meist offenstehenden Schleuse hat bei NW nur 0,7 m Wasser. Auch im Hafen ist es kaum tiefer. Tidenhub: 2,95 m.

Hafen

Der Hafengrund besteht aus weichem Schlick, so daß auch Kielyachten bei Niedrigwasser sicher liegen. Die Steganlagen sind für Yachten bis 10 m Länge geeignet. Größere Yachten müssen an der Pier liegen.

Einrichtungen

WC, Duschen, Waschräume, Elektro-Anschluß.

Haven de Val   Karte 1805.5

Der ehemalige Fährhafen liegt am Nordufer der Oosterschelde, unmittelbar östlich der Zeelandbrug. Man darf diesen Hafen im Notfall als Fluchthafen anlaufen. Die Hafenlichter sind nicht mehr in Betrieb. Für Yachten sind zwei orangefarbene Mooringtonnen ausgelegt.

Gezeiten

Der Gezeitenhub liegt hier bei etwa 3,1 m. Der Hafen fällt bei NW teilweise trocken. Bei NW stehen bei den Mooringtonnen noch 1 m, an der Pier etwa 2 m Wasser.

Zeelandbrug   Karten 1805.5/8

Die Zeelandbrug führt über die Oosterschelde und verbindet die Inseln Schouwen-Duiveland und Noord Beveland. Sie ist 5 km lang und steht auf 52 Pfeilern, die von Nord nach Süd numeriert sind.

Im Süd- und im Nordteil ist jeweils eine Durchfahrt für den west- und den ostgehenden Verkehr mit je einem gelben Licht markiert. Dort sind an den Pfeilern Brückenpegel angebracht, die nachts beleuchtet werden. Diese Pegel zeigen die Durchfahrtshöhe auf zwei Drittel Breite der Öffnung an. In der Mitte sind es 1,5 m mehr, an den Pfeilern 2 m weniger.

Die Zeelandbrug

Die tatsächliche Höhe ist von den Gezeiten abhängig und liegt zwischen 11,8 m bei Springhochwasser und 15,4 m bei Springniedrigwasser, wobei die Wellenhöhe nicht berücksichtigt ist. Im Zweifel kann man beim Brückenwärter anfragen.

UKW-Kanal 18, Ruf: „Zeelandbrug".

Die bewegliche Brücke zwischen den Pfeilern 4 und 5 wird zu folgenden Zeiten bedient und dabei nur einmal kurz geöffnet:

Mo - Fr: 07.00, 07.23, 08.53, 09.23, 09.53, 10.23, dann stündlich h +53 und h +23 bis 21.23 h.

Sa - So: ab 09.00, wie oben bis 21.23 h.

Im Bereich der beweglichen Brücke kann die Strömung von der Fahrtrichtung erheblich abweichen und auf das Bollwerk vor der Brücke versetzen. Bei Starkwind von mehr als Bft 7 wird die Brücke nicht geöffnet.

Zierikzee   Detailkarte 1805.8

Im 10. Jahrhundert gründeten Siedler unter ihrem Anführer Zierik eine Niederlassung an der Ee, einem Nebenflüßchen der Gouwe, die damals noch die Inseln Schouwen und Duiveland trennte. Sie nannten ihre Ansiedlung Zierikzee (von Zieriks Ee). Man handelte mit Fisch und Wolle und erhielt 1248 das Stadtrecht und 1290 die Zollfreiheit. Der Handel mit Salz und Krapp (eine Pflanze, deren Wurzeln zu einem roten Farbstoff zermahlen wurden) brachte einen erneuten Aufschwung.

Im 14. Jahrhundert hielt die inzwischen befestigte Stadt dreimal einer Belagerung stand und erhielt eine Reihe von Privilegien: Zierikzee wurde Handelsplatz für Getreide. Weber, Seilmacher und Scherer durften sich außerhalb der Stadt nicht betätigen und die Schiffahrt kam durch den ausgedehnten Handel mit Fisch, Salz, Krapp und Tüchern zur Blüte.

Im 15. Jahrhundert verwüsteten die St. Elisabethsflut (1421) und drei Feuersbrünste die Stadt. Trotzdem wurde 1454 mit dem Bau des auf 130 m Höhe geplanten St. Lievensmünsterturms und der größten Kirche Zeelands begonnen. Geldmangel beendete den Bau, als der Turm eine Höhe von 58 m erreicht hatte.

Im 16. Jahrhundert versandete die Gouwe, die Verbindung vom Hafen Zierikzee zum Grevelingen. Der Havenkanaal, die heute noch befahrbare Verbindung zur Oosterschelde, wurde 1595 − 1600 gegraben und brachte der Stadt wieder einen neuen Aufschwung, der bis zur Mitte des 18. Jahrhunderts anhielt. Der Niedergang begann in der zweiten Hälfte des 18. Jahrhunderts: Die Schiffahrt stagnierte, das Vieh fiel der Rinderpest zum Opfer, die Franzosen besetzten die Stadt, und die im 19. Jahrhundert beginnende Industrialisierung ging an der abseits gelegenen Stadt vorbei.

Die darauf folgende Armut ist der Grund dafür, daß das mittelalterliche Stadtbild von Zierikzee erhalten blieb. Es fehlte einfach das Geld für Erneuerungen. Durch den Bau der Zeelandbrücke und der Dämme des Delta-Projektes kam Zierikzee aus seiner Isolierung heraus und erlebt seither einen neuen Aufschwung. Die inzwischen fast vollständig renovierte Stadt ist

Zierikzee: Der Nieuwe Haven

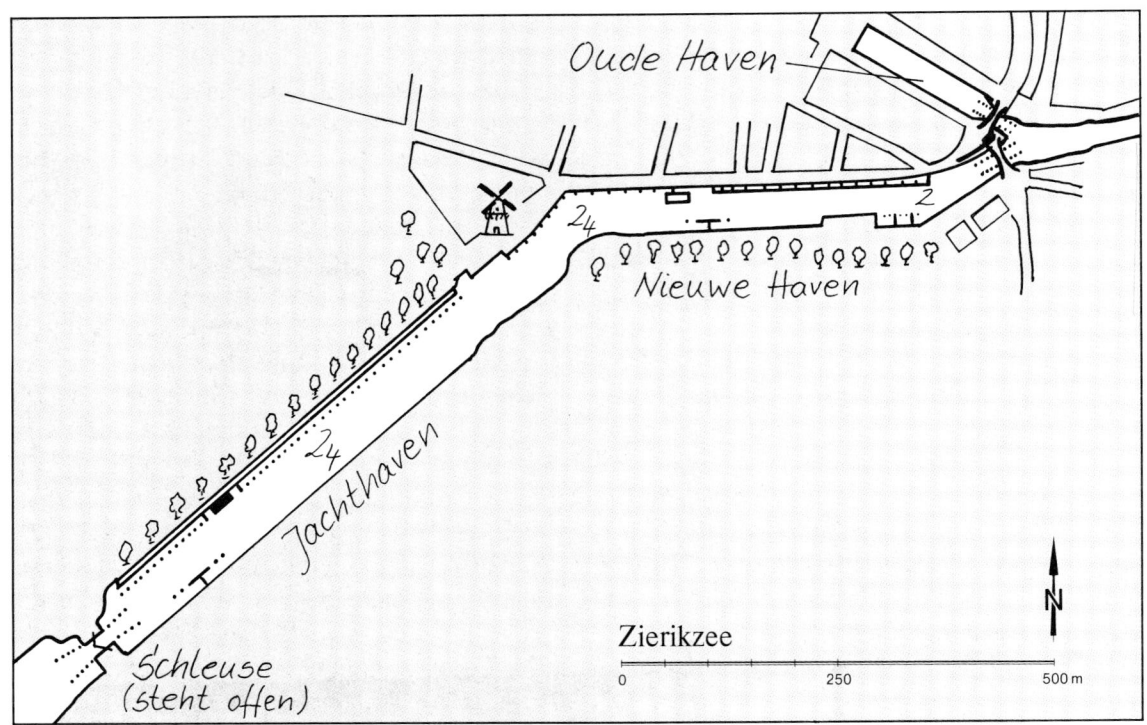

ein einzigartiges Museum. Von den 1950 Häusern der Altstadt stehen 561 unter Denkmalschutz.

Sehenswert sind vor allem die alten Stadttore, das Rathaus (1554), die Kornwindmühlen „De Hoop" (1874) und „Den Haas" (1727), der „Monstertoren" (St. Lievensmünsterturm), das Stadthuismuseum (Geschichte der Stadt, geöffnet von Mo – Fr 10.00 – 12.00 und 13.00 – 1.00 h) und das im alten Gefängnis untergebrachte „Zeeuwsche Maritiem Museum" (geöffnet Mo – Sa von 10.00 – 17.00 h). Die Windmühlen sind noch in Betrieb und können besichtigt werden.

Ansteuerung   Karte 1805.8

Der Nieuwe Haven von Zierikzee ist von der Oosterschelde nur durch den 2,5 km langen Havenkanaal mit einem Tiefgang von 2,2 m bei NW zu erreichen.

Gezeiten

Der Tidenhub beträgt 2,8 m. Vor der Einfahrt zum Havenkanaal laufen starke Gezeitenströme und bei Flut auch ein erheblicher Neerstrom. Hier steht fast immer ein durcheinanderlaufender, kabbeliger Seegang, der bei westlichen Winden recht grob wird.

Ansteuerung bei Tag

Man sollte in jedem Falle von Südosten, möglichst unter Segel und Maschine, einlaufen und erst 500 m landeinwärts, in der Verbreiterung des Havenkanaal, die Segel bergen und das Anlegen vorbereiten. Als Landmarke ist der klobige „Monstertoren" nicht zu übersehen. Die Einfahrt sollte, beginnend von der roten Tonne R 36, mit rw 310°, zügig angelaufen werden.

136

Zierikzee: Brücke vor dem Zuidhavenpoort

Ansteuerung bei Nacht

Vor der Einfahrt liegt die rot/weiße Leuchttonne „Roompot" mit der Morse-Kennung „A", 8s. (A= · -). Die Hafeneinfahrt ist mit je einem roten und grünen festen Licht befeuert. Auf der Westmole steht ein Sektorenleuchtfeuer (Oc.6s). Die Einfahrt sollte auch bei Nacht aus südöstlicher Richtung mit rw 310° angelaufen werden. Die Schleuse vor dem Nieuwe Haven steht offen und ist auch beleuchtet.

Häfen

Gleich hinter der Schleuse liegt an Bb der Yachthafen mit Liegeplätzen an Schwimmstegen und einer Wassertiefe von 2,4 m bei NW.

Einrichtungen

WC, Duschen, Waschräume, Elektro-Anschluß.

An den Yachthafen schließt sich der Nieuwe Haven an mit einer Wassertiefe von 2,4 m bei NW. Hier liegt man an der Pier oder an einem langen Schwimmsteg im Päckchen.

Einrichtungen

WC, Duschen, Waschräume, Elektro-Anschluß, Diesel, Benzin, Kran bis 40 t, Waschsalon, alle Arten von Reparaturen, Segelmacher, Entsorgung für Chemietoiletten.

Flaauwershaven
Karte 1805.8

Dieser Hafen liegt 3 sm nordwestlich der Hafeneinfahrt von Zierikzee. Er ist in Privatbesitz und deshalb für Yachten nicht freigegeben. Im „Almanak voor Watertoerisme" wird er als möglicher Fluchthafen genannt, doch der Hafen fällt trocken. Vor der Einfahrt liegen Steindämme, zum Teil unter Wasser, und die Hafeneinfahrt ist nicht befeuert. Der Tidenhub beträgt 3,0 - 3,4 m, die Wassertiefe bei HW etwa 1,5 m.

Haven Schelphoek
Karte 1805.8

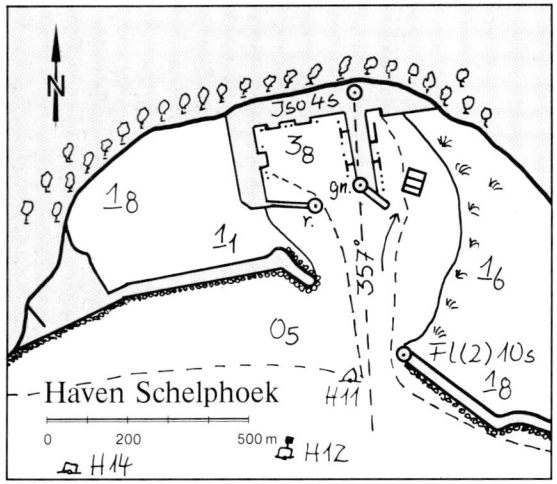

Der Hafen Schelphoek liegt an der Nordseite der westlichen Oosterschelde in einer großen Bucht, die landseitig durch den Deich, seeseitig durch mächtige Steinmolen umschlossen wird. Der Hafen ist auf den amtlichen Seekarten mißverständlich dargestellt: Das große Hafenbecken ist zwar rot/grün befeuert - aber dennoch gesperrt! Der zugängliche Teil des Hafens liegt an der Ostseite der Ostmole!

Ansteuerung bei Tag

Die Hafenmolen und die östlich davon liegenden drei großen Beton-Chaissons sind gut zu sehen. Die Chaissons erscheinen von See her als ein Block und sind auch so in der Seekarte eingezeichnet. Die Einfahrt verläuft zwischen den Chaissons und der Mole und ist bei NW über 2,5 m tief.

Ansteuerung bei Nacht

Die Zufahrt verläuft zwischen der grünen Tonne H 11 und dem Molenkopf sehr dicht an der Westhuk der großen Steinmole, die mit einem Feuer Fl. (2) 10 s versehen ist.

Westlich der Einfahrt stehen dicht an der Fahrrinne zahlreiche Stellnetze. Die Rinne ist bei NW 2,5 m tief. Grüne Gleichtaktfeuer in Linie (Iso,4s) führen auf rw 35° zur Ostmole.
Liegeplätze für Yachten findet man an einem Anleger in der NW-Ecke. Man liegt dort gut bei Winden von Südwest bis Nordost. Es gibt jedoch keine Versorgung. Die in der Karte verzeichnete Trailer-Slipbahn war im Sommer 1990 durch Steine unbrauchbar.

Burghsluis
Detailkarte 1805.8

Dieser Hafen liegt sehr einsam im Deichvorland. Er hat nichts Besonderes aufzuweisen und ist dennoch ein idealer Stützpunkt für Tagestörns im Gebiet der Roggenplaat.

Gezeiten

Der Tidenhub beträgt 2,5 m. Bei NW stehen in der Einfahrt 2,5 m, an den Schwimmstegen 2 m Wasser. Die NE-Ecke des Hafens fällt trocken. Vor der Einfahrt läuft bei Ebbe ein starker Strom nach Westen.

Liegeplatz in Burghsluis

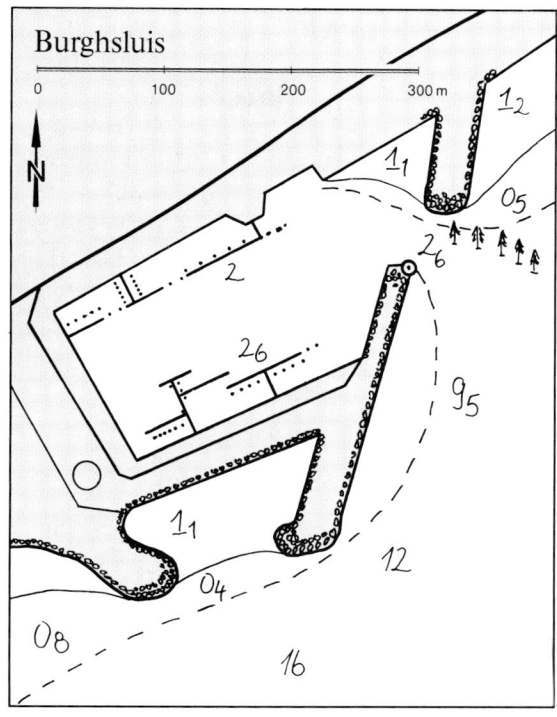

Ansteuerung bei Tag

Einen ersten Anhaltspunkt bietet ein Komplex von sechs großen Silos, die etwa 500 m nordwestlich des Hafens zu sehen sind. Die Einfahrt ist zwischen den wuchtigen Steinmolen leicht zu finden. Die Fahrrinne verläuft dicht an der Westmole und ist nur etwa 15 m breit. Die Pricken (einfache Stangen) vor der Einfahrt müssen an Stb bleiben.

Ansteuerung bei Nacht

Auf dem Kopf der Westmole stehen ein weißes Hafenlicht und ein Sektorenleuchtfeuer.

Von Südwesten kommend, navigiert man zunächst auf den schmalen weißen Sektor zwischen den beiden grünen Sektoren. Dann muß man sich aber deutlich vom Leuchtfeuer freihalten (rw 45°), bis die Hafeneinfahrt in rw 20° peilt und kann dann im grünen Sektor auf das Leuchtfeuer halten.

Von Osten kommend, hält man auf den schmalen weißen Sektor zwischen rot und grün bis vor die Hafeneinfahrt.

Hafen

Man liegt an der Nordseite des Hafens an sehr ordentlichen, soliden Schwimmstegen der W.V. Burghsluis.

Einrichtungen

WC, Duschen, Elektro-Anschluß, Kran bis 6 t, Fahrrad-Verleih beim Hafenmeister, Lebensmittel von einem Verkaufswagen: Di, Do und Sa jeweils 16.00 h.

Sturmflutsperrwerk Oosterschelde   Karte 1805.8

Zum Bau des Sturmflutsperrwerkes wurden zunächst zwei Inseln (Roggenplaat und Neeltje Jans) angelegt. Auf diesen Inseln wurden Bauhäfen errichtet. In diesen Bauhäfen wurden die Fundamentmatten und die riesigen Pylone

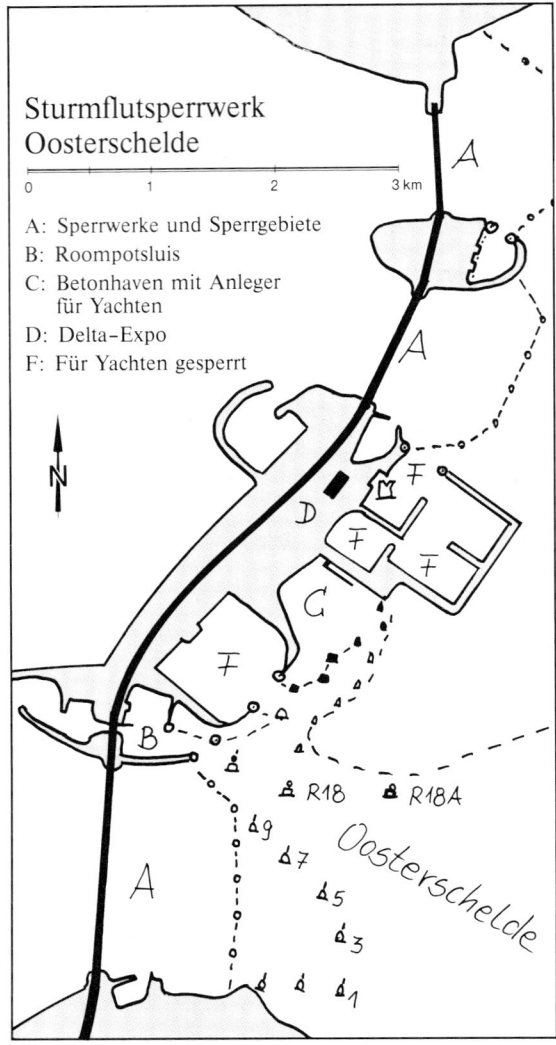

Sturmflutsperrwerk
Oosterschelde

0   1   2   3 km

A: Sperrwerke und Sperrgebiete
B: Roompotsluis
C: Betonhaven mit Anleger
   für Yachten
D: Delta-Expo
F: Für Yachten gesperrt

N

A

A

F

D

F

F

C

F

B

A

R18   R18A

9
7
5
3
1

Oosterschelde

Oosterschelde-Sperrwerk mit Roompotsluis

zeug durch den Gezeitenstrom in das Sperrwerk getrieben wird, sind hinter der Sperrlinie
große, gelbe Festmachetonnen verankert, die
miteinander durch Stahlseile verbunden sind.
Bei Gefahr soll sofort der Anker etwa 10 m
gefiert und die Kette gestoppt bzw. die Leine
belegt werden. Der Anker wird sich im Stahlseil
verfangen und das Boot halten. Im Binnenhaven der Roompotsluis wird für diesen Notfall
ständig ein speziell ausgerüstetes Motorboot
bereitgehalten.
Notruf: UKW-Kanal 18, Ruf: „PAN PAN —
Roompotsluis".

Delta-Expo   Karte 1805.8

Auf der Insel Neeltje Jans wurde die Delta-Expo
eingerichtet. Sie bietet einen sehr informativen
und detaillierten Überblick über die nieder-
ländische Wasserbaugeschichte und den Bau
der Dämme und Sperrwerke des großen Delta-
Projektes.
Im Verlauf einer Führung kann man auch in das
Sperrwerk hinabsteigen und die gesamten
Maschinenanlagen besichtigen.
Die Delta-Expo ist täglich von 10.00 - 17.00 h
geöffnet und vom Betonhaven (in der Mitte der
Insel Neeltje Jans) zu erreichen.

(jeder wiegt 18 000 t!) angefertigt und zwischen
den Inseln eingebaut. Diese Bauhäfen sind für
Yachten gesperrt.
Die Gezeiten strömen durch die geöffneten
Tore. Die Durchfahrt durch die Tore ist lebens-
gefährlich und deshalb ohne Ausnahme verbo-
ten! Vor den Öffnungen des Sperrwerkes liegen
zu beiden Seiten gelbe Spitztonnen, die das
Sperrgebiet markieren.
Für den Fall, daß ein manövrierunfähiges Fahr-

Ansteuerung des Betonhavens   Karte 1805.8

Das Fahrwasser zum Betonhaven ist sehr gut betonnt und beginnt bei der rot/grünen Leuchttonne R 16/MH1 (Q). Das Fahrwasser und der Betonhaven sind bei NW über 4 m tief. Im Betonhaven ist ein Schwimmsteg vorhanden, an dem man zum Besuch der Delta-Expo festmachen darf.

Roompotsluis   Karte 1805.8

Die im südlichen Teil des Sperrwerkes eingebaute „Roompotsluis" stellt die Verbindung zwischen der Oosterschelde und der Nordsee her. Über der Schleuse liegt eine feste Brücke mit einer Durchfahrtshöhe von 18,2 m bei Hochwasser und etwa 21 m bei Niedrigwasser.

Ansteuerung bei Tag

Man orientiert sich an den roten Leuchttonnen R 22 bis R 16/MH 1 und gelangt fast automatisch in den Vorhafen der Roompotsluis.

Ansteuerung bei Nacht

Auch bei Dunkelheit hält man sich an die roten

Roompotsluis, vom Binnenhaven gesehen

Leuchttonnen R 22 bis MH 1. Die Einfahrt zum Schleusenvorhafen ist befeuert (rot/fest und grün/fest). Die Mole des Bauhafens ist mit einem grünen Licht (Q) befeuert. Die gesamte Schleusenanlage ist gut beleuchtet.

Gezeiten

Bei geöffnetem Sperrwerk beträgt der Tidenhub bei Springtide 3,5 m, bei Nipptide 2,8 m.
Vor der Schleuse liegt an Stb ein Schwimmsteg, an dem man anlegen und über eine Gegensprechanlage mit dem Schleusenmeister sprechen kann.

Schleusenzeiten

Mo u. Do:	00.00 - 22.00 h
Di u. So:	06.00 - 24.00 h
Mi:	00.00 - 24.00 h
Fr u. Sa:	06.00 - 22.00 h

UKW-Kanal 18, Ruf: „Roompotsluis".
Zoll: Auf der Roompotsluis. Anforderung über den Schleusenmeister, UKW-Kanal 18 oder die Gegensprechanlage auf dem Steg.

Sophiahaven/ Roompot Marina   Karte 1805.8

In der südwestlichen Ecke der Oosterschelde liegt der Sophiahaven, der als „Werkhaven" zum Bau des Oosterschelde-Sperrwerkes angelegt wurde. Der Hafen liegt sehr gut geschützt hinter mächtigen Steinmolen. Im Südteil des großen Hafenbeckens liegt die „Roompot Marina".

Gezeiten

Im Bereich der Ansteuerungstonne läuft der Ebbstrom mit bis zu 4 kn nach West, der Flut-

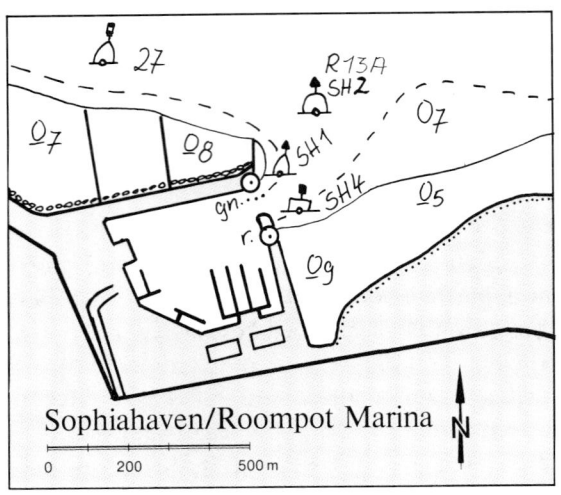

Sophiahaven/Roompot Marina

N

0   200   500 m

Sophiahaven/Roompot Marina

strom mit bis zu 4 kn nach Ost. Der Tidenhub beträgt 3,1 m.

Ansteuerung bei Tag

Die Zufahrt zum Sophiahaven beginnt bei der grün/roten Tonne R 13 A SH 2. Es folgen die Tonnen SH 1 (grün) und SH 2 (rot). Östlich der Fahrrinne ist es sehr flach. Im Bereich der Einfahrt sollte man sich mehr nach Bb halten (Untiefe an Stb). Der Hafen kann bei NW mit 2,3 m Tiefgang angelaufen werden.

Ansteuerung bei Nacht

Die Hafeneinfahrt ist mit je einem roten bzw. grünen Licht befeuert. Die Fahrwassertonnen sind nicht befeuert. Deshalb, auch wegen der starken, querlaufenden Strömungen sollten Revierunkundige diesen Hafen in der Dunkelheit nicht anlaufen. Die Roompot Marina ist sehr gut eingerichtet und bietet an Schwimmstegen komfortable Liegeplätze.

Einrichtungen

WC, Duschen, Waschräume, Elektro-Anschluß,

Waschmaschinen, Supermarkt, Bowling, Tennis, Diesel, Benzin, Trailer-Slipbahn, Fahrrad-Vermietung, Entsorgung für Chemietoiletten.

Die besondere Attraktion ist das „Subtropisch Zwemparadijs", ein modernes Freizeitbad mit allem, was dazugehört (Rutschen, Hot-Whirlpool, Sauna, Solarium, Jet-Stream usw.). Im Hafengeld (1990 pro Boot 30,- Gulden) ist auch das Eintrittsgeld bis zu fünf Personen für das „Subtropisch Zwemparadijs" enthalten.

Colijnsplaat   Detailkarte 1805.8

Der Hafen Colijnsplaat liegt am südlichen Ufer der Oosterschelde, 1 sm westlich der Zeelandbrug. Der östliche Teil des Hafens ist von Fischereifahrzeugen belegt.

Gezeiten

Vor der Hafeneinfahrt läuft der Flutstrom mit bis zu 4 kn, der Ebbstrom bis zu 5 kn. Der Tidenhub liegt bei 2,7 m.

Ansteuerung

Der Hafen ist leicht zu finden und ohne Schwie-

142

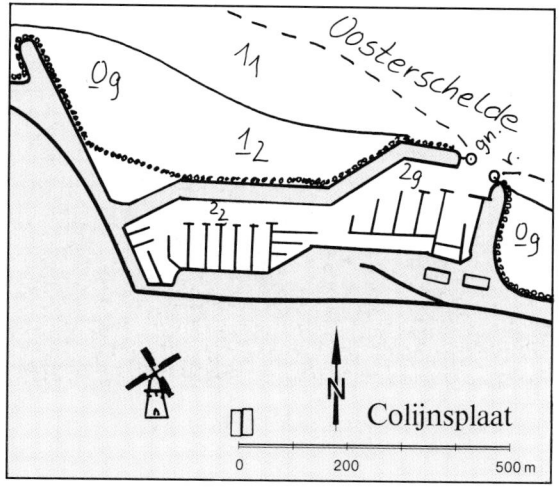

rigkeiten anzusteuern. Die Hafeneinfahrt ist mit je einem roten bzw. grünen festen Licht befeuert, die auf Stahldalben montiert sind. Zwischen diesen Dalben und den Steinmolen liegen Betonblöcke als Wellenbrecher.

Hafen

Der Yachthafen des W. V. Noord-Beveland liegt westlich des Fischereihafens und verfügt über Schwimmstege. Die Wassertiefe beträgt bei NW im vorderen Teil 2,4 m und nimmt im hinteren Teil des Hafens auf 1,8 m ab.

Einrichtungen

WC, Duschen, Waschräume, Elektro-Anschluß, Waschsalon, Diesel, Benzin, Reparaturen aller Art (Fa. Delta-Yacht), Kran bis 35 t (Heben mit stehendem Mast möglich). Entsorgung für Chemietoiletten.

Kats
Karte 1805.5

Der ehemalige Fährhafen Kats liegt etwa 1,7 sm

südöstlich der Zeelandbrug am Westufer der Oosterschelde. Der Hafen ist mit einer Schwellenschutzwand versehen worden und wird teilweise als Yachthafen genutzt.

Gezeiten

Der Tidenhub beträgt etwa 2,8 m. Vor der Hafeneinfahrt läuft der Flutstrom nach Südost, der Ebbstrom (bis 4 kn) nach Nordwest.

Ansteuerung bei Tag

Die Ansteuerung erfolgt nach Sicht. In der Hafeneinfahrt sollte man sich mehr zur Südmole halten.

Ansteuerung bei Nacht

Man steuert auf das Sektorenleuchtfeuer auf der Südmole, dessen Sektoren noch auf den inzwischen eingestellten Fährverkehr ausgerichtet sind. Von Westen kommend dient der grüne Sektor nur der Orientierung, keinesfalls zur Ansteuerung. Man würde, besonders bei auflaufendem Wasser (Flutstrom in Richtung Südost) vor dem Hafen auf Grund laufen.
Die Hafeneinfahrt ist mit rot/fest und grün/fest befeuert. Bei Einlaufen sollte man sich mehr zum roten Licht halten.

Hafen

Der Yachthafen liegt einlaufend an der Steuerbordseite und wird von der Yachtwerft v.d. Rest Nautic betrieben.

Einrichtungen

WC, Duschen, Waschräume, Elektro-Anschluß, Diesel, alle Arten von Reparaturen, Segelmacher, Kran bis 35 t.

Zandkreek

Karte 1805.5

Das Zankreek ist die Verbindung von der Oosterschelde zum Veerse Meer. Das gut betonnte Fahrwasser zweigt ab bei der grünen Leuchttonne 09/LFl.8s und führt bis zur Zandkreeksluis (siehe Veerse Meer).

Wemeldinge

Karte 1805.5.

Siehe „Kanaal door Zuid Beveland".

Goes

Karte 1805.5

Goes war im Jahre 1100 nur eine kleine Ansiedlung. Es wurde 1134 durch eine Sturmflut vernichtet und in der Mitte des 12. Jahrhunderts wieder aufgebaut. Aus dieser Zeit sind viele Gebäude erhalten. Auch die Wallanlagen und Befestigungen aus dem Jahr 1586 sind noch vorhanden.
Goes ist das Einkaufszentrum der Insel Zuid Beveland. Es ist eine wunderschöne alte Stadt - wie aus dem Bilderbuch. Im Zentrum der Alt-

Goes: Rathaus, dahinter die Grote Kerk

stadt, am Großen Markt, steht das alte Rathaus aus dem Jahr 1344 (im Juli und August zu besichtigen). Um den Marktplatz herum gibt es gemütliche Straßencafés, kleine, sehr belebte Einkaufsstraßen und ein Gewirr von kleinen, verschlungenen Gassen mit alten, sorgsam gepflegten Giebelhäusern, Handwerksbetrieben und einer bemerkenswerten Gastronomie.
Jeden Dienstag und Samstag wird auf dem Großen Markt der Wochenmarkt abgehalten. Die Windmühle „De Koornbloem" aus dem Jahr 1801 wird jeden Sonnabend in Betrieb genommen und kann dann von 10.00 – 17.00 Uhr besichtigt werden. In der 1618 abgebrannten und 1618-1621 wieder aufgebauten Grote Kerk sind im Sommer regelmäßig Orgelkonzerte auf der großen Marcussen-Orgel zu hören.
Der 20 ha große Stadterholungspark „De Hollandsche Hoeve" ist nur wenige Minuten vom Zentrum entfernt. Er ist kostenlos zugänglich und für Familien mit Kindern ein kleines Paradies: ein verwilderter Obstgarten mit Schafen und Kühen, ein Kinderbauernhof, eine Bauernkäserei, Spielplätze und ein „Pannekoekhuis" (Pfannkuchenrestaurant), das 80 verschiedene Pfannkuchen anbietet. Eine besondere Attraktion ist die „Stoomtram Goes-Borsele", eine von alten Dampflokomotiven gezogene Kleinbahn,

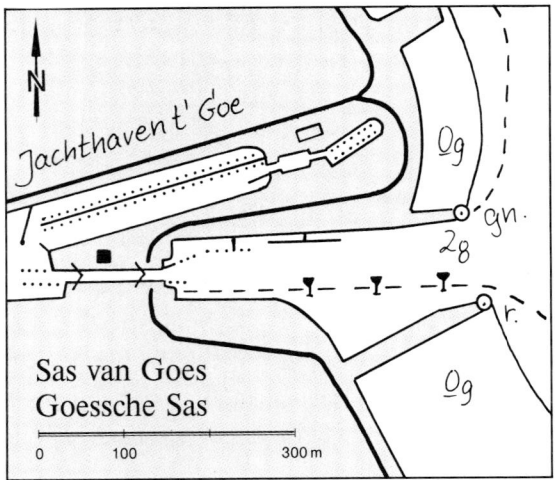

Sas van Goes
Goessche Sas

0   100   300 m

Marcussen-Orgel in der Grote Kerk

die täglich um 14.00 und 19.00 Uhr durch den landschaftlich schönsten Teil von Zuid Beveland fährt. Auf der Rückfahrt hält der Zug am Deich von Hoedenskerke, um den Fahrgästen einen Blick auf die Westerschelde zu ermöglichen.

Anfahrt nach Goes

Goes ist mit der Oosterschelde durch den 5 km langen Havenkanaal verbunden. Auf diesem Kanal ist die Fahrgeschwindigkeit auf 6 km/h begrenzt. Die Einfahrt zum Havenkanaal der Stadt Goes wird sowohl Goessche Sas als auch Sas van Goes genannt.

Goessche Sas   Detailkarte 1805.5

Der Vorhafen zur Schleuse ist befeuert (je ein Festfeuer rot und grün) und bei NW etwa 2,8 m

tief. Er kann somit auch bei Niedrigwasser angelaufen werden. Vor der Schleuse befindet sich an der Nordseite ein Schwimmsteg, an dem man auf die Schleuse warten, aber nicht übernachten darf.

Gezeiten

Der Tidenhub beträgt 3 m. Vor der Einfahrt zum Schleusenvorhafen läuft der Ebbstrom mit bis zu 4 kn, der Flutstrom bis 3 kn.

Schleuse Goessche Sas

Die Schleuse hat an der Ostseite einen Drempel mit einer Wassertiefe von 3 bei NW. An der Kanalseite stehen über dem Drempel 3,2 m.

Bedienungszeiten

Mo - Fr: 0.00 - 22.00 h
Sa, So u. Ftg.:   08.00 - 12.00, 16.00 - 20.00 h
UKW-Kanal 18, Ruf: „Sluis Goessche Sas". Es wird empfohlen, diesen Kanal abzuhören.

Yachthafen

Nördlich der Schleuse liegt der Yachthaven „Het Goese Sas". Der Hafen ist für Yachten bis 2,5 m Tiefgang vom Havenkanaal zugänglich.

Jachthaven Het Goese Sas

Einrichtungen

WC, Duschen, Waschräume, Waschmaschine, Elektro-Anschluß, Diesel, Slipbahn bis 12 t, Bootslift bis 12 t (Heben mit stehendem Mast bis 1,7 m Tiefgang möglich), Entsorgung für Chemietoiletten.

Brücke Wilhelminadorp

Über den Havenkanaal nach Goes liegt in Wilhelminadorp eine bewegliche Brücke, die zu denselben Zeiten wie die Schleuse im Sas van Goes bedient wird. Vor dem Yachthafen von Goes liegt die Ringbrug und vor dem Stadthafen die St. Maartensbrug.

Bedienungszeiten

Mo - Fr:	zu jeder vollen Stunde, ausgenommen 12.00 h
Sa - So:	zu jeder vollen Stunde von 08.00 - 11.00 und 1.00 - 20.00 h

Häfen in Goes

Jachthaven

Der Yachthafen der W.V. De Werf liegt gleich

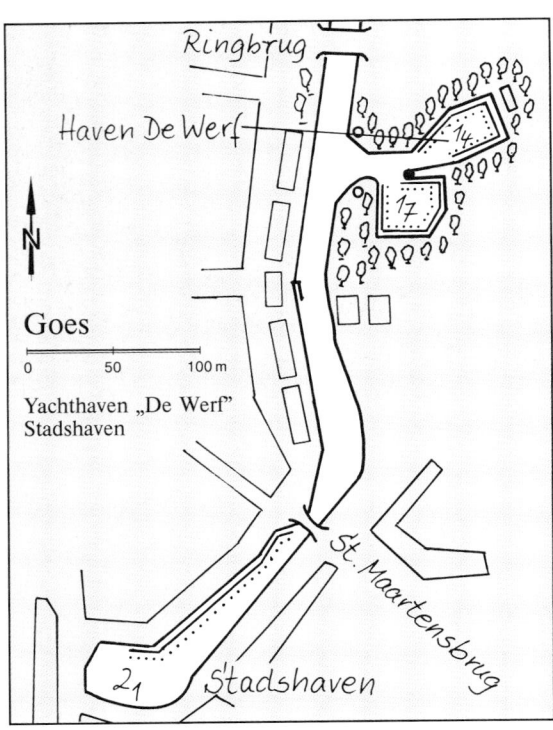

Goes: Jachthaven WV De Werf

nach der Ringbrug an der Ostseite. Er ist rundum abgeschlossen und von hohen Bäumen umgeben. An der Einfahrt stehen zwei kleine Leuchttürmchen. Das linke Hafenbecken ist etwa 1,7 m, das rechte etwa 2 m tief.

Einrichtungen

WC, Duschen, Waschräume, Diesel, Benzin.

Stadshaven

Der Stadthafen liegt hinter St. Maartensbrug mitten in der Altstadt. Man liegt dort sehr schön und geschützt vor den alten Giebelhäusern entweder in Boxen oder an einer Backsteinpier.

Einrichtungen

WC, Duschen, Waschräume, Elektro-Anschluß,

Goes: St. Maartensbrug

Entsorgung für Chemietoiletten. Waschsalon nahe beim Hafen (Fa. Delta, Bierkade).

Yerseke — Detailkarte 1805.9

Yerseke ist ein kleines, aber sehr rühriges und dabei urig-gemütliches und sehr gepflegtes Städtchen. Es ist der Heimathafen einer stattlichen Flotte von Muschel- und Austernfischern. Die Muscheln und Austern werden auf den großen Sandbänken der Oosterschelde gezüchtet und auf der einzigen holländischen Muschel-

auktion im Hafen von Yerseke versteigert. In jeder Saison werden etwa 100 000 Tonnen Muscheln und 10 Millionen Austern verkauft. Daneben handelt man auch mit Hummern, Herzmuscheln und Krebsen.

Sehenswert sind vor allem die „Oesterputten" (große Zwischenlagerbecken, in denen die Austern im Salzwasser bis zum Verkauf gelagert werden), die Anlagen für den Muschelumschlag und die speziellen Schiffe der Muschelfischer. UKW-Kanal 9, Ruf: „Havenmeester Yerseke"

Häfen

Nieuwe Visserhaven

Der auf der Karte als „Kon. Julianahaven" bezeichnete Hafen ist ausschließlich für Fischereifahrzeuge bestimmt und für Yachten nicht zugelassen.

Oude Visserhaven

Der auf der Karte als „Prinses Beatrixhaven" bezeichnete Hafen liegt unmittelbar südlich des Nieuwe Visserhaven und ist zum größten Teil mit Fischereifahrzeugen belegt. In der südlichen Ecke liegen für Yachten Schwimmstege.

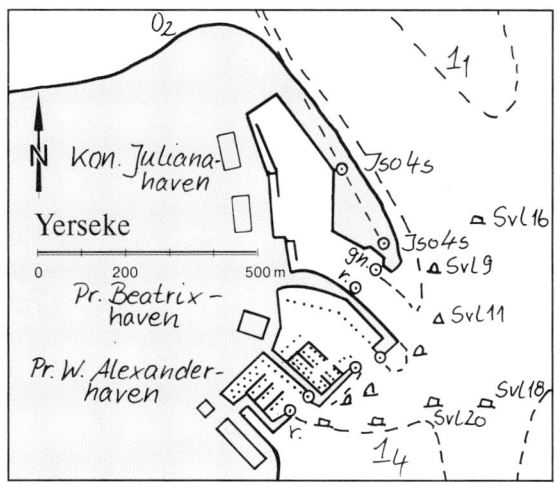

Yerseke: Yachthafen im Oude Visserhaven

Jachthaven

Dieser Hafen liegt unmittelbar südlich des Oude Visserhaven. Er wird auf der Karte als „Prins Willem Alexanderhaven" bezeichnet und ist mit Schwimmstegen ausgerüstet.

Gäste sollen zuerst in den Oude Visserhaven einlaufen und sich dort beim Hafenmeister (auf dem Damm zwischen Oude Visserhaven und Jachthaven) melden.

Einrichtungen

WC, Duschen, Waschräume, Kran bis 10 t, Diesel, Motorenwerkstatt, Segelmacher.

Bergsediepsluis Karte 1805.9

Diese Schleuse liegt am östlichen Ende der Oosterschelde und ermöglicht die Fahrt in das Zoommeer (siehe Zoommeer) durch die Schelde-Rijnverbindung zum Volkerak.

Das Veerse Meer Karten 1805.2/3

Das Veerse Meer liegt zwischen den Inseln Noord-Beveland, Zuid-Beveland und Walcheren. Es wurde durch den Zandkreekdamm von der Oosterschelde und durch den Veersegatdamm von der Nordsee getrennt und ist deshalb seit 1961 ein 22 km langer und bis zu 1,5 km breiter Binnensee.

Die Gesamtfläche beträgt 4170 ha einschließlich der Inseln. 2125 ha sind Wasser. 700 ha haben weniger als 1,5 m Wassertiefe, der Rest von 1425 ha ist tiefer als 1,5 m.

Im Veerse Meer ist die 1,5-m-Linie durchgehend mit Pricken markiert. Die Fahrwasser sind durch befeuerte Baken bezeichnet.

Der Wasserstand wird im Sommer auf NAP gehalten. Im Herbst wird der Pegel um etwa 70 cm abgesenkt und im Frühjahr wieder erhöht. Dadurch erfolgt ein Austausch mit sauberem Salzwasser der Oosterschelde. Das Veerse Meer enthält sauberes Salzwasser, das den Badewasser-Normen der Europäischen Gemeinschaft entspricht. Die Wassertemperatur liegt im Sommer bei 20° C und darüber.

Im östlichen Teil werden die Ufer von hohen Deichen gesäumt, so daß man von der Landschaft nicht sehr viel sieht. Weiter westlich treten die Deiche zurück, und die Uferlandschaft besteht aus Wäldern und Wiesen. An den Ufern sind zahlreiche Anlegestege und kleine Häfen vorhanden.

Ingesamt wurden zehn künstliche Inseln geschaffen, die alle mit Anlegestegen oder kleinen Häfen versehen sind. Auf diesen Inseln gibt es einfache Toiletten, Abfallbehälter, Liegewiesen und Grillplätze.

An den Anlegern und Häfen am Ufer und auf den Inseln darf man jeweils 24 Stunden kostenlos liegen und muß dann mindestens 150 m verholen.

Daneben gibt es noch acht kommerziell betriebene Yachthäfen, die mit allen erforderlichen Einrichtungen versehen sind.

Das Veerse Meer stellt an Boot und Besatzung keine besonderen Ansprüche. Es ist auch für kleinere, offene Trailerboote und besonders für Familien mit Kindern geeignet.

Gesetzliche Bestimmungen

— Die Fahrgeschwindigkeit ist auf 15 km/h begrenzt. *Ausnahmen:* Gebiete, die durch gelbe Tonnen oder gelbe Baken bezeichnet sind (besondere Erlaubnis und Registrierung erforderlich).

— Das Festmachen an Schiffahrtszeichen ist verboten.

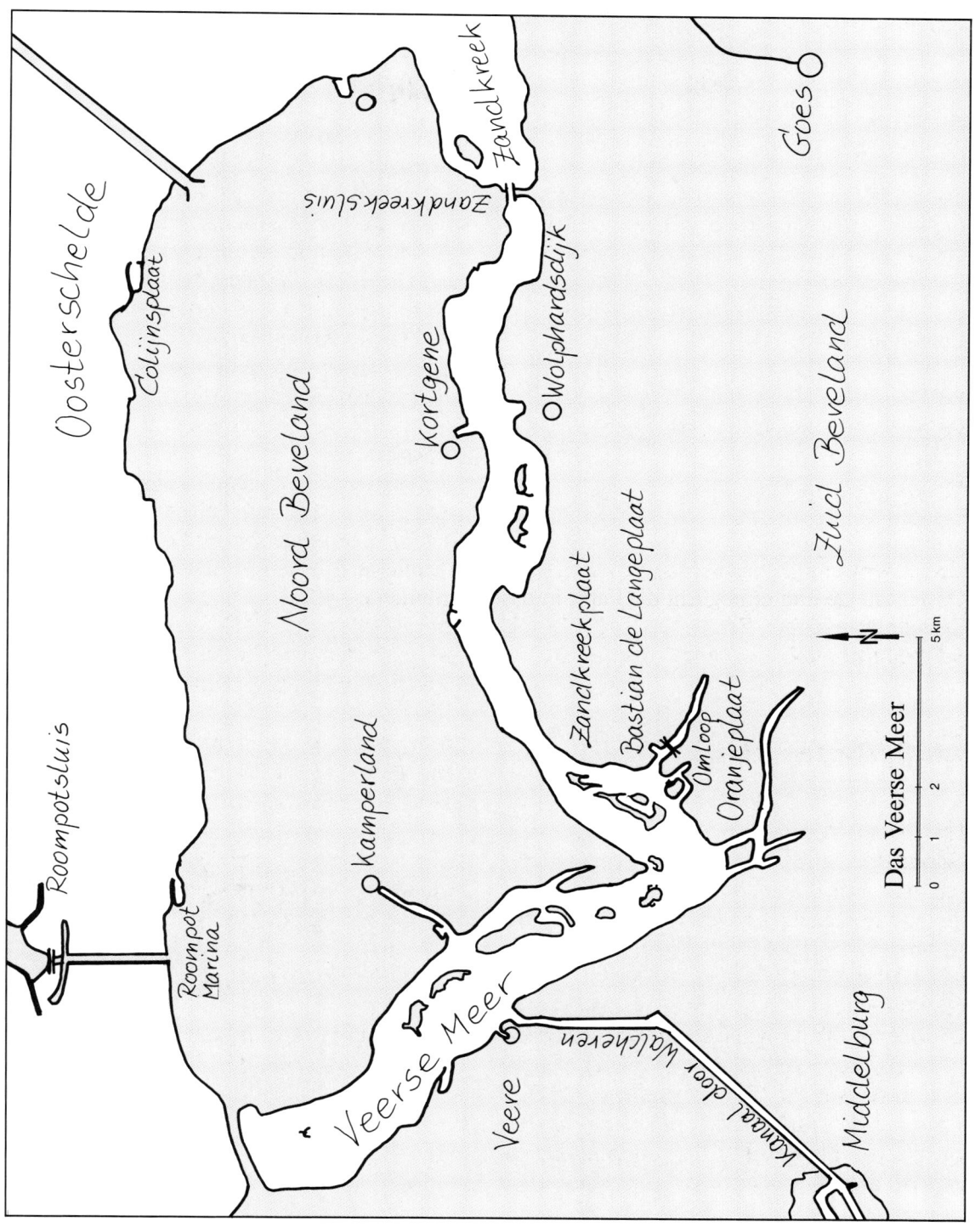

Das Veerse Meer

— Boote dürfen (ausgenommen in den Yacht-häfen) nicht länger als 24 Stunden unbemannt zurückgelassen werden.

Ansteuerung

Das Veerse Meer ist mit stehendem Mast zu erreichen:
— Von der Oosterschelde durch die Zandkreek-sluis,
— von der Westerschelde durch den Kanaal door Walcheren.

Zandkreeksluis   Detailkarte 1805.5

Die Zandkreeksluis ermöglicht die Verbindung zwischen der Oosterschelde und dem Veerse Meer. An der Westseite, im Veerse Meer, wird

der Wasserstand im Sommer auf NAP gehalten. An der Ostseite in der Oosterschelde beträgt der Tidenhub etwa 3 m.

Ansteuerung von der
Oosterschelde   Karte 1805.5.

Bei Tag

Das Fahrwasser zur Zandkreeksluis beginnt in der Oosterschelde bei der grünen Leuchttonne 09/LFl.8s. Es ist sehr gut betonnt und führt mit einer Wassertiefe von mehr als 3,5 m bei NW bis vor die Schleuse.

Bei Nacht

Von der Oosterschelde bis zur Schleuse sind nur 3 Leuchttonnen ausgelegt. Da zwischen den Leuchttonnen jeweils 2 unbefeuerte Tonnen-

Zandkreeksluis

150

paare liegen und zumindest im äußeren Teil die Strömung nicht immer in Richtung der gebaggerten Rinne verläuft, muß man das Schiff exakt auf Kompaßkurs und dabei die nächste Leuchttonne genau voraus halten!

Von der Leuchttonne 09/LFl.8s (grün) zur Leuchttonne Z3/LFl.5s (grün) segelt man mit rw 20° und bis zur Leuchttonne Z16/LFl.8s (rot) mit rw 6°. Die Einfahrt zum Schleusenvorhafen ist mit rot/fest und grün/fest befeuert.

Vor der Schleuse ist an Steuerbord ein Schwimmsteg ausgelegt. Über der Schleuse liegt eine bewegliche Brücke mit einer Durchfahrtshöhe von 5,4 m bei HW und 8,4 m bei NW. Die Schleuse wird zu jeder Zeit kostenlos bedient.

Ansteuerung vom Veerse Meer

Die Ansteuerung erfolgt bei Tag und Nacht ohne Probleme nach Sicht. Vor der Schleuse kann man an Stb am Bollwerk festmachen.

Schleusenbetrieb

Von der Oosterschelde zum Veerse Meer: Motoryachten laufen bei grünem und gelbem Licht unter der noch geschlossenen Brücke hindurch in die Schleuse und machen ganz vorne nebeneinander fest. Segelyachten fahren dicht an die Schleuse heran. Wenn das gelbe Licht erloschen ist, laufen sie unter der hochfahrenden Brücke hindurch, möglichst zwei bis drei Yachten nebeneinander, in die Schleuse und schließen nebeneinander nach vorne auf.

Vom Veerse Meer zur Oosterschelde: Motoryachten fahren zuerst in die Schleuse ganz nach vorne durch und machen nebeneinander fest. Danach folgen die Segelyachten und machen ebenfalls nebeneinander fest. Bei grünem und gelbem Licht laufen die Motoryachten unter der noch geschlossenen Brücke hindurch zügig aus der Schleuse. Wenn die gelbe Ampel erloschen

ist, laufen die Segelyachten während des Hochfahrens der Brücke mit zwei bis drei Yachten nebeneinander möglichst schnell aus der Schleuse.

Kortgene/Delta Marina Karte 1805.3

Der Yachthafen von Kortgene liegt an der Nordseite des Veerse Meer. Der sehr betriebsame, meist vollbelegte Hafen bietet im vorderen Teil Gastliegeplätze mit einer Wassertiefe von 2,7 m. Die Hafeneinfahrt ist mit rot/fest und grün/fest befeuert.

Einrichtungen

WC, Duschen, Waschräume, Elektro-Anschluß, Waschsalon, Diesel, Benzin, Reparaturen aller Art, Kran bis 16 t, Trailer-Slipbahn, Entsorgung

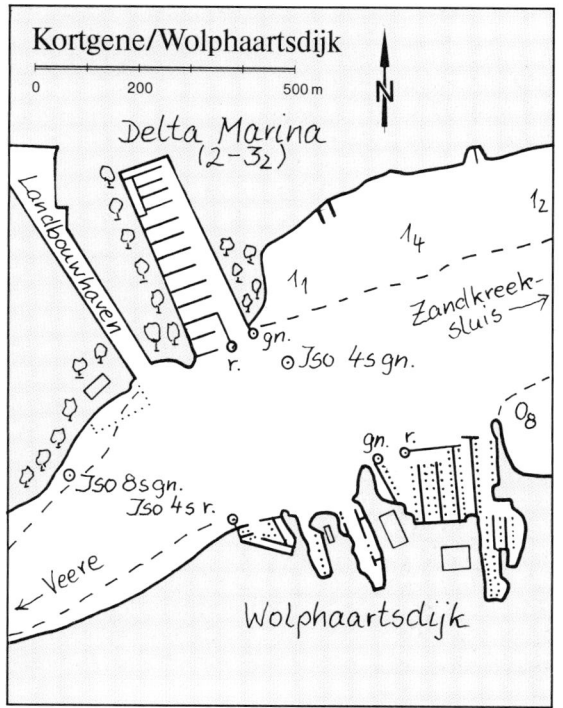

151

Kortgene: Delta Marina

für Chemietoiletten und Schmutzwassertanks. Der westlich von der Delta Marina gelegene „Landbouwhaven" ist für Passanten gesperrt.

Wolphaartsdijk   Detailkarte 1805.3

Gegenüber der Delta Marina liegen die Häfen von Wolphaardsdijk, die von mehreren Vereinen betrieben werden.
Sie sind alle gut eingerichtet, jedoch im Sommer häufig voll belegt.

Einrichtungen

WC, Duschen, Waschräume, Elektro-Anschluß, Diesel, Benzin, Kräne bis 20 t, Trailer-Slipbahn, Waschsalon, Entsorgung für Chemietoiletten und Schmutzwassertanks.

Insel Sabbingeplaat   Karte 1805.3

Die Insel Sabbingeplaat kann nur von Nordwesten angelaufen werden, weil südöstlich der Insel ein abgesperrter Schwimmplatz eingerichtet ist. Die Anlegestege sind bis 1,7 m Tiefgang zu erreichen.

Liegeplätze Sabbingeplaat

Insel Schelphoekplaat   Karte 1805.3

Die Insel Schelphoekplaat kann von Westen bis 1,8 m, von Osten bis 1,3 m Tiefgang angelaufen werden. Bei den Anlegestegen ist das Wasser bis 1,8 m tief.

Vluchthaven Geersdijk   Karte 1805.3

Der kleine Hafen liegt am Nordufer bei der grünen Bake 21/Iso.4s. Er ist durch den hohen Deich und eine Mole an der Westseite gegen Winde von West bis Nordost gut geschützt. Die

Vluchthaven Geersdijk

Wassertiefe beträgt 2,7 – 0,8 m, nach binnen abnehmend. Der Hafen hat einen Anleger für Yachten, jedoch keine besonderen Einrichtungen. Die Hafeneinfahrt ist mit Baken, rot und grün, bezeichnet, aber nicht befeuert.

Zandkreekplaat Karte 1805.3

Die Insel Zandkreekplaat ist nur wenig bewach-

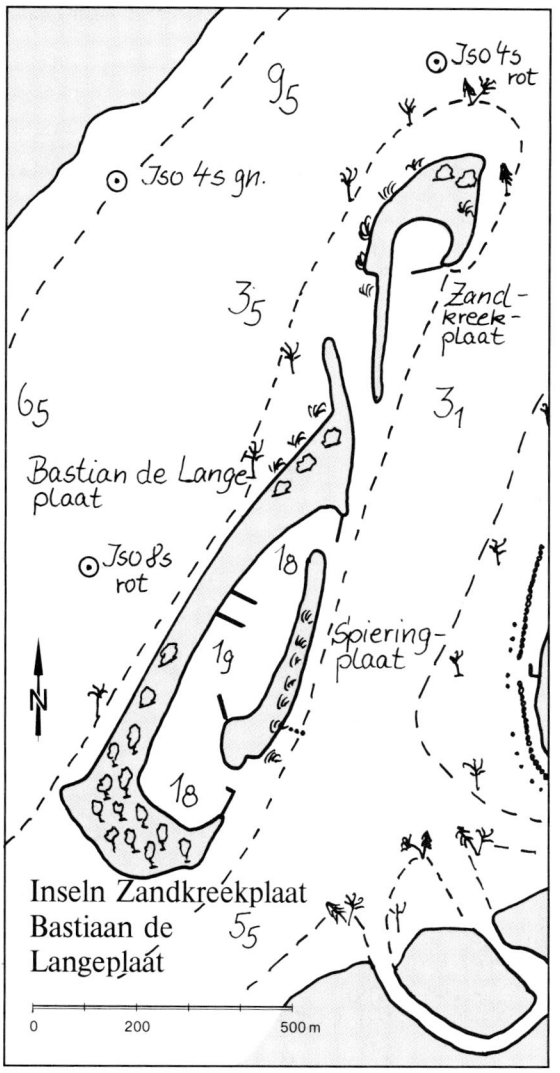

Ankerplatz Bastiaan de Langeplaat

sen. Der Ankerplatz in der Bucht ist nur gegen Schwell, jedoch kaum gegen Wind geschützt und eignet sich deshalb vor allem für heiße Sommertage.

Insel Bastiaan de Langeplaat Karte 1805.3

Vor der größeren, bogenförmig angelegten Insel liegt die kleinere, langgezogene Spieringplaat. Zwischen den Inseln liegt eine schwellfreie Wasserfläche, die im Südteil gegen Südwestwind geschützte, im nördlichen Teil dagegen luftige Ankerplätze mit einer Wassertiefe von 1,8 m bietet. An beiden Inseln sind auch Anleger vorhanden.

Haven de Piet Karte 1805.3

Der Haven de Piet liegt an der Mündung des Suatiegeul. Er ist gegen Schwell und Winde aus West bis Ost gut geschützt und bietet Liegeplätze an Anlegern und an einer Pier auf einer Wassertiefe von 3 m. Die Einfahrt ist durch Prikken bezeichnet. Die feste Brücke über das Suatiegeul hat eine Durchfahrtshöhe von 2,5 m.

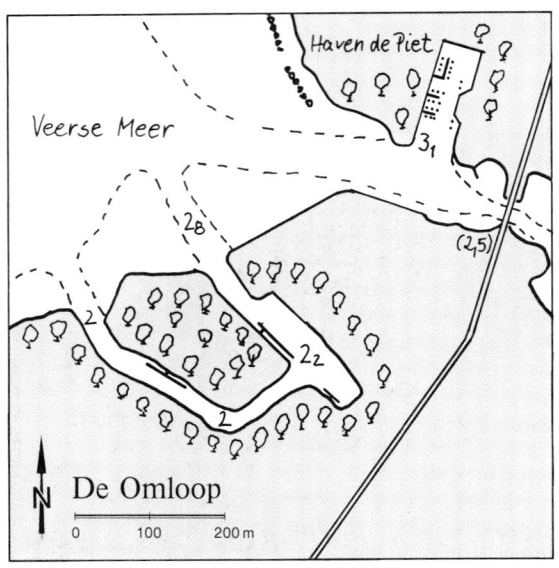

Veerse Meer

Haven de Piet

De Omloop

0   100   200 m

Niedrigere Boote finden hinter der Brücke stille, romantische Ankerplätze und auch zwei Anleger.

De Omloop
Detailkarte 1805.3

Die Liegeplätze im Omloop sind rundum durch hohe Bäume geschützt. Sie liegen sehr ruhig, fast einsam im Grünen. Die Ufer sind niedrig und befestigt.

Man kann direkt an der Wiese oder an Stegen festmachen. Die Einfahrten sind mit Pricken bezeichnet. Die Wassertiefe liegt durchgehend über 2 m.

Oranjeplaat
Detailkarte 1805.2

Der Yachthafen Oranjeplaat liegt versteckt hinter der Lemmerplaat. Er ist bis 2 m Tiefgang durch das mit Pricken und Baken bezeichnete Fahrwasser zu erreichen. Die Einfahrt ist nicht befeuert.

Einfahrt und Liegeplätze De Omloop

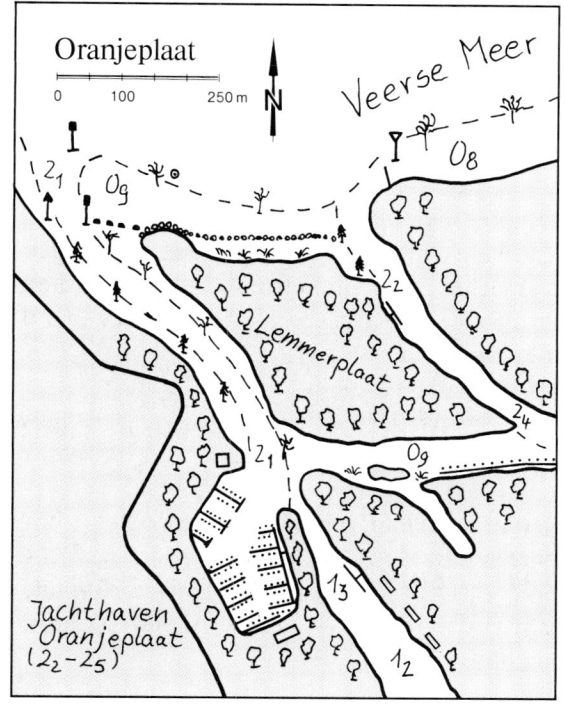

Hafen auf der Insel Haringvreter

Einrichtungen

WC, Duschen, Waschräume, Elektro-Anschluß, Kran bis 10 t, Trailer-Slipbahn, Bootslift bis 10 t, Diesel, Benzin, Reparatur von Motoren, Rigg und Segeln und E-Anlage.

Insel Arneplaat   Karte 1805.2

Die kleine, dicht bewachsene Insel hat an der Ostseite einen sehr schön angelegten Hafen. Er ist binnen bis 1,7 m Tiefgang, an der Außenseite bis 2,2 m Tiefgang zugänglich.

Insel Haringvreter   Karte 1805.2

Die größte Insel im Veerse Meer hat an der West-seite einen Anlegesteg mit 1,8 − 0,8 m Wasser.

An der Ostseite gibt es zwei Anleger mit Wasser-tiefen von 1,8 − 0,8 m und hafenartig angelegte Stege mit 0,8 − 2 m Wasser binnen und bis 3 m an der Außenseite.

Zwischen der Insel Haringvreter und dem Ost-ufer liegen zwei kleine, ringförmig angelegte Häfen, die bis 1,2 m Tiefgang zugänglich sind.

Kamperland   Karte 1805.2

Kamperland hat zwei Häfen: den Yachthafen und den Landbouwhaven.

Der Yachthafen von Kamperland

Ansteuerung

Beide Häfen sind mit max. 2,4 m Tiefgang über den Havenkanaal zu erreichen. Die Einfahrt des Havenkanaal ist nicht befeuert, sondern nur mit je einer roten bzw. grünen Bake bezeichnet.

Yachthafen

Der Yachthafen liegt unmittelbar nach der Einfahrt in den Havenkanaal an dessen Westseite dicht beim Veerse Meer. Der moderne, gut eingerichtete Yachthafen ist bis 2,4 m Tiefgang geeignet.

Einrichtungen

WC, Duschen, Waschräume, Elektro-Anschluß, Diesel, Benzin, Reparatur von Motoren, Rigg und Segeln, Kran bis 10 t (Heben mit stehendem Mast möglich), Waschsalon, Entsorgung von Chemietoiletten und Schmutzwassertanks.

Landbouwhaven

Der Landbouwhaven liegt am Ende des 1,4 km langen Havenkanaal, unmittelbar beim Dorf Kamperland. Es gibt dort für Passanten einen Anleger, jedoch keine weiteren Einrichtungen.

Insel Mosselplaat   Karte 1805.2

Die Insel Mosselplaat hat an der Ostseite und an der Nordseite Anleger, die außen bis zu 2,6 m, binnen bis zu 0,9 m Tiefgang zu erreichen sind.

Insel Schutteplaat   Karte 1805.2

Schutteplaat hat an der Ostseite hafenartige Stege sowie an der Nordseite und an der Südseite je einen Anleger mit Wassertiefen von 1,8 – 1,1 m.

Veere
Detailkarte 1805.2

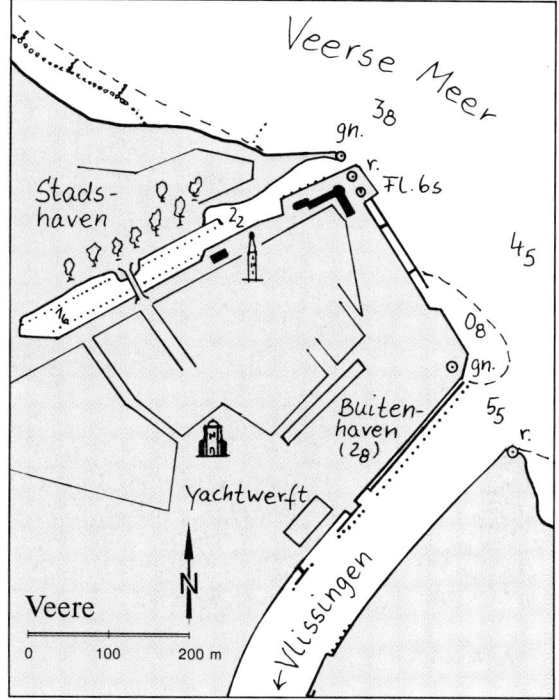

Veere ist aus einem kleinen Fischerdorf hervorgegangen, das bereits auf Urkunden aus dem Jahr 1295 als „Plaats van Campveere" erwähnt wird.

Es lag sehr günstig am Veerse Gat, fast an der Nordsee. Bis zum Bau des Veersegatdammes war Veere der Heimathafen einer stattlichen Fischereiflotte. Als 1961 der Damm geschlossen wurde, zogen die Fischer nach Colijnsplaat an der Oosterschelde. Der Stadthafen, früher der Fischereihafen, wurde als Yachthafen eingerichtet.

Im Gebäude der alten Fischauktionshalle ist nun das Clubhaus des Yachtclubs Veere untergebracht.

Veere verlangt schon etwas mehr Zeit, denn die Stadt ist ein richtiges Kleinod. Die Auswahl der Sehenswürdigkeiten fällt schwer. Deshalb sei hier nur das Wichtigste genannt:

Das spätgotische Rathaus aus dem Jahr 144 mit seinem Glockenturm (1599) enthält eine Altertumskammer mit Exponaten aus der Geschichte von Veere, einen Ratssaal mit Gobelins und Gemälden. Auch das Archiv ist auf Wunsch zugänglich.

Der im 15. Jahrhundert aus Sandstein und Backsteinen erbaute „Campveerse toren" an der Hafeneinfahrt war einst Teil der Befestigungsanlagen und beherbergt heute einen gepflegten Gasthof.

Die schottischen Häuser „het Lammetje" (1539) und „De Stuys" (1561) waren die Packhäuser der in Veere ansässigen schottischen Wollhändler. Das in diesen Häusern eingerichtete Museum „De Schotse Huizen" zeigt eine Sammlung antiker Möbel, Kleider, Bücher und Atlanten.

Die Zisterne, ein achteckiges Bauwerk, wurde im Jahr 1551 erbaut, weil man den schottischen Wollhändlern vertraglich einwandfreies Trinkwasser versprochen hatte. Die Grote Kerk stammt aus dem Jahr 1348. Sie wurde 1686 durch einen Brand fast vollständig zerstört und wieder aufgebaut. Napoleons Truppen machten aus der Kirche zuerst eine Kaserne, dann einen Pferdestall und schließlich ein Militär-Hospital. Seit 1975 wird die Kirche als Ausstellungshalle genutzt. Für die Mühe einer Turmbesteigung wird man reichlich entlohnt durch einen überwältigenden Ausblick auf das Veerse Meer und die Inseln Noord-Beveland, Zuid-Beveland und Walcheren.

Ansteuerung bei Tag
Detailkarte 1805.2

Die Silhouette der Stadt Veere ist unverwechselbar und schon aus großer Entfernung zu erkennen. Der klobige Turm der Grote Kerk ist als Landmarke nicht zu übersehen. Von Osten kommend erreicht man zuerst die Einfahrt zum

Veere: Einfahrt zum Buitenhaven

Buitenhaven. 300 m nordwestlich davon steht unmittelbar neben der Einfahrt zum Stadshaven ein alter Festungsturm, der „Campveerse toren".

Ansteuerung bei Nacht   Karte 1805.2
                          und Detailkarte 1805.2
Nachts navigiert man zunächst auf einen der weißen Sektoren des Leuchtfeuers Veere (Fl.6s). Dazu ist die Karte 1805.2 zu verwenden. Das Leuchtfeuer ist auf der Detailkarte nicht eingezeichnet! Der südliche grüne Sektor deckt die flache Uferzone ab. Die Einfahrten zum Buitenhaven und zum Stadshaven sind mit je einem roten und grünen festen Licht befeuert.

Häfen
Buitenhaven

Der Buitenhaven ist die Zufahrt zum Kanaal door Walcheren. Am Westufer hat sich die Marina Veere etabliert. Die Liegeplätze sind dem Schwell der Fahrzeuge in der Kanal-Zufahrt ausgesetzt und für Yachten bis 2,8 m Tiefgang geeignet.

Einrichtungen

WC, Duschen, Waschräume, Elektro-Anschluß, Yachtausrüster.

Veere: Campveerse toren, Einfahrt zum Stadshaven

Veere: Blick vom Turm der Grote Kerk

Stadshaven

Der Stadshaven von Veere ist einer jener seltenen Häfen, die trotz Gewühl und drangvoller Enge eine gemütliche, fast romantische Atmosphäre bieten. Er ist nur für Yachten zugelassen. Vor dem Anlegen muß man wenden und mit dem Bug zur Hafenausfahrt festmachen. Man liegt zum Teil in freien Boxen, meist jedoch an der Pier im Päckchen.

Die Brücke über den Stadshaven wird von 08.00 – 20.00 Uhr bedient.

Der Stadshaven ist im vorderen Teil 3,2 m, bis zur Brücke abnehmend auf 2,2 m und hinter der Brücke nur noch 1,6 m tief.

Einrichtungen

WC, Duschen, Waschräume.

Der Anleger vor dem Campveerse toren ist für Fahrzeuge über 12 m Länge reserviert.

Oostwatering   Karte 1805.2

Dies ist eine sehr große Hafenanlage, die technisch gut eingerichtet ist und jeden Komfort bietet, doch durch ihre Größe unpersönlich und steril wirkt. Die Wassertiefe beträgt 3,5 – 4,5 m. Die Hafeneinfahrt ist mit je einer roten und grünen Bake bezeichnet und mit je einem roten bzw. grünen Licht befeuert.

Einrichtungen

WC, Duschen, Waschräume, Elektro-Anschluß, Yachtwerft für alle Arten von Reparaturen, Kran bis 12 t (Heben mit stehendem Mast möglich), Bootslift bis 1 t (Heben mit stehendem Mast möglich), Diesel, Benzin, Trailer-Slipbahn, Waschsalon, Entsorgung für Chemietoiletten und Abwassertanks.

Nördlich des Hafens Oostwatering sind an beiden Ufern und auch auf einer Untiefe Anleger vorhanden, die jedoch weniger geschützt und eher für kürzere Aufenthalte geeignet sind.

Jachthaven Oostwatering bei Veere

Die Westerschelde Karten 1803.2-3

Die Westerschelde ist der letzte noch offene Meeresarm im Delta. Sie liegt zwischen Zeeuwsch Vlaanderen (seeländisch Flandern) und den Inseln Walcheren und Zuid-Beveland.

Die Westerschelde ist ein interessantes Segelrevier für erfahrene Segler mit seetüchtigen Schiffen. Sie ist nicht geeignet für Anfänger ohne Erfahrung im Gezeiten-Revier.

Der Charakter der Westerschelde kann sich sehr schnell, vor allem im Gezeiten-Rhythmus ändern: Bei östlichen Winden bis Bft 5 und ablaufendem Wasser (Ebbstrom in Richtung Westen) ist es ein durchaus handiges Revier. Setzt der Flutstrom ein, so entsteht schnell ein grober, steiler Seegang.

Bei westlichem Starkwind kann man landeinwärts mit dem Flutstrom herrlich segeln. Mit dem Ebbstrom gegen den Wind nach Westen - das wird sehr schnell ein ruppiger Törn. Bei Westwind mit Bft 6 und ablaufendem Wasser wird das Segeln zum Kampf gegen einen sehr kurzen, steilen und oftmals brechenden Seegang.

Dazu kommt noch die Berufsschiffahrt mit jährlich mehr als 50 000 Binnenschiffen, Fähren, Schubschiffverbänden, Fischereifahrzeugen und Seeschiffen.

Das Hauptfahrwasser ist sehr gut betonnt und befeuert. Es windet sich in engen Kurven bis nach Antwerpen und läßt den großen Schiffen praktisch keinen Raum zum Ausweichen. Die Nebenfahrwasser hinter den hohen, trockenfallenden Sänden sind durchgehend über 10 m tief und gut betonnt. Die Befeuerung ist jedoch spärlich und fehlt teilweise ganz.

Es bietet sich an, mit dem Flutstrom hinter den Sänden in die Westerschelde hineinzusegeln.

Gezeiten

Bei Vlissingen beträgt der Tidenhub bei Springtide 4,4 m, bei Nipptide 3,1 m. Der Flutstrom beginnt etwa 4,5 Stunden vor HW und läuft mit 2 − 3 kn nach Osten in die Westerschelde. Der Ebbstrom beginnt 1 Stunde nach HW und läuft mit 2 − 3,5 kn nach Westen zur Nordsee.

Gesetzliche Bestimmungen

— Wenn ein kleines Fahrzeug (bis 20 m Länge)

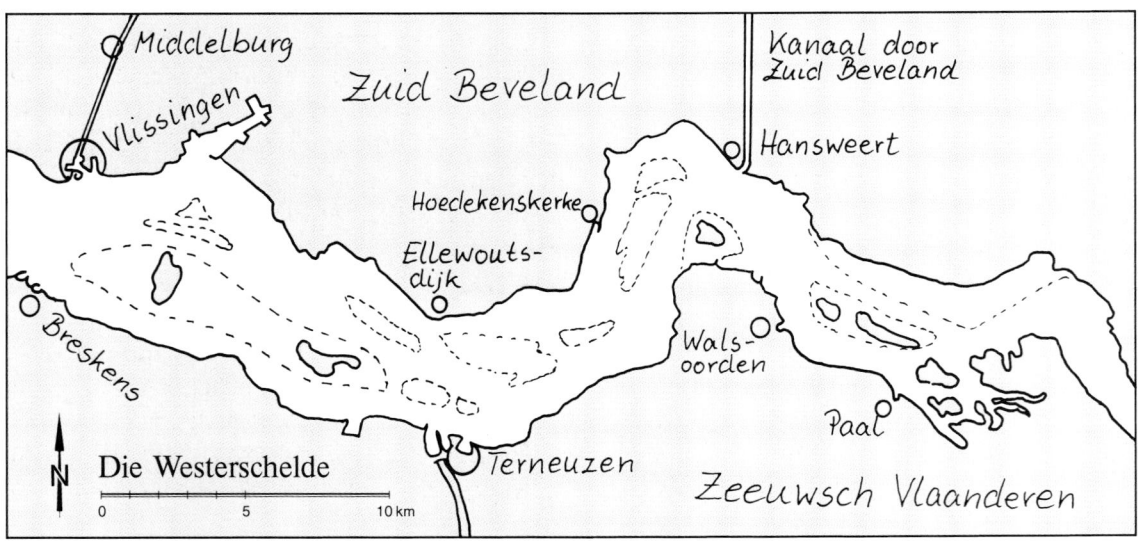

Die Westerschelde

unter Segel oder Motor im Fahrwasser die Steuerbordseite hält (also dem Verlauf des Fahrwassers folgt) oder außerhalb des Fahrwassers die Steuerbordseite einhält, müssen andere kleine Fahrzeuge diesem ausweichen. Halten zwei kleine Fahrzeuge die Steuerbordseite, so gelten die allgemeinen Vorschriften.
— Segelfahrzeuge müssen andere Fahrzeuge in Luv überholen.
— Kleine Fahrzeuge müssen ständig einen Radarreflektor führen.

Ansteuerung

Die Westerschelde kann mit stehendem Mast angelaufen werden:
— Von der Nordsee (siehe „Von der Nordsee in die Westerschelde").
— Von der Oosterschelde über das Veerse Meer und den Kanaal door Walcheren (siehe „Kanaal door Walcheren").
— Von der Oosterschelde durch den Kanaal door Zuid-Beveland (siehe „Kanaal door Zuid-Beveland").
— Von Belgien auf der Schelde und durch den „Kanaal van Terneuzen naar Gent" (siehe Belgiens Binnengewässer, Verlag Edition Maritim, Hamburg).

Verkehrsleitsystem

An der Westerschelde gibt es ein Verkehrsleitsystem, das mit Radarstationen und Verkehrsposten das ganze Revier bis nach Antwerpen lückenlos abdeckt.
Alle Schiffe, die mit UKW-Funk ausgerüstet sind, müssen sich melden und Schiffsname, Position, Kurs und Ziel nennen.

UKW: Die Bereichsgrenzen und die Rufnamen sind in der Karte 1803.2 − 5 blau eingezeichnet. Von West nach Ost sind dies:

Bereich	Kanal	Ruf
Vlissingen	14	„Vlissingen Radio"
Vlissingen	21	„Post Vlissingen"
Terneuzen	03	„Post Terneuzen"
Hansweert	71	„Post Hansweert"
Zandvliet	12/14	„Zandvliet Radio"

Lagemeldungen

Die Lagemeldungen informieren stündlich über Wind- oder Sturmwarnungen, Wasserstände, Windrichtung und -Stärke, Sicht, Betonnung, Ankerlieger, Schiffahrtshindernisse und Bauarbeiten.

Bereich	Kanal	Zeit
Vlissingen	14	h + 50 min
Terneuzen	03	h + 05 min
Hansweert	71	h + 20 min
Zandvliet	14	h + 35 min

Zoll: In Vlissingen, Breskens und Hansweert.

Vlissingen · Karte 1803.2/8

Vlissingen liegt an der Mündung der Westerschelde in die Nordsee. Dieser günstigen Lage verdankt die Stadt auch heute noch ihre Attraktivität. Der alte Stadtkern ist weitgehend erhalten geblieben und wurde sorgfältig restauriert. Die Hafen- und Werftindustrie wirkt sich im Zentrum nicht aus, so daß man das unvergleichliche Flair dieser Stadt ohne Beeinträchtigung genießen kann.
Für einen Stadtbummel ist die beste Voraussetzung ein Liegeplatz im Vissershaven, der unmittelbar am Zentrum der Altstadt liegt. Geht man dort an Land, so fällt der Blick zuerst auf das „Beursgebouw" (Börsengebäude). Es wurde 1635 im holländischen Renaissancestil erbaut und zeigt am Giebel die Wappen von Zeeland und Vlissingen.

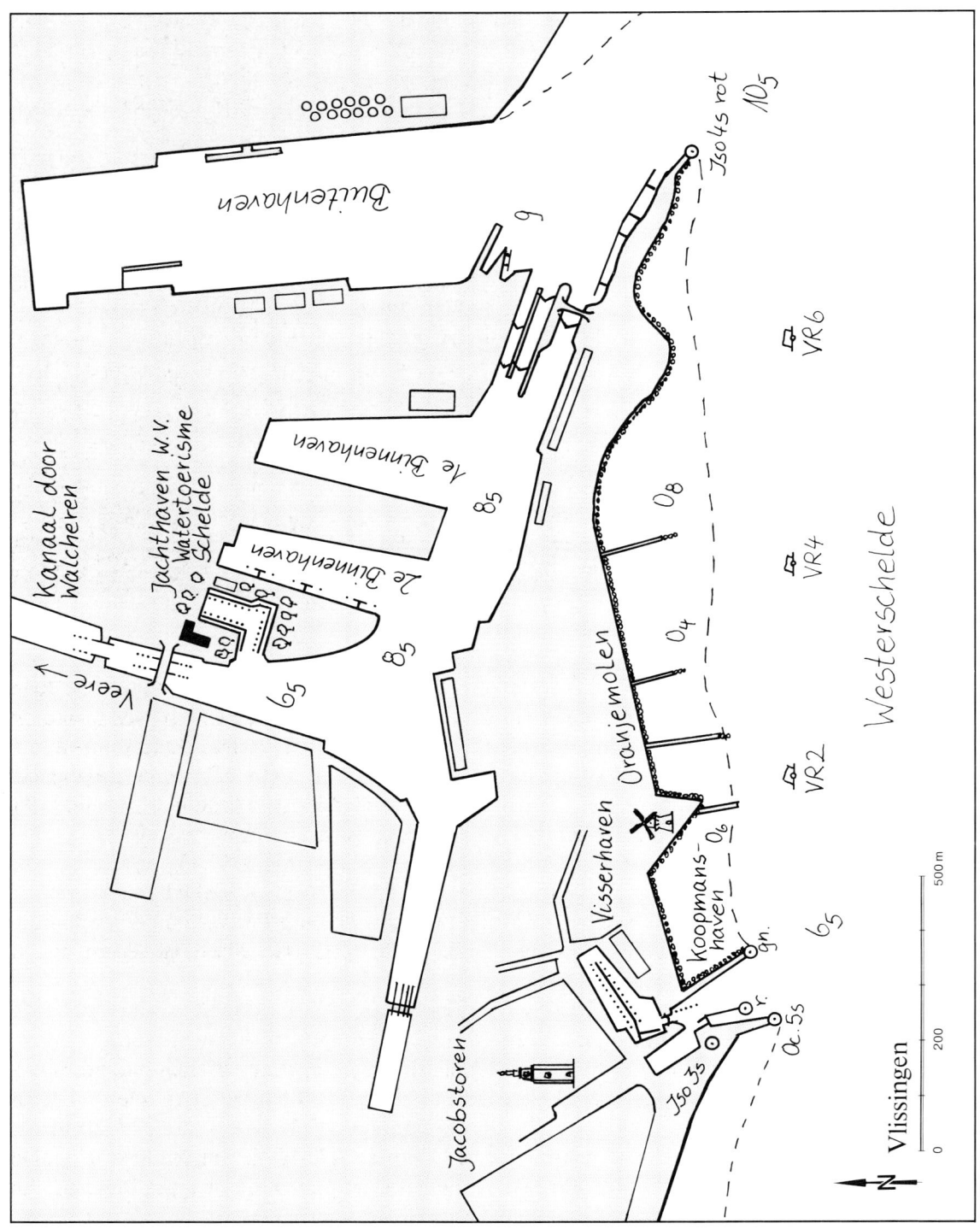

Vlissingen: Das „Beursgebouw"

Auf dem „Keizerbolwerk", oberhalb des Koopmanshaven, steht das gußeiserne Standbild des Michiel de Ruyter, der im 15. Jahrhundert als Vize-Admiral von Holland und Westfriesland viele Seeschlachten gewonnen hat. Nach Westen schließen sich die „Boulevards", eine 2 km lange Promenade, an. Sie liegen auf einem alten Binnendeich und eröffnen einen unvergeßlichen Ausblick auf die Westerschelde. Dort steht auch noch der „Gefangenentoren" aus dem 15. Jahrhundert.

Östlich des Visserhaven steht auf dem Deich die „Oranjemolen", eine Kornmühle, in deren Mauer noch eine Kanonenkugel steckt. Sie stammt aus der Beschießung durch die Engländer im Jahre 1809.

Im Turm der St. Jacobskerk (1308) hängt ein Vier-Oktaven-Glockenspiel mit 47 Glocken. Es wird jeden Freitag von 11.00 bis 12.00 Uhr gespielt. Das „Stedelijk Museum" (Stadtmuseum) zeigt Exponate aus der Geschichte der Stadt, der Fischerei, dem Lotsenwesen und vieles, was von dem 1735 untergegangenen Kauffahrteischiff „'t Vliegend Hart" seit 1982 geborgen wurde. Öffnungszeiten:

Mo – Fr   10.00 – 17.00,
Sa u. So   13.00 – 17.00 Uhr.

Vlissingen ist einen Besuch wert, auch wenn man nicht auf der Westerschelde segeln möchte.

Gezeiten

Bei Vlissingen beträgt der Tidenhub bei Springtide 4,4 m, bei Nipptide 3,1 m. Der Flutstrom beginnt etwa 4,5 Stunden vor HW und läuft mit 2 – 3 kn nach Osten in die Westerschelde. Der Ebbstrom beginnt 1 Stunde nach HW und läuft mit 2 – 3,5 kn nach Westen zur Nordsee.

UKW

Hafenmeister: Kanal 14, Ruf „Vlissingen Radio"
Westerschelde: Kanal 21, „Post Vlissingen"
Schleuse: Kanal 22, Ruf „Sluis Vlissingen"
Zoll: Bei der Schleuse, Tel. (01184) 600 00.

Ansteuerung zum Binnenhaven

Der Binnenhaven von Vlissingen ist vom Buitenhaven durch die Seeschleuse zu erreichen, die zu jeder Zeit kostenlos bedient wird.
Die Einfahrt zum Buitenhaven liegt etwa 0,8 sm östlich der Oranje-Windmühle, die auf dem Deich steht und von weitem gut zu sehen ist. Vorsicht: Die Fähren nach Breskens benutzen dieselbe Einfahrt!
Vor der Einfahrt läuft bei Flut und Ebbe der Strom bis zu 4 kn. Die Hafeneinfahrt ist befeuert: Auf der Westmole steht ein rotes Gleichtaktfeuer (ISO4s), auf der Ostmole ein festes grünes Feuer.

Signale auf der Westmole

Bei Tag eine rote Flagge, nachts 2 rote Lichter übereinander: Einfahrt für alle Schiffe gesperrt. 3 Lichter, rot/grün/rot übereinander: Einfahrt für Schiffe über 6 m Tiefgang gesperrt.
UKW-Kanal 22, Ruf: „Sluis Vlissingen"

Auf diesem Weg erreicht man auch den „Kanaal door Walcheren" (Verbindung zum Veerse Meer – Oosterschelde) und den

Jachthaven W.V. Watertoerisme Schelde

Der Hafen liegt etwas abseits, ist aber sehr gut eingerichtet. Bis zur Altstadt geht man zu Fuß etwa 20 Min.

Einrichtungen

WC, Waschräume, Duschen, Bootslift bis 10 t (Heben mit stehendem Mast möglich), Entsorgung für Chemietoiletten, Waschmaschine, Treibstoff von Bunkerbooten oder im Visserhaven.

Vissershaven

Der Vissershaven liegt sehr geschützt und schwellfrei. Er wird nur noch als Yachthafen genutzt und ist von der Westerschelde durch die Einfahrt des Koopmanshaven zugänglich. Man liegt in Boxen zwischen Auslegern an einem Schwimmsteg. Die Sturmflutschleuse vor dem Vissershaven steht normalerweise offen.
Die Brücke über der Schleuse steht nachts offen und wird tagsüber vom Hafenmeister bedient.

Vlissingen: WV Watertoerisme Schelde

Vlissingen: Schleuse zum Vissershaven

Über dem Schleusendrempel stehen bei NW etwa 0,9 m Wasser. Pegel sind zu beiden Seiten der Schleuse angebracht (anlegen ggf. an Steuerbord am Bollwerk vor der Schleuse). Das westlich der Schleuse liegende Hafenbecken ist für die Lotsenboote reserviert.

Ansteuerung bei Tag

Man hält den Kirchturm in der Mitte der Einfahrt und fährt wegen des starken Querstromes mit voller Fahrt! (Auch die Lotsenboote laufen so ein!)

Ansteuerung bei Nacht

Auf der Westmole steht ein Sektorenfeuer (Oc.5s), das man im grünen Sektor anläuft oder mit dem dahinter stehenden Sektorenfeuer (Iso.3s) in Linie etwas nach Stb offen hält, so daß man beide Hafenlichter (rot/fest und grün/fest) deutlich sieht.

Einrichtungen

WC, Waschräume, Duschen, Elektro-Anschluß, Diesel, Benzin.

Vlissingen: Vissershaven (Yachthafen)

Breskens Detailkarte 1803.2

Die Stadt hat nur wenig zu bieten. Interessant sind der Fährhafen, der Fischereihafen und eine Forellenfarm, die in den Laderäumen von Binnenschiffen eingerichtet ist. Das „Fossielen en mineralen Museum" in der Europastraat 34 zeigt Fossilien, Mineralien und archäologische Funde.

Gezeiten

Der Tidenhub liegt zwischen 3 m bei Nipptide und 4,1 m bei Springtide. Der Flutstrom beginnt etwa 5 Stunden vor HW und läuft mit 2 − 3 kn nach Osten. Der Ebbstrom beginnt etwa 1 Stunde nach HW und läuft mit 2 − 3 kn nach Westen.

Zoll: Deltahoek , Tel. (0112) 2610

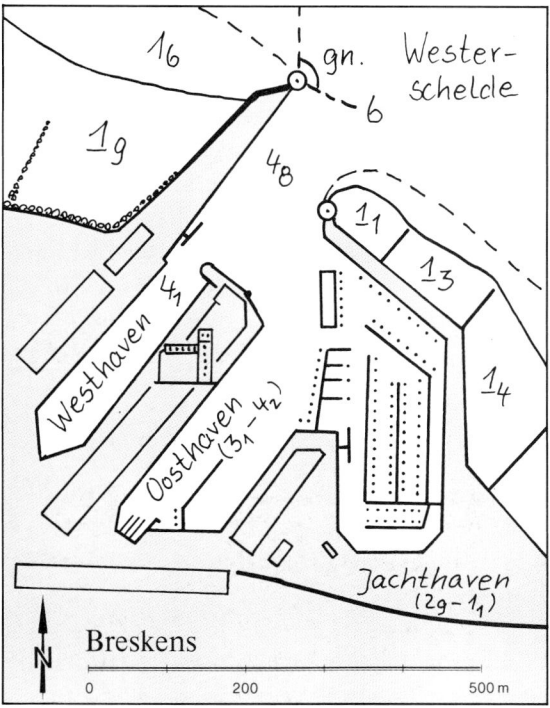

Breskens: Hafeneinfahrt

Ansteuerung bei Tag

Der Hafen liegt an der Südseite der Wester-schelde und ist auch bei Starkwind aus allen Richtungen sicher anzulaufen. Anhaltspunkt ist das große Silo zwischen dem Oosthaven und dem Westhaven.

Ansteuerung bei Nacht

Auf der Westmole steht ein Sektoren-Leucht-feuer (fest), das man in den weißen Sektoren anläuft. Der grüne Sektor deckt die „Plaat van Breskens" und die davor liegenden unbefeuer-ten Tonnen ab. Vor der Hafeneinfahrt steuert man zum Einlaufen in den grünen Sektor.
Auf der Ostmole steht ein festes rotes Licht. Auf der Westmole steht ein Nautofon (Nebelschall-sender) mit folgender Kennung: Alle 30 sec. 3 Töne (. . –), dann 20 sec. Pause.

Häfen

Das Anlaufen des Veerhavens, 1,2 km westlich des Handelshafens, ist für Yachten verboten.
Der Handelshafen besteht aus drei großen Hafenbecken:
Der Westhaven und der Oosthaven sind für Yachten kaum geeignet. In diesen Häfen darf man nur dann mit Erlaubnis des Hafenmeisters

liegen, wenn der Yachthafen belegt ist oder des-sen Wassertiefe nicht ausreicht.
Der Yachthafen liegt einlaufend an Bb. Er hat eine Wassertiefe von 3 m, nach binnen abneh-mend auf 1 m bei NW.

Einrichtungen

WC, Duschen, Waschräume, Waschsalon, Die-sel, Benzin, Reparaturen aller Art, Trailer-Slip-bahn, Plätze zum Trockenfallen, Kran bis 20 t, Yachtwerft, Propangas, Schiffsausrüster, Entsor-gung für Chemietoiletten.

Ellewoutsdijk   Karte 1803.2

Der kleine Hafen von Ellewoutsdijk eignet sich nur für kleinere Boote, die zum Trockenfallen geeignet sind. Er liegt zwischen hohen Steinmo-len direkt am Deich.

Gezeiten

Der Tidenhub beträgt bei Nipptide 3,2 m, bei Springtide 4, m. Bei Ebbstrom steht vor der Hafeneinfahrt ein starker Neerstrom.

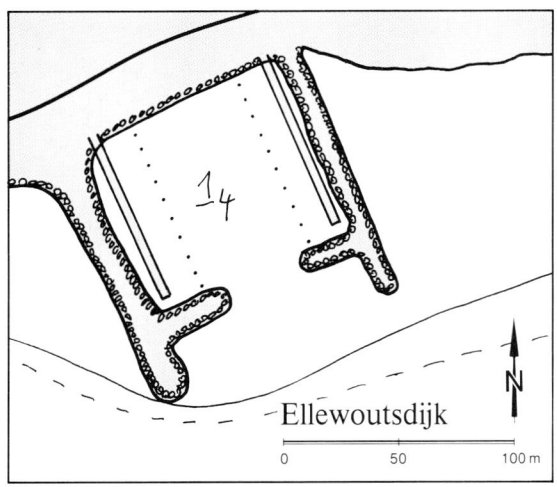

Hafen Ellewoutsdijk

Ansteuerung

Als Anhaltspunkt gibt es nur den Kirchturm von Ellewoutsdijk. Die Hafeneinfahrt ist nicht befeuert.

Hafen

Der Hafen fällt trocken und kann mit einem Tiefgang von 1 m in der Zeit von 3 Stunden vor bis 3 Stunden nach HW angelaufen werden.

Einrichtungen

WC. Waschräume, Kran bis 6 t, Trailer-Slipbahn, Telefon, Propangas.

Terneuzen
Detailkarte 1803.2

Bis zum Beginn des 19. Jahrhunderts war Terneuzen eine unbedeutende Provinzstadt. Sie wurde 1350 eingedeicht und bekam 1584 Stadtrechte. Fischerei, Viehzucht und Salzgewinnung waren die Erwerbsquellen, bis 1826 mit dem Bau des 30 km langen Kanals von Terneuzen nach Gent begonnen wurde.

Terneuzen ist der drittgrößte Hafen der Niederlande, das Geschäftszentrum und die größte Stadt in Zeeuwsch Vlaanderen.

Sehenswert sind die Schleusen, die für Schiffe bis zu 70 000 t geeignet sind, das moderne Rathaus von 1972, der Kinderbauernhof (Tel. 01150-54 84), der Markt mit dem alten Rathaus, das Schelpenmuseum (Muscheln und Fossilien) und das Denkmal vom Gespensterschiff „Der Fliegende Holländer".

Markttage: Mittwoch (Markt, Zentrum) und Freitag (Zuidpolder).

Gezeiten

Der Tidenhub beträgt bei Springtide 5 m, bei Nipptide 4,2 m. Vor der Einfahrt zum Yacht-

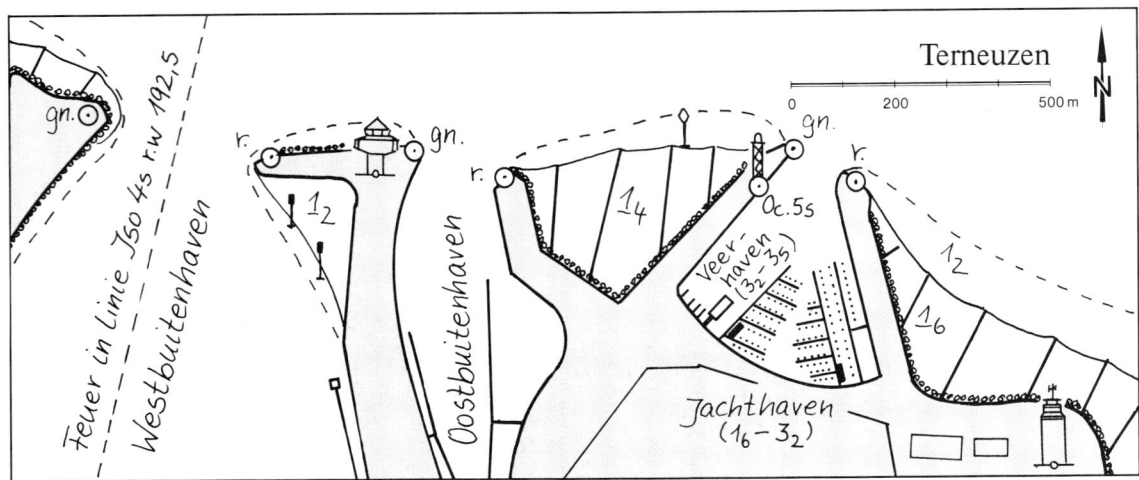

hafen läuft der Flutstrom bis 4 kn nach Osten. Der Ebbstrom läuft bis zu 5 kn nach Westen.

Gesetzliche Bestimmungen

— Segelboote dürfen nur mit sofort startklarem Motor fahren.
— Segelboote dürfen im Fahrwasser nicht aufkreuzen.
— Kleine Fahrzeuge (bis 20 m Länge) müssen so weit wie möglich an der Steuerbordseite fahren.
— Das Fahrwasser muß so schnell wie möglich auf dem kürzesten Weg überquert werden.

UKW

Bereich	Kanal	Ruf
West- und Middensluis	6	„Sluis Terneuzen"
Oostsluis (Yachten)	18	„Sluis Terneuzen"
Verkeerspost Terneuzen	3	„Post Terneuzen"

Zoll: Im Gebäude auf der Insel zwischen der West- und Middensluis, Tel. (01150) 123 .

Häfen

Der Braakmanhaven, westlich der „Dow Chemical" ist für Yachten nicht geeignet.
Der Westbuitenhaven (Schleusenvorhafen) ist für Yachten verboten.
Der Oostbuitenhaven ist der Vorhafen der Oostsluis, die für Yachten zugelassen ist und den Zugang zum „Kanaal van Terneuzen naar Gent" ermöglicht.
Der Yachthafen von Terneuzen liegt im südöstlichen Teil des Veerhaven. Vor der Einfahrt laufen sehr starke Tidenströme. Bei Ebbe steht in der Hafeneinfahrt ein kräftiger Neerstrom. Deshalb sollte man bei Ebbstrom vor dem Hafen mit dem Strom anlaufen und nicht zögerlich, sondern mit Marschfahrt einlaufen und sich dabei gut vom Kopf der Ostmole freihalten (Untiefe bis 20 m querab). Bei NW stehen im Yachthafen 1,5 — 3,2 m Wasser. Im Veerhaven beträgt die Wassertiefe mindestens 3 m, so daß man bei jedem Wasserstand einlaufen kann.

Ansteuerung bei Tag

Die Häfen von Terneuzen werden im Fahrwasser des „Pas van Terneuzen" oder im „Zuid

Terneuzen: Einfahrt zum Yachthafen

Everingen" angelaufen. Dabei müssen der sehr starke Tidenstrom und der Schiffsverkehr vor den Schleusen des „Kanaal van Terneuzen naar Gent" frühzeitig beachtet werden.

Ansteuerung bei Nacht

Das Fahrwasser „Pas van Terneuzen" ist durch Sektoren-Leuchtfeuer, Feuer in Linie und Leuchttonnen befeuert. Zwischen den Leuchttonnen liegen jedoch unbefeuerte Fahrwassertonnen, die wegen der starken Strömung zur Gefahr werden können.

Alle Hafeneinfahrten von Terneuzen sind rot/fest und grün/fest befeuert. Auf der Westmole des Veerhaven (Yachthafen) steht ein Sektoren-Leuchtfeuer, das man in einem der weißen Sektoren ansteuert. Zum Einlaufen in den Veerhaven hält man sich im grünen Sektor.

Einrichtungen

WC, Duschen, Waschräume, Elektro-Anschluß, Treibstoff von Bunkerbooten, Yachtwerft, Reparaturen aller Art, Kran bis 8 t (Heben mit stehendem Mast möglich), Bootslift bis 50 t (Heben mit stehendem Mast möglich), Propangas, Waschsalon, Entsorgung von Chemietoiletten.

Verbindung nach Belgien

Der „Kanaal van Terneuzen naar Gent" verbindet die Westerschelde mit dem belgischen Kanalsystem, das wiederum mit den französischen Kanälen in Verbindung steht (siehe „Belgiens Binnengewässer", Edition Maritim, Hamburg).

Hoedekenskerke   Karte 1803.3.

Hoedekenskerke ist ein kleines Dorf auf der Insel Zuid-Beveland. Es liegt dicht hinter dem Deich am Middelgat, einem Nebenfahrwasser der Oosterschelde. Der Hafen De Val, ein ehemaliger Fährhafen, fällt trocken. Er ist mit einem Tiefgang von 1,5 m von 2 Stunden vor bis 2 Stunden nach Hochwasser zu erreichen. Der Tidenhub liegt zwischen 4,3 und 5 m.

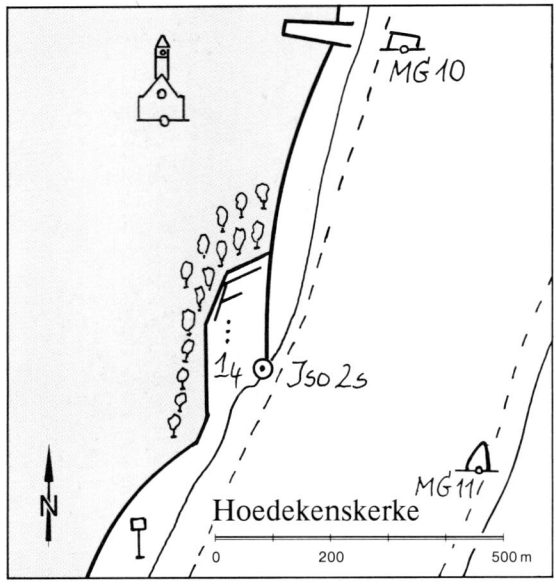

Ansteuerung bei Tag

Auf der Ostmole steht ein rot/weißes Leucht-feuer, das man nach Sicht anläuft. Auch der spitze Kirchturm ist als Landmarke brauchbar, jedoch aus der Nähe hinter den hohen Bäumen kaum zu sehen. Von Süden kann man Turm und Leuchtfeuer in Linie, etwas an Bb, offen halten.

Ansteuerung bei Nacht

Das Leuchtfeuer steht nicht auf dem Kopf der

Hafen De Val/Hoedekenskerke

Ostmole, sondern etwa 50 m zurückversetzt. Man steuert im weißen, südlichen Sektor des Leuchtfeuers und muß dann nach Bb halten. Die Hafeneinfahrt ist nicht befeuert.

Einrichtungen

Schwimmstege, WC, Duschen, Mastkran, Moto-renwerkstatt, Diesel, Propangas.

Hansweert   Karte 1803.3/1805.4

Bei Hansweert mündet der Kanaal door Zuid-Beveland in die Westerschelde (siehe Kanaal door Zuid-Beveland).
Der Tidenhub liegt zwischen 3 m bei Nipptide und 5 m bei Springtide. Vor der Einfahrt in den Voorhaven laufen sehr starke Tidenströme.

Ansteuerung bei Tag

Das moderne Gebäude des Verkeerspost auf der Ostmole und der alte Radarturm auf der West-mole markieren unverwechselbar die Einfahrt zum Zuider Voorhaven.

Ansteuerung bei Nacht

Auf dem Kopf der Westmole steht ein Sektoren-Leuchtfeuer mit der Kennung OC.10s. Die Ansteuerung erfolgt in einem der weißen Sekto-ren zwischen rot und grün bzw. grün und rot. Dort steht auch ein rotes Gleichtaktfeuer (Iso 4s).
Einlaufend an Backbord sind drei rote Leucht-tonnen ausgelegt: Nr. 2, 4 und 6. Kennungen: Nr. 2 = Iso.4s, Nr. 4 = Iso.8s, Nr. 6 = Iso.6s. Auf dem Kopf der Ostmole steht ein festes grünes Licht. Bei Nebel wird auf dem Kopf der Ostmole sehr helles, gelbes Licht (fest) gezeigt. Dort steht

auch ein Nebelschallsender mit der Kennung (4)30s = 4 Töne in 30 sec.

UKW-

Bereich	Kanal	Ruf
Voorhaven Hansweert	71	„Post Hansweert"
Schleuse Hansweert	22	„Sluis Hansweert"
Kanaal door Zuid-Beveland	68	„Post Wemeldinge"

Schiffe, die den Kanal befahren wollen und mit UKW ausgerüstet sind, müssen sich auf Kanal 68 beim Verkeerspost Wemeldinge melden.

Es wird empfohlen, rechtzeitig mit dem Schleusenmeister über UKW Kontakt aufzunehmen.

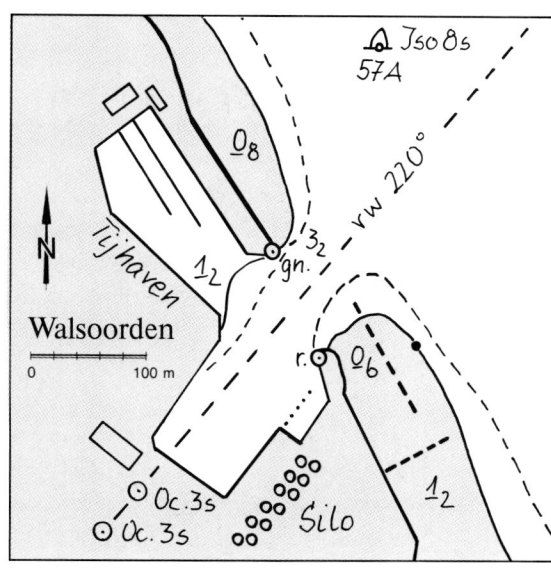

Walsoorden Detaikarte 1803.3

Walsoorden ist ein kleines Dorf am Westufer des Zuidergat, das, abgesehen von seinem Hafen, kaum etwas zu bieten hat.

Gezeiten

Der Tidenhub beträgt bei Springtide 5,7 m, bei Nipptide 4,7 m. UKW-Kanal 12, Ruf: „Zandvliet Radio".

Ansteuerung bei Tag

An der Ostseite des Hafens stehen 16 zu einem Block zusammengebaute Silos, die von weitem als ein großer Betonblock erscheinen und nicht zu übersehen sind. Vor der Ostmole liegt ein Steindamm unter Wasser, der mit einem Pfahl bezeichnet ist.

Ansteuerung bei Nacht

Vor dem Hafen liegt die grüne Leuchttonne 5 A

(Iso.8s). Die Hafeneinfahrt ist mit rot/fest und grün/fest befeuert. Zwei weiße Feuer (OC.3s) in Linie führen auf rw. 220°in den Nieuwe Hafen.

Häfen

Der Nieuwe Haven kann bei jedem Wasserstand angelaufen werden und hat bei NW eine Wassertiefe von 3,4 m, nach binnen abnehmend auf 2,4 m.

Der westlich des Nieuwe Haven gelegene Tijhaven fällt trocken und ist nur für Boote bis 1,2 m Tiefgang geeignet. Im Nieuwe Haven darf man nach Absprache mit dem Hafenmeister (Tel. 01148-1235) 24 Stunden liegen.

Einrichtungen

Elektro-Anschluß, Diesel, Benzin, Kran bis 10 t, Motorenwerkstatt, Yachtwerft.

Paal Karte 1803.3

Dies ist einer jener urig-gemütlichen Tidenhäfen, die nicht viel modernen Komfort, dafür aber die freundliche Atmosphäre eines abseits gelegenen, mit eigenen Mitteln gebauten Vereinshafens bieten. Gäste sind selten und werden freundlich aufgenommen.

Der Hafen liegt sehr einsam im grünen Deichvorland am Rande des „Verdronken Land van Saeftinge". Es gibt hier keine Attraktionen - nur die stille Weite der friedlichen Wattenlandschaft.

Gezeiten

Der Tidenhub beträgt bei Springtide 5,4 m, bei Nipptide 4,6 m.
UKW-Kanal 12, Ruf: „Zandvliet Radio".

Ansteuerung bei Tag

Die Anfahrt zum Hafen, das „Speelmansgat", ist in der Karte nur dem Namen nach, jedoch nicht in seinem Verlauf eingezeichnet. Es ist auch

Paal, Ansteuerung Hafeneinfahrt

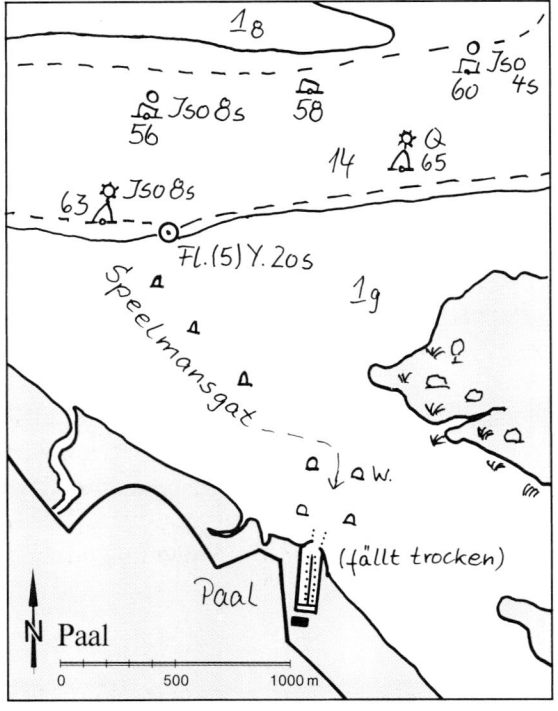

nicht offiziell betonnt. Der W.V. Saeftinge, der den Hafen betreibt, legt jedoch kleine grüne und weiße Tonnen aus.

Das Speelmansgat beginnt zwischen der grünen Leuchttonne 63 (Iso.8s) und der 300 m östlich stehenden Leuchtbake FL.(5)Y20s. Von hier aus peilt der Hafen rw 158°. Zu sehen sind jedoch nur die Masten über dem Deich. Das Speelmansgat fällt bei Ebbe etwa 1,6 m trocken. Je nach Tiefgang kann man den Hafen von 3 Stunden vor bis 3 Stunden nach Hochwasser anlaufen.

Anfangs sind kleine grüne Spitztonnen ausgelegt. Man läuft in der Richtung des Tonnenstriches mit etwa rw 140° weiter, bis man die paarweise ausgelegten weißen Tonnen sieht und läuft dann zwischen diesen Tonnen in den Hafen.

Ansteuerung bei Nacht

Die Zufahrt ist nicht befeuert. Für Revierunkundige ist die Einfahrt bei Nacht kaum möglich, obwohl die Hafeneinfahrt mit rot/fest und grün/fest befeuert ist.

Häfen

Der Hafen fällt trocken. Bei HW stehen im

Hafen Paal

Hafen 2,4 - 1,6 m Wasser. Der Grund besteht aus weichem Schlick, so daß auch Kieljachten mit mäßigem Tiefgang bei Ebbe in den Schlick einsinken und aufrecht stehenbleiben. Einlaufend an Bb sind Schwimmstege ausgelegt. An Stb liegt man am Bollwerk, eventuell längsseits größerer Yachten. Das selbstgebaute Clubhaus wird abends bewirtschaftet und verfügt über vorbildliche sanitäre Anlagen.

Einrichtungen

WC, Duschen, Waschräume, Elektro-Anschluß, Telefon, Slipbahn.

Het Verdronken Land van Saeftinge
Karte 1803.3

Östlich des Hafens Paal lag ursprünglich das fruchtbare Polderland „Heerlijkheid van Saeftinge".

Im Jahr 1570 durchbrach die „Allerheiligenflut" die Deiche und verwüstete das Land. Einen Teil der untergegangenen Landschaft hat man später wieder eingedeicht.

Übriggeblieben ist ein Gebiet von 3 500 ha: „Het verdronken Land van Saeftinge". Es ist ein einzigartiges Brackwasser-Wattengebiet mit unzähligen Prielen, Schlickbänken und grünen Inseln, die von einer üppigen Vegetation überwuchert sind. Es steht unter Naturschutz und ist mit dem eigenen Boot nicht mehr zugänglich. Wer „Het verdronken Land van Saeftinge" erkunden will, sollte sich vom Hafen Paal telefonisch an „Stichting Het Zeeuwse Landschap" wenden: Tel. 01143-5468.

Register